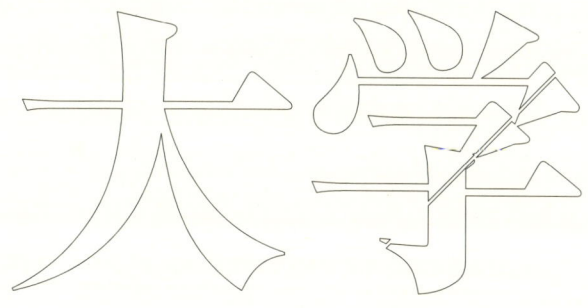

青山学院大学教授 林 伸二 著

大学教育出版

はじめに

　大学の使命というのは、基本的に学生の学習目的に合った教育機会を提供し、その目的を学生自らが達成し、あるいはそれができるように支援し、そして学生を社会の発展のための有為な人材として作り上げ、社会に送り出すことである。つまり大学は学生の学習意欲に応えると同時に、社会（現在および将来の）が求める人材の育成という、学生と社会の掛け橋という役割を担っているのである。しかし昨今大学がこのような役割を果たそうとしても、果たせないような事態が出現している。

　それはまず第一に、大学生の学習意欲の低下、その結果としての学力低下である。これは現在の大学のみならず日本の社会にとってきわめて由々しき大問題だ。文部科学省を初めとして、多くの大学がこの喫緊の大問題の解決に真剣に取り組んでいる。しかしその改善は一向に進んでいないようだ。それはなぜなのだろうか。一体われわれはどうすればよいのだろうか。この問題は何も親の子育ての失敗や核家族化・家族構成、地域社会の人間的つながりの希薄化・崩壊、小・中・高校の教育プログラムや教員側にも問題があるばかりでなく、そもそもわが国の過去（第二次大戦後）から現在の社会、経済、文化にかかわるきわめて厄介なものだ。

　現在、日本の大学では少子化の進行の結果、2007年度には高校卒業生全員が大学・短大に入学できる、いわゆる「全入時代」が到来することが予想されている。全国の大学・短大への入学志願者数は1992年度の121万5,000人をピークに、以来減少し続け、2007年度には志願者が70万人弱にまで減少すると予想される。この数字は大学の入学定員とほぼ同数になる。大手予備校「駿台予備校」の調査によると、2000年度の私立大学入試で、4年制私立大学（479校

のうち有効回答校、435校)の46％で実質倍率(合格者に対する受験者の割合)が1.0から2倍未満であった。しかし通常、合格者2倍というのは、全入を意味している。2000年度は定員割れとなった4年制私立大学が約2割に上り、私立短大では5割を超えた。私立大学・短大の経営環境は確実に悪化の一途をたどっている。間近に「私立大学倒産時代」の到来が予想される。

　このような状況になると、私立大学の健全経営が焦眉の問題だ。現在、文部科学省も「倒産」防止策の模索に入った。しかし私立大学・短大の経営の悪化は当然として、教育の質の低下を伴う。教育の質が低下すれば、私立大学・短大の存在意義が問われるのだ。この悪循環を断ち切るには、まずは大学が健全経営、経営基盤の強化を図る必要がある。

　『21世紀の大学像と今後の改革方策について』(1998年10月26日)という大学審議会の答申の中で、高等教育を取り巻く21世初頭の社会状況について、次のような展望がなされている。

1. 一層流動的で複雑化した不透明な時代
2. 地球規模での協調・共生と一方では国際競争力の強化が求められる時代
3. 少子高齢化の進行と産業構造や雇用形態等の大きな変化
4. 職業人の再学習など生涯学習需要の増大
5. 豊かな未来を開く学術研究の進展

　このような展望のもとで、本答申は大学が生き残り、さらに発展していくために、大学改革の基本理念として「個性が輝く大学」の実現を求めている。この実現のために、大きく4つの改革方策が提言されている（後述）。

　このような大学改革を実現していくためには、基本的には大学の教育・研究と事務のプロセスとシステムを改革しなければならない。大学組織全体の経営戦略や、大学にとってきわめて重要な評判管理の実態やそのあり方が大学の社会的な認知と意義、受験生の数と学力レベル、教学組織と事務組織の活動を規定し、またその有効性と効率性に大きな影響を与えている。しかもこの経営戦略や評判管理の問題は大学改革の研究において従来余り重視されてこなかったようだ。

　要するに、大学を改革するというのは入試制度の改善や学部・学科、大学院

の単なる新設・拡充、キャンパスの移転・整備や教育・研究機器の充実、図書館システムの改革や図書の数の増加などではない。大学を改革するには、根本的には学生を改革しなければならない。そのためにはまず学生の学習意欲を高めなければならない。そのためには少なくとも教育プログラム（内容と質）の改革と、適性のある教員の採用と彼らの教育への意欲、努力をさらに高める必要がある。そして教員が望ましい教育活動（この背景には質の高い研究活動が求められる）を自由闊達にできるように、事務組織が強力に支援していかなければならない。このような基本的な、当然のことが現在改めて求められているのだ。

本書は現在の日本の大学の現状を破壊し改めて創造する、つまり現在の大学の創造的破壊の道筋を明らかにする。第1章では、まず本書の目的を実現する上で解決しなければならない根本的な問題（現状）を明らかにする。つまりわが国の大学生の学力低下の現状とその原因を明らかにし、これまで提案されたさまざまな主要な改善策を理論的に検討し、理論に裏付けられた経験的な改善策を明らかにし提案したい。とりわけ大学生の学習意欲の喪失の原因を学生の心の中を探ることを通じて明らかにし、その原因を取り除く方策を明らかにする。

第2章では、学生の教養力と専門学力の向上に腐心し、たゆまない改革の努力を続けているある私立大学の大学改革の実態を大学改革戦略の視座のもとに明らかにする。当大学はこの4年間目覚ましい発展を遂げている。たとえば当大学の昼間部の一般入学試験志願者数を見ると、昼間部総募集人員2,300名弱に対して2000年は3万139名、01年は3万5,639名、02年は3万8,937名、03年は4万1,366名であった。その発展の実態を明らかにし、その本質的なところと原因を、さらにその問題点を探りたい。

第3章と4章では、大学事務組織の改革を検討する。実際、わが国の多くの大学は硬直した官僚制組織に基づいて運営されている。それだけに教職員間の対立・不調和や非効率（非能率）、非合理性が大学組織の中に、また事務組織の活動にしばしば見られる。第3章はその実態を実証研究に基づいて明らかにし改善策を提言する。第4章は経営戦略論、経営管理論、経営組織論、評判管理

論、人的資源管理論、リーダーシップ論などの見地から、アメリカの大学の動向なども参考に、わが国の大学事務組織の改革案を総合的に提言する。

　最後に本書のタイトルは『大学改造』だが、本文では「大学改革」という表現を用いている。これは筆者が本書の内容に基づいて現在の大学を創り変えたい、つまりできることならば「現在の日本の大学をいったんすべて破壊し、改めて創り直すべきだ」という思いをもとに、あえて強い表現をしたものだ。

　本書は（株）大学教育出版　社長　佐藤守氏のご好意とご支援によって出版する機会を得ることができた。この場を借りて、厚く御礼を申し上げたい。また本書のような経営学ベースの大学改革論を出版するに当たり、企業経営と経営学の弁証法的発展の理解の必要性を一貫して筆者に教示された恩師山本安次郎先生、経営学の理論に基づく実践の重要性の自覚へと導いてくださった恩師占部都美先生、そして今は亡き父と卒寿を越えた母へ、本書を捧げたい。

　2005年　早春

著　者

大学改造

目　次

はじめに ………………………………………………………………… i

第1章 学力低下の阻止 ……………………………………………… 1
  1. 学力とは何か ……………………………………………………… 2
    1.1 文部科学省（旧文部省）の定義 ……………………………… 2
    1.2 学力とは何か …………………………………………………… 4
  2. 学力低下の現状 …………………………………………………… 13
    2.1 基礎学力 ………………………………………………………… 13
    2.2 専門学力 ………………………………………………………… 17
    2.3 教養力 …………………………………………………………… 18
  3. 学力低下について経験的に指摘されてきた原因 ……………… 20
    3.1 学力低下 ………………………………………………………… 21
    3.2 学習意欲 ………………………………………………………… 21
    3.3 学習態度 ………………………………………………………… 27
    3.4 パーソナリティ要因－外部環境要因の関係 ………………… 39
  4. 学力低下阻止のための経験的な改善策 ………………………… 57
  5. 学力低下の理論的に重要な原因と改善策 ……………………… 61
    5.1 二要因理論 ……………………………………………………… 62
    5.2 X-Y理論 ………………………………………………………… 64
    5.3 達成動機付け理論 ……………………………………………… 66
    5.4 ERG理論 ………………………………………………………… 73
    5.5 成熟－未成熟理論 ……………………………………………… 75
    5.6 公正理論 ………………………………………………………… 77
    5.7 強化理論 ………………………………………………………… 79
    5.8 期待理論 ………………………………………………………… 81
  6. 学力低下を阻止するための有効な改善策の模索 ……………… 88
  7. まとめ－今後の課題－ …………………………………………… 104
  引用・参考資料（文献も含む） ……………………………………… 105

第2章　大学改革戦略　109

1. 大学改革の方針と実態　110
   - 1.1　文部科学省（旧文部省）の大学改革の方針　110
   - 1.2　大学改革の実態（大学基準協会の調査結果）　113
2. 大学の評判のメカニズム　115
   - 2.1　日本の大学ランキング　116
   - 2.2　大学の威信が持つ意味　117
   - 2.3　学部の評判が持つ意味　120
   - 2.4　大学院の評判と教員の採用　122
3. 米国の大学改革戦略　124
4. ある私立大学の大学改革戦略　130
   - 4.1　日本の私立大学が抱えている問題点　130
   - 4.2　大学改革戦略の一般的なフレームワーク　132
   - 4.3　大学の戦略的経営計画の立案手続き　133
   - 4.4　A大学の改革戦略の実態　136
5. 検討－急進的な大学改革のプロセスモデルに基づいて－　146
   - 5.1　急進的な組織変革モデル　147
   - 5.2　A大学の改革の検討　151
6. まとめ　154

引用・参考文献　156

第3章　大学事務組織の改革　159

Ⅰ．問題の発見－現状の認識－　162

1. 研究方法　162
   - 1.1　調査対象と被験者　162
   - 1.2　調査方法　162
2. 分析方法　166
   - 2.1　分析の次元と対象　166
   - 2.2　分析方法　166

3. 分析結果－事務組織の問題の確定－ ……………………… *166*
　　　　3.1　事務組織の総合診断 ……………………………………… *166*
　　　　3.2　大学への満足度 …………………………………………… *168*
　Ⅱ．問題解決のための分析 ………………………………………………… *170*
　　1. 問題の解決のための分析方法 ……………………………………… *170*
　　2. 分析結果 ……………………………………………………………… *171*
　　　　2.1　学園全体 …………………………………………………… *171*
　　　　2.2　大学 ………………………………………………………… *175*
　Ⅲ．問題解決のための提言 ………………………………………………… *176*
　　1. 学園全体 ……………………………………………………………… *176*
　　2. 大学 …………………………………………………………………… *181*
　　3. まとめ ………………………………………………………………… *181*
　引用・参考文献 ……………………………………………………………… *182*

第4章　大学事務組織の改革の鍵 ………………………………………… *184*
　1. 経営戦略 ………………………………………………………………… *185*
　2. 管理方式 ………………………………………………………………… *186*
　3. リーダーシップ・スタイル …………………………………………… *189*
　4. 組織構造の改革 ………………………………………………………… *191*
　　　　4.1　管理コストの削減 ………………………………………… *191*
　　　　4.2　組織のコミュニケーション・パターンと組織有効性の関係 … *194*
　5. 組織風土の改革 ………………………………………………………… *196*
　　　　5.1　管理方式と組織風土の関係 ……………………………… *196*
　　　　5.2　組織風土知覚のメカニズム ……………………………… *198*
　6. 威信、評判、イメージ ………………………………………………… *201*
　　　　6.1　学部の評判が持つ意味 …………………………………… *201*
　　　　6.2　医学部の評判形成のメカニズム ………………………… *203*
　　　　6.3　大学院の評判と教員の採用 ……………………………… *204*
　7. まとめ－要約と検討－ ………………………………………………… *204*

7.1　大学事務組織の有効化・効率化のメカニズム ……………… *204*
　7.2　日本の私立大学の事務組織の有効性と効率性 ……………… *211*
　引用・参考文献 ……………………………………………………… *212*

結　び …………………………………………………………………… *214*

第1章　学力低下の阻止

　大学生の学力低下が現在広く深刻に社会的な問題になっている。そもそも大学生の学力低下が目立つようになったのはいつ頃からであろうか。大学入試センターによる1998年末の国立大学学部長調査によると、新入生の学力低下傾向は学部長の28%が1979年以降（共通一次試験導入以降）、56%が1990年以降（大学入試センター試験導入以降）、7%が1997年以降（現行の指導要領以降）、9%がその他、と指摘している。もしこれが事実だとすれば、まさに大学生の学力低下は文部省が推し進めてきたと言わざるを得ない。

　たとえば受験科目減や、一芸一能、1教科受験などといった入試の多様化が学力低下の原因だといった痛烈な指摘がすでに1997年2月5日に新聞紙上で展開された。しかし学力低下は入試制度だけによるものではない。もっと複雑で深刻な、根の深い社会問題でもある。

　現在の学力低下論争は文部省・中教審の学習内容削減方針に対する大学、経済界、一般社会からの異議申し立てである。そもそも、ことの発端は「我々は学校・家庭・地域社会を通じて、我々大人一人ひとりが子供たちをいかに健やかに育てていくかという視点に立つと同時に、子供の視点に立って審議を行い、今後における教育の在り方として、「ゆとり」の中で、子供たちに「生きる力をはぐくんでいくことが基本であると考えた。……」（点線部分、林の責）に始まる1996年6月18日の第一次答申『21世紀を展望した我が国の教育の在り方について』にあるようだ。しかもこの「ゆとり教育」が教育現場で破綻した（文部省の意図が裏目に出た）ことにある（下記「2.1　基礎学力」の箇所で後述する）。しかも2002年度から、新学習指導要領が実施されたが、ここでは初等中等教育での学習内容がさらに大幅に削減されている。

後述するが、実際のところ大学生の学力低下の実態はきわめて深刻な状況にある。このような事態を改善する方策について、文部省（現、文部科学省）をはじめとして、多くの識者（大学教員、ジャーナリスト、財界人、予備校の経営者・教員など）がさまざまな主張や意見を述べている。しかしその多くが経験（見たり聞いたりも含め）に基づくものである。本当のところ何をどうすれば、学力低下を阻止できるのか、より確実に改善できるかについてしばしば検証がない。そこで本稿では、これまで提案されたさまざまな経験的な改善案を検討し、それらを理論的にどのように裏付けることができるのかを模索してみたい。この結果、理論的に裏付けられる経験的改善策が発見できれば、それは早急に実行すべきだと主張したい。ただしこの裏付け作業は、当面実際の正確なデータ（たとえば大学生を対象とした学力低下の原因についての質問票調査やインタビュー調査などによる）が入手できないので、理論的推論という形で行う。

1. 学力とは何か

1.1 文部科学省（旧文部省）の定義

大学審議会による 2000 年 11 月 22 日の「大学入試の改善について（答申）」の中に「現在、各大学の選抜においては、推薦入学やアドミッション・オフィス入試などを導入したり、学力検査に加えて面接、小論文等を実施したりするなど、選抜方法の多様化、評価尺度の多元化の取組みが進んでいる。… 学力検査による成績順位に基づく選抜では見出しがたい者の中にも、大学が求める学生が埋もれているかもしれないという認識に立ち、受験生の多様な能力・適性なども入学後の教育で伸びる可能性などに十分留意し、評価尺度の多元化を一層推進する必要がある」（点線箇所、林の責）という文言がある。つまり大学審議会は学力を、数学や英語などの教科科目の成績でとらえているようだ。

しかしながら中央教育審議会の 1996 年の答申は「学力」を、変化の激しい社会を「生きる力」をどの程度身に付けているかどうかで評価すべきだと考えているようだ。その「生きる力」というのは「社会生活を営むうえで必要な基

礎・基本をしっかり習得するとともに、学ぶことの楽しさを味わい、学ぶ意欲や学び方、知的好奇心・探求心などを身に付ける力」、つまり「自ら考え解決する力、意欲や独創性（を発揮する力；問題の発見と解決の意欲と能力）」（括弧内は筆者が挿入）と定義されているようだ。しかしこの定義からは学力の具体的内容がよく分からない。たとえばこの曖昧な学力を大学教育の場では、どのようにとらえるべきなのかというと、それは大学入試センターが国立大学学部長を対象に1998年末に実施した「学生の学力低下に関する調査結果」（調査対象人数317名、回収数123名）の学力評価項目が参考になる。それによると、大学生の学力のレベルというのは次の6つから主として影響付けられる、あるいは構成されているようだ。

・自主的、主体的に課題に取り組む意欲
・論理的に思考し、それを表現する力
・大学での学習に必要な基礎科目（英語、日本語、数学、物理学、生物学など）の理解ないし基礎学力
・文献探索その他、大学での学習方法の理解
・他人の考えを理解する能力
・数量的データを分析する基礎的能力

また天野郁夫国立学校財務センター教授が1999年11月13-14日開催の「日本の理科教育と大学教育を考えるシンポジウム」における「大学全入化時代と大学の学力問題」という基調講演で、大学生の学力についての問題は次の4つに分けて考えるべきだと指摘した。

・（高校時代の）未履修問題をはじめ、大学が求める専門知識を備えていないなどの「内容」の問題（括弧内は筆者が挿入）
・（高校時代に）履修しているのに大学が期待するレベルに達していない「レベル」の問題（括弧内は筆者が挿入）
・文章が書けない、文献が調べられないなどの「スキル」の問題
・学習への「意欲」の問題

つまり教授は大学生の「学力」を次の4つでとらえているようだ。
① 大学が求める専門知識の内容とレベル

② 文章表現力
③ 文献検索力などの学習方法の理解
④ 学習意欲

　国立大学学部長のアンケート調査項目と天野教授のとらえ方はだいたい類似している。しかし天野教授の場合も、「大学が求める専門知識の内容とレベル」の中身が明確に定義されていない。

　しかし学力というのを仮に学習する能力と考えると、人間が持っているさまざまな能力（何かをすることができる力）の1つであって、意欲（行動を直接喚起する力）とは違う。この意味で上記の定義は学力を広くとらえすぎのようである。また上記の6項目は主に大学教育にとっての基礎学力ないしは基礎的能力、そして教養にかかわっているようだ。それでは文部科学省の考える「学力」の中には専門学力（大学で学習する専門分野における学力）は入っていないのだろうか。上述のとおり、天野教授の場合は入っているが、その中身がよく分からない。

　しかも「大学生の学力低下」というと、一般には、基礎学力あるいは高校卒業時に期待される学力が想定されているようだ。河合塾学力クリニックテストでは、調査する学力（大学入学後の学習の前提として必要な）の中身を、進学先の大学や学部・学科によって科目数は異なるが、英語、数学（理）、数学（文）、現代文、古文、物理（理）、化学（理）、世界史、日本史に限定しているようだ。さらに、日本経済新聞社の大学生の学力低下調査（1999年12月20日発表）では、学力の中身を、基礎学力（読み、書き、計算）、応用力、語学力、数学力の4つでとらえている。また、西村和雄教授（京都大学）は米国の教育改革を論じて、「教育改革とは、基礎学力（読み、書き、計算）、そして数学と理科の学力を向上させる改革である」と主張する。

　それでは一体、大学生に本来求められる学力とは何だろうか。

1.2　学力とは何か

　上記の中央教育審議会提言の「生きる力」というのはそもそも教養を身に付け発揮する力、つまり教養力に力点を置いているようだ。同審議会は新しい時

代の大学における教養教育のあり方にも言及している。従来、大学の教養課程というのは専門領域における「考える力」の基礎を作り上げるためのものであった。つまり教養というのは「考える力を育てる土壌」のことであり、大学で質の高い専門教育をするためには幅広い教養教育の充実が不可欠なのだ。九州大学が 2002 年度から開始した「21 世紀プログラム」は高度な専門知識と幅広い教養を兼ね備えた学生を育成しようとするものだ。しかしそこでの問題は高度な専門教育の基礎となる教養とはそもそも何なのか、それはどうすれば教育できるのかだ。

1.21　教養とは何か

　まず前者の問題について、教養というのは異なるさまざまな専門領域の学習の基礎もしくは共通の知識やスキル、思考方法のことだと考えられている一方、個々の専門教育に固有の教養（学習上とくに重視さるべき教養科目）というものもあり得るとも考えられる。たとえば芝浦工業大学の土木工学科では環境心理学やマーケティング・サイエンス、企業や自治体の中で土木作業を計画し立案するための手法を身に付けさせるゼミナール（たとえば地球温暖化や政党政治などをテーマに議論の仕方を教育する）といった科目も、学生に求められているそうだ。それでは実際に教養というものの中身は何かと問うと、それはじつにとらえがたい。2002（平成 14）年 2 月 21 日に中央教育審議会が『新しい時代における教養教育の在り方について』という答申を発表した。この中で「教養とは、個人が社会とのかかわり、経験を積み、体系的な知識や知恵を獲得する過程で身に付ける、ものの見方、考え方、価値観の総体ということができる。……人には、その成長段階ごとに身に付けなければならない教養がある。それらを社会でのさまざまな経験、自己との対話を通じて一つ一つ身に付け、それぞれの内面に自分の生きる座標、すなわち行動の基準とそれを支える価値観を構築していかなければならない。教養は知的な側面のみならず、規範意識と倫理性、感性と美意識、主体的に行動する力、バランス感覚、体力や精神力などを含めた総体的な概念としてとらえるべきものである」（点線部分、林が省略）と明記されている。要するに、教養というのは、人が社会において望

ましい生き方をするためのバックボーンのようなものといってもよいだろう。審議会はこのように定義した教養をさらに主として次の5つの要素からなるとする。
(1) 社会とのかかわりの中で自己を位置付け律していく力や、自ら社会秩序を作り出していく力が不可欠で、主体性ある人間として向上心や志を持って生き、よりよい新しい時代の創造に向かって行動することができる力、他者の立場に立って考えることができる想像力を身に付けること
(2) わが国の伝統や文化、歴史等に対する理解を深めるとともに、異なる国や地域の伝統や文化を理解し互いに尊重し合うことのできる資質・態度を身に付けるために、世界の人々と外国語で的確に意思疎通を図る能力を身に付けること
(3) 一人ひとりが自然や物の成り立ちを理解し、論理的に対処する能力を身に付けるとともに、科学技術をめぐる倫理的な課題や環境問題なども含めた科学技術の功罪両面についての正確な理解力や判断力を身に付けること
(4) 日本人としてのアイデンティティの確立、豊かな情緒や感性の涵養には、和漢洋の古典の教養を改めて重視するとともに、すべての知的活動の基盤となる国語力を育成すること
(5) 教養を形成するうえで、礼儀・作法をはじめとして型から入ることによって「修養的教養」を身体感覚として身に付けること

要するに、新しい時代に求められる教養の全体像は、変化の激しい社会にあって、地球規模の視野、歴史的な視点、多元的な視点で物事を考え、未知の事態や新しい状況に的確に対応していく力として総括することができるというのだ。まさにこれは人が社会で「生きていく力」そのものといってよいだろう。

そうすると、教養と学力、「生きる力」はどう違うのだろうか。1999（平成11）年1月、文部省高等教育局作成のパンフレットによると、大学審議会は「個性が輝く大学を目指す改革」（大学が自ら自律性を高め個性が輝く大学として発展していくために）において「教育研究の質を確保するために」教養教育を重視するとともに、専門教育で基礎基本（専門基礎科目）を重視する。どうも文部科学省は、学力と教養の相互作用から「生きる力」が構成される、あるい

は「生きる力」を教養という基盤のうえに学力が築き上げられるものとして、考えているようだ。だから大学生に求める学力を専門基礎教育（専門性の高い教育は大学院を主体に行う）で、他方幅広い視野から物事をとらえ高い倫理性に裏打ちされた的確な判断のできる人材の育成を教養教育で行おうとする。

1.22 教養教育のあり方

後者の問題、大学における「教養教育のあり方」について、上記の答申は、大学における教養教育のあり方として、基本的に、「理系・文系、人文科学、社会科学、自然科学といった従来の縦割りの学問分野による知識伝達型の教育や、専門教育への単なる入門教育ではなく、専門分野の枠を超えて共通に求められる知識や思考法などの知的な技法の獲得や、人間としての在り方や生き方に関する深い洞察、現実を正しく理解する力の涵養など、新しい時代に求められる教養教育」を求めている。しかも、これを次によって実現すべきだと主張する。

(1) カリキュラム改革や指導方法の改善によって、「感銘と感動を与え、知的好奇心を喚起する授業」を実現する。

このような、学ぶことの楽しさや意義を学生に味合わせ、感動を与えるような授業を実現していくには、たとえば、次の点が提案されている。

a. 各大学それぞれの教育理念・目的に基づき、新しい時代を担う学生が身に付けるべき広さと深さを持った、新しい体系による教養教育のカリキュラムを作る。このような授業を実現していくには、たとえば、次の点が提案されている。

・授業科目について履修すべき順序を示す
・領域ごとに一定の履修要件を課す
・副専攻のような形で一定のまとまり（履修科目の）を履修させる
・新しい時代に不可欠な知的技能（外国語によるコミュニケーション能力、コンピュータによる情報処理能力など）の育成を重視する

b. 質の高い授業を実現するための授業内容・方法等を実現する。

このような授業を実現していくには、たとえば、次の点が提案されている。

・学術的なテーマの授業科目を複数の教員で担当する
・実験や実習などを取り入れる
・優れた映像資料や分かりやすい関連図書等を活用する
・教員と学生双方に良き緊張関係を醸成し、密度の高い授業を行うために、たとえば50分の授業を週に複数回実施する、ゼミナール方式の少数授業を充実する

c. きめ細やかな指導を推進する。
　これを実現していくうえで、たとえば、次の点が提案されている。
・新入生に対して大学での学び方等の導入教育を実施する
・授業科目の履修に当たっての詳細なガイダンスを実施する
・学生の相談に応じる特定の時間帯の設定
・TA等の活用によるチューター制度の導入

　しかし、果たしてこのような主として教える側の論理に立つ形式的な教育方法・内容の改善で、学生は本当に学ぶことの楽しさや意義を味わい、感動を覚えることができるのだろうか。どうすればよいかについては、本稿の最後の「5. 学力低下の理論的に重要な原因と改善策」、「6. 学力低下を阻止するための有効な改善策の模索」も参考にされたい。

⑵　大学や教員の積極的な取り組みを促す仕組みを整備する。
　教養教育の再構築に先導的に取り組む大学や教員を支援する仕組みを整備すると同時に、大学内においても教育に積極的に取り組む教員や優れた教授能力を有する教員を適切に評価し処遇する仕組みを整備することが必要だ。このために、たとえば、次の点が提案されている。

a. 「教養教育重点大学（仮称）」の支援
b. 教養教育の改善に取り組む教員の支援
・表彰や、教育面での実績評価を学内経費の配分や人事に反映させる
・新任教員などに対するファカルティ・ディベロップメントを必ず実施する
・教員の採用に当たり教育に関する考え方や能力を重視する
c. 複数の大学の共同による教育プロジェクトに対する支援
　新たなカリキュラムの体系の構築や先進的な授業方法の研究開発などの教

育課題に対して、複数の大学が共同して取り組む教育プロジェクトに対して積極的に支援する。
(3)　教養教育の改善のための取組みを効果的かつ持続的に推し進めていくために、各大学において教養教育の責任ある実施体制を確立する。
　このために、たとえば、次の点が提案されている。
a.　責任ある教養教育のための全学的な実施・運営体制の整備
b.　教養教育を中心とした教育を行う大学などへの改組転換の促進
c.　大学間の連携協力の促進
(4)　学生の社会や異文化との交流を促進する。
　学生の時期に、社会や異文化の中で進んでさまざまな経験をし、自己や人生について考え、自分の生き方を切開く力を身に付けさせることが重要であり、そのための機会を充実する必要がある。たとえば、次の点が提案されている。
a.　社会や異文化との交流の機会の充実
・社会貢献活動やボランティア活動などをカリキュラムに取り入れる
・長期間のインターンシップを実施する
・留学生の積極的な受け入れ
・学生の海外への派遣の拡充
b.　柔軟な教育システム作り
　外国では、学生が入学決定後入学までの間にさまざまな社会活動を行うこと（たとえば英国のギャップイヤー制度）が広く行われている。わが国でも学生の社会体験や異文化経験を促進する観点から、各大学において留学や休学、転学などの制度をより柔軟なものにし、「やり直しのきく教育システム作り」を進めることが求められる。
　しかしながら、教養教育の現場では、各大学とも試行錯誤の状況である。たとえば京都大学は1992年に従来の教養部を総合人間学部に衣替えし、そこが中心となって従来の一般教育科目に代え全学共通科目として全学的に教養教育を実施した。しかしそれが、高度な教養教育の実現という目的を達成しているのかどうかはまだ筆者は知らない。いずれにせよ、教養教育でしばしば指摘されている問題、たとえば高校時の勉強の延長で面白くない、学校から科目が一

方的に押しつけられていて興味がわかない、こんな科目を勉強して何になるのか、などといった学生側の不平・不満を少なくとも克服できるものでなければならない。

1.23 教養力、学力、「生きる力」の関係

　教養教育というのは専門知識習得の基礎（人文科学、自然科学にかかわる）と、社会生活をしていく上で必要な幅広い知識（社会で生きていく上で必要な問題発見・解決能力の育成）を習得させるという2つの側面を持っている。しかしその教養教育が1991年の大学設置基準の改正（大綱化）以来、大学教育において軽視される傾向が強かった。専門領域での「考える力」は専門領域における理解力、文章表現力、論理的思考力、創造力、推理力、判断力などから構成されると考えられるが、教養力不足のためにそれが危ういのである。

　要するに、上述のように考えていくと、学力について次のような考え方に至る。つまり大学というのは本来「生きる力」を作り上げる場であるはずだ。具体的には、大学（学部）教育の主たる目的は高い教養力の涵養と、専門学力（文部科学省がいう専門基礎教育の対象）の育成であり、そのためには基礎学力が不可欠なのだ。ただし基礎学力には2種ある。1つは常識的な基礎学力（小・中学校で習得する主に読み、書き、計算、さらに自然界や社会でのさまざまな現象や出来事そしてそれらの変化についての興味・関心および問題の発見と解決の意欲）、2つは専門学力を習得する上で直接の基礎となる基礎学力（少なくとも高校レベルで学習する数学力、語学力、国語力など、さらに上記同様の興味・関心および問題の発見と解決の意欲）。前者を第一次の基礎学力、後者を第二次の基礎学力と呼ぶことにする。さらに専門学力と第二次基礎学力を習得していく上でも、教養力が直接、間接に基礎となり、また支援する。

　以上の考察から、大学生に求められる学力というのは、本来は（狭義では）、専門分野（医学、法学、理工学、経済学、文学などの）における学力であると考えたい。それは端的にいえばそれぞれの専門分野において求められる問題発見・解決能力（これを通じて社会において生きていく力；課題を自ら見つけ、考え、独自に解決方法を探る力）である。しかしこの問題発見・解決能力を身

に付け高めていくには、学生が実社会に出て力強く生きていく上でも求められる、高度な教養が必要である。少なくとも専門学力は基礎学力に基づき、ただし高い教養力の支援を得て、確立・発展させられる力であろう。したがって大学生の専門学力を高めるには、まず基礎学力と教養力を高めなければならない。ここから明らかなように、大学生に求められる学力を広くとらえると、それは大学生として「生きる力」を意味し、基本的に専門学力と（高い）教養力の2つから成るということができるだろう。

図表1-1　学力のピラミッド
大学生に求められる「生きる力」

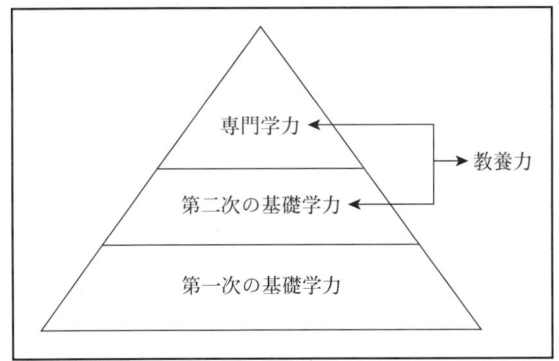

1.24　優秀な学生とは何か

本稿の目的である大学生の「学力低下」を阻止するということは取りもなおさず強い「生きる力」を身に付けた優秀な学生を広く育成することである。しかし当然ではあるが、学力だけで、優秀な学生が生まれるものではない。学力それ自体は学業成功（高い学業成績を収めること）にきわめて重要ではあるが、その1つの必要条件であるにすぎない。それでは、優秀な学生（専門分野において優れた問題発見・解決能力を持った学生）はどうやって生まれてくるのだろうか、あるいはまたどうすれば育成できるのだろうか。モティベーションの期待理論（後述；林、143-148頁）に基づけば、次のような数式で表現することができるだろう。ただしこのモデルの厄介な点は、学力というのが基礎学

力、教養力、専門学力の3つから成る複雑な複合体だということである。

　優秀な学生の出現＝f（学習目的意識、学力、学習意欲）

　優秀な学生が輩出する、つまり学生が一生懸命学習に努力して優れた問題発見・解決能力を持つことができるようになるのは、まずその学生が「何のために何を学習したいのか、しなければならないのか」について、どのくらい強い意識・認識を持っているのかということが大事だ。この学習目的を実現・達成するためには、その学習に必要な学力というのが求められる。しかしこの2つが十分であっても、その学生は優秀な学生になることはできない。最も大事なことは、その学生が学習目的の実現に向かって実際に学習努力をしようとする意欲なのだ。そもそも学習意欲が強くなければ、学習努力も不十分となり、当然高い学力も身に付かないし、その結果高い学業成績も生まれないし、優れた問題発見・解決能力も身に付かないだろう。

　最後にこのモデルに基づけば、学生を次のように分類することもできる（ここでは、各次元を単純に2分割してみた）。これを通じて、今われわれが教えている学生がどのタイプに入るのかが識別できる。そうすると、次にわれわれはその学生にどういう指導・教育をすべきなのかについて指針を得ることができる。

図表1-2　学習目的意識－学力－学習意欲に基づく学生の分類

学習目的	明確	高い学力	強い学習意欲（タイプ1） 弱い学習意欲（タイプ2）
		低い学力	強い学習意欲（タイプ3） 弱い学習意欲（タイプ4）
	曖昧 欠如	高い学力	強い学習意欲（タイプ5） 弱い学習意欲（タイプ6）
		低い学力	強い学習意欲（タイプ7） 弱い学習意欲（タイプ8）

真に優秀な学生はタイプ1の学生だが、多くの学生がタイプ2から7のうちのどれかだろう。タイプ2から7の学生を優秀な学生に育てあげる上で難しいのは、やはり学習意欲の弱いタイプだろう。意欲があれば、努力もするし、何に向かうべきかも自ら模索するはずだからだ。しかし教員が一番苦労するのはタイプ8の学生である。本来ならば、このようなタイプの学生は大学に進学して来ないし、存在しないはずだ。しかし現実には、少子化に伴う「全入時代」になると、出現してくるだろう。われわれはこのような学生をどのように教育・指導すればよいのだろうか。

まず最近の学生の学力低下の現状から考察してみよう。

2. 学力低下の現状

2.1 基礎学力

文部省は1978年に学習指導要領を改定し、1980年から「ゆとり」教育を段階的に開始しはじめたといわれる。1996年に中央教育審議会は21世紀の教育のあり方について答申を出し、ここで「生きる力の育成」「ゆとり」、それを実現するための「学校教育のスリム化」を明確に提言した。これに基づいて、小・中・高校の完全週休5日制、知識・学習量の軽減（教科内容の3割削減）、総合的学習時間の導入などから成る新学習指導要領が作成され、実施される。教育課程審議会も文部科学省や中央教育審議会の路線「ゆとりの中で生きる力の育成」を踏襲したのだ。

ここで問題なのは、小・中・高校の教育において「真の」意味での「ゆとり」を実現できるのだろうかということである。たとえば「ゆとり教育」における完全週休5日制（教科内容と授業時間の削減）はそもそも「ゆとり教育」の物理的な条件にすぎず、生徒の心の中に「ゆとり」を必ず生むというものではない。「ゆとり」というのは、生徒の内面的な心理状態であって、物理的な環境条件が整ったからといって、「ゆとり」が生まれるものではない。「気持ちにゆとりがある」というのは「気持ちに余裕がある」ということだ。「余裕がない」というのは、たとえば、じっくり物事を観察したり考えたりできない「心理的に安寧感が得られていない状態」、自分の気持ちが満たされていない（フラスト

レーション）とか自分のことで精一杯といった状態で「他人に対して寛容な気持ちが持てない、相手の気持ちを思いやれないといった心理的な状態」のことである。つまり精神的に何かにたえず追われて時間がないと感じるためにイライラする、いつも緊張している、何か不安を感じる、自分に無力感を感じるとかいった、いわゆるストレスを知覚している状態である。だからこのストレス知覚を緩和・取り除く仕組みや方法を考案すれば、「ゆとり」が生まれるはずである。そうすると、生徒に「ゆとり」を感じさせる上で、物理的な条件の整備よりも、教師の教え方や人柄のほうが重要なのではないだろうか。もう1つ重要なものとして、子供のストレス耐性を強めるという方法もある（ストレス知覚やそのメカニズムなどについては、林、1999年、47-49、57-74頁、2000年、104-111頁を参照されたい）。

　実際は文部省が考える「ゆとり教育」を受けた子供たちが大学に入学して来ているのだ。その結果を見ると、現実に多くの大学の理系学部で高校の数学、物理などの補習授業をしていることからも、学力低下は理系学部で深刻な問題なのだ。文部科学省によると、2000年度までに未履修者向けの授業や補習などを実施した大学は国立大学75校を含む355大学を数え、4年前の1.5倍、全国769大学の約46％に上っている。

　現在までに、大学生の学力低下を示すさまざまな調査結果が相次いで報告されている。たとえば、上記の大学入試センターが1998年末に実施した「学生の学力低下に関する調査」によれば、

(1)　学部長の約55％が「学力低下」「やや低下」、40％が「変わらない」、6％が「上昇」「やや上昇」と回答している。この傾向は文系でも理系でもほぼ同様であった。ただ「学力が低下」と明確に指摘したのは理系の方が文系の2倍強であった。

(2)　学力低下の現象の具体的内容をランキングすれば、

	総合	文系	理系
第1位	課題に自主的、主体的に取り組む意欲が低い	第1位	第1位
第2位	論理的に思考し、それを表現する力が弱い	第2位	第2位
第3位	必要な基礎科目の理解が足りない	第7位	第5位

第4位　英語等外国語の基礎学力が低い　　　　　　第5位　第3位
第5位　文献検索その他、大学での学習方法を知らない　第4位　第3位
第6位　大学での学習に必要な基礎科目を履修していない第6位　第5位
第7位　日本語の基礎学力が低い　　　　　　　　　第3位　第7位
第8位　他人の考えを理解する能力が低い　　　　　　第8位　第8位
第9位　数量的データを分析する基礎的能力が低い　　第9位　第9位

　学習意欲、論理的思考、表現力、理解力といった、とりわけ大学での学習に不可欠なものが、学生に不足しているのである。
　次に、予備校の河合塾が全国的な模擬試験や河合塾内の生徒に対する試験の結果など、独自のデータを用いて受験生の学力の変化の実態を調査・分析した(1999年)。これによれば、

(1) 全教科(英語、数学、現代文、古文、物理、化学、世界史、日本史)のほとんどで正答率が低下している。とくに数学(理、文ともに)の低下が著しい。

(2) 受験した浪人生を成績別に4グループ(成績上位(全統マーク模試偏差値65.0以上)、中上位(同55.0-64.9)、中位(同45.0-54.9)、下位(同44.9以下)グループ)に分けて、95年度と99年度の正答率を比較したところ、数学(理、文)の落ち込みが全グループでひどかった。

・とりわけ数学(理)の正答率は、中上位グループで9%、中位グループで15.3%、下位グループで15.6%低下していた。

・数学(文)の正答率は、中上位グループ8.7%、中位グループで19.0%、下位グループで16.7%低下していた。

・物理(理)の正答率は、中上位グループで7.3%、中位グループで4.5%低下していた。

・日本史の正答率は、上位グループで5.3%、中上位グループで6.1%、中位グループで4.4%低下していた。

　要するに、河合塾の学生達は95年度生と99年度生を比べると、95年度生の方がほぼ全教科において優秀なのであった。
　このような結果に対して、高校の先生たち(河合塾の研究報告会に参加した)

の意見としては、
(1) 「担当教料における生徒の学力低下を感じますか」という質問に対して、88％の先生が「感じる」という回答だった。とりわけ数学で、じつに97％の先生が「感じる」と答えていた。
(2) 「具体的に学力低下を感じる点とその要因について」の質問に対しては、英語や国語の先生は語彙力の低下を指摘する人が多かった。数学の先生は現行課程のカリキュラムの問題と生徒の計算力不足を指摘する人が多かった。理科の先生からは、自然現象そのものに触れる体験の欠如と興味・関心の欠如が指摘された。地理・歴史の先生からは、事件や事象の意味や因果関係を考えなくなっていることが指摘された。

要するに、最近の高校生は以前に比べ、意欲、粘り強さ、好奇心、論理的な思考、落ち着きなどがなくなってきているといった、生徒の気質の変化を指摘する声も多かった。少子化や入試の多様化などにより受験競争が緩み、自然体験や社会体験など生徒自身の実体験が乏しくなっていく中で、生徒の生活スタイル、学習スタイルが大きく変化している。それが悪い方に向かい、結果として学力の低下が起こっているのである。

最後に、西村教授（京都大学）と戸瀬教授（慶応大学）が1998年4月に日本の19大学の文系学部の約5千人の大学一年生に数学の学力調査を実施した。この結果によると、
(1) 私立の最難関校の1つといわれる、ある大学のある文系学部では、簡単な分数の引き算の問題ができなかったものが10％以上もいた。しかも小学校の算数の簡単な計算問題5問の全問正解者は70％を切った。
(2) この大学と並ぶ私立の難関校の文系学部でも同様の結果だった。

調査者によれば、学力低下は数学だけではなく全科目に及んでおり、中でも基礎学力つまり「読み、書き、計算」の能力が低下しているのである。

以上3つの調査結果から明らかなことは、確実に大学生の基礎学力が低下しているということだ。とくに算数、数学に代表される論理的思考力が著しく低下しているのである。

それでは大学生の専門学力（専門領域の学力）はどうなのだろうか。

2.2　専門学力

基礎学力が低いのに、専門学力が高いわけがない。実態を見てみよう。

総務庁青少年対策本部が1996（平成8）年12月および2001（平成13）年11月に発表した「青少年の生活と意識に関する基本調査」（対象は全国の9-24歳までの6千人、面接方式で調査）によると、

(1) 学校以外で塾通いや習い事をしているかとの質問に対して、「何もしていない」と回答した高校生は、男女ともに7割程度に達していた。

この7割程度の子供は平生学校が終わってから、何をして過ごしているのだろうか。

(2) 学校以外で勉強しない傾向は年齢とともに増加する傾向にあったが、ただし中学生が学校以外で勉強する時間が最も長かった。

(3) 大学・大学院生の約半数が「学校以外でほとんど勉強しない」（47.5％）。

この割合は前回調査（38.5％）に比べて急増している。ちなみに「ほとんど勉強しない」というのは勉強時間が0-30分未満のこと。

大学を離れると彼らの半数が勉強していないのである。一般的にいって、勉強しない学生に高い学力が身に付くわけがない。

2002年3月に非常に興味深い調査が行われた。それは日本経済学教育協会が経済学部などの学生やビジネスマンを対象に初めて全国100か所で一斉実施した「経済学検定試験」である。この試験は経済学の基礎から初歩的な応用力などを判定しようというものだ。問題は、ミクロ経済学、マクロ経済学、財政学、金融論、国際経済学、統計学、時事経済の7科目にわたり作成された。配点はミクロとマクロそれぞれ250点、他は100点、計1000点満点。受験者は全国から1,012人（学生7割、社会人3割）、学生は東京大、京都大、早稲田大、慶応大など138大学の経済、商、政経、経営学部の学生だ。それによると、

(1) 受験者の6割以上が不合格と判定された。

総合点950点以上（Sランク；経済学のプロとして通用）の学生は0で、850-940点（Aランク；経済学を実社会で実践的に活用できる）の学生は1人、700-840点（Bランク；経済学を十分修得していると判断できる）の学生は31人、

500-690点（Cランク；経済学の基本レベルはマスターしている）の学生は347人、500点未満（Dランク；勉強不足）の学生は633人だった。
(2) 最新の経済問題を出した時事経済は平均点が61点と6割を超えたが、他の科目は4-6割程度で、統計学が最低だった。統計学の問題は100点満点で、平均点が32.5点と最低であった（澤圭一郎）。

経済学という学問体系は理論経済学を基本として、他の経済学科目から成っている。理論経済学は数学が分からないと、理解できない。したがって、経済学関連学部の学生の経済学理解度はかなり低いものだといわざるを得ない。

しかも私立大学の経済学部などは入試で数学を必須にしていないだけに、この経済学検定試験に合格する私立大学の学生の割合は、国公大学よりも明らかに劣るだろう。さらにこの試験は学生の自発的な受験によるものである。もし全国の関連学生全員を受験させたら、その結果は一体どのような結果になるのだろうか。

この試験の問題の難易度、適正度は分からないが、少なくとも勉強不足と判断された学生が受験者の6割を超えていたという事実は看過できない。

2.3 教養力

中央教育審議会は「新しい時代の教養教育の在り方」に取り組むに当たり、教養を「考える力を育てる土壌」と定義した。学生の学力の低下は、そもそも考える力の衰退による。したがって当審議会は学力低下問題の解決には教養教育のあり方がきわめて重要な問題だとする。

教養力が不十分であれば、当然社会のさまざまな問題に対して広いかつ深い関心を持つことができず、問題解決に際して主体的な柔軟な思考はできない。与えられた知識や技術を与えられた（指示された）とおりに、あるいはマニュアルどおりに反復するだけだ。学生は明確な価値観を持つことができず、またそれを中核とするライフスタイルを描くことができないし、社会性を身に付けることもできない。この結果、友人たちとの間で有意義な語らいを持ち、そこでしばしば育くまれる「学習目的を明確に持つ」こともできず、学習することの意義・魅力も知覚・理解できず、学習に意欲的に取り組むこともできず、進

路選択もできない。

　しかし教養力というのは本来教えなければならないものなのかどうかという議論がある。それは人が社会生活をしていく上で自然と身に付けていくものだという主張である。この教養力は基礎教養力というべきものだろう。たとえば、

　「教育を問う」取材班の調査（日経新聞、2000年10月25日）によれば、信じられないような次の現実が暴露されている。

・横浜市大医学部が2000年5月に学生に対して「マナー特別講義」を開講した。医学部4年生のほぼ全員が受講した。講師はJASのフライト・アテンダント。講師は「挨拶」の仕方など最低限のマナーを学生に教える。「目線は相手に合わせます」など……。

　この講義開講のきっかけは、1991年の「付属病院で患者を取り違えて手術した事件」であった。医学部長によれば、「患者さんへの思いやりが足りなかったことがミスの背景。マナーの基本から学生教育をやり直すしかない」。

　つまり、人に対する思いやりがマナーの1つの重要な基本であり、社会生活の場で求められる基本的な常識（基礎的な教養）なのである。

・関東地方のある地裁で新任の判事補が「有罪と無罪。どちらで書きましょうか」と指導係のベテラン判事に質問した。ベテラン判事によれば、この判事補の書く判決文の論理にはスキがないが、彼は有罪か無罪かに関心がない。関心があるのは、筋の通った、スキのない判決文の作成である。彼は結論を教えて貰って、それに合わせて判決文を作成しようとする。彼は自分の仕事が分かっているのだろうか。……証言の信憑性の判断など最後は判事自身の人間性が問われるのだという自覚がないのではないか（点線部分、林の責）。最近、司法研究所で「判決文を書くマニュアル」を探す修習生も出てきた。彼らは「1つの問題に1つの答え」と思い込んでいる。

　両ケースが指摘するのは、受験戦争や難しい資格試験を勝ち抜いた者たちが現場でいかに無能なのか、物事をその時々の状況に応じて自ら「考える」力がいかに弱いものなのかということである。しかも恐ろしいことに、その最大の原因が基礎的な教養の欠如にあるという点である。

それでは、大学での教養教育はどうあるべきだろうか。それはいうまでもなく学生が物事を積極的に考え、問題を解決しようとする意欲を高めることだ。具体的にいうと、正解がないかもしれないあるいはまだない問題（課題）に自ら立ち向かい考え解決しようと努力する、先例を無批判に踏襲するのではなくそれを否定あるいは打ち破ってでも解決策を見いだそうとするといった姿勢を作り出すことだ。そのためには学生の知的好奇心や探求心を刺激し、問題の発見や解決に意義や面白さを感じさせ、また達成感や自己の能力向上を知覚させることだ。じつはこのような経験をさせないから、学生は大学の教養教育に大きな不満を感じるのだ。

教養力を小・中学生に身に付けさせようと試みている学校がある。このケースは大学での教養教育のあり方について貴重な示唆を与えてくれるかもしれない。この学校はラーンネット・グローバルスクール（兵庫県で炭谷俊樹氏が1996年に開設した私塾）だ。この塾の目的は単に知っているというのではなく、理解することができる子供、つまり考える力のある個性豊かな子供の育成だ。この塾では読み書き計算という一次的基礎学力を習熟させた上で、プロジェクト学習というのを行う。これは生徒一人ひとりにテーマを選ばせ、その個々人が取材先を決め、自分なりの正解を導いていくという授業だ。たとえばテーマの例としては、「デパートの化粧品売り場はなぜ一階にあるのか」「アロマテラピー（芳香療法）はなぜ体にいいのか」など（日経新聞、「教育を問う」取材班）。

3. 学力低下について経験的に指摘されてきた原因

筆者は1997年以降、学力低下の原因についてのさまざまな識者や調査機関、マスコミなどの主張や指摘を調べた。さらに筆者が勤務しているある私立大学の経営学部の現在3-4年生の学生達の意見も聴取した。この結果、主要な主張や指摘と思われるものを図表1-3のようにまとめてみた。図表中の矢印の線は主張や指摘の間の主要な因果関係を示している。しかし当然として、筆者の見落しもあるだろうし、また今後明らかになる新たな要因もあるだろうし、図表

中のさまざまな要因の間に新たな因果関係も想定できる。こういった意味においてもこの図表は完全なものとはいえないだろう。

　この図表の作成は、大学生の専門学力（専門領域学力；それぞれの専門分野において求められる問題発見・解決能力）の習得に至るプロセス『外部環境要因→パーソナリティ要因→学習態度要因→学習意欲→学習努力→専門学力の獲得・向上』という因果関係をベースに、主張や指摘を体系化したものだ（この因果関係については、林、2000年、159-160頁）。ちなみに外部環境要因は学生自身の経験・家庭環境の傾向、社会・経済の傾向、教育の制度・環境の傾向に3分類した。パーソナリティ要因としては学生自身の性格、価値観、能力、欲求、関心を取り上げた。態度要因としては学生自身の好き・嫌い、満足、判断、情緒などを取り上げた。

　さて、この図表1-3から以下の点が明確になる。

3.1　学力低下
⑴　「専門学力の低下」の直接の原因は「勉強しない」ことだ。
⑵　「勉強しない」のは「専門領域の学習意欲が低下しているか、あるいは欠如している」からである。

3.2　学習意欲
　「専門領域の学習意欲の低下・欠如」は主に以下の原因（①-⑭）によって直接に引き起こされているようだ。
①　入学後の勉強の必要性が理解できない、また専門領域の学習内容よりも大学ランクを重視して入学したために、専門領域の学習に興味がわかない。
　下記の⑤とも関連するが、入学後の勉強の必要性が理解できないのは「学習目的が明確に描けない・持てない」ことが重要な原因だろう。だから、自分の将来の生き方（ライフスタイル、人生観）、その中でもとくに重要な自己の価値観、それを実現するための職業生活を、できるだけ早く明確に持つ必要がある。たとえば、会計士、建築士、商社マン、金融マン、公務員、国連職員、アナリスト、教員、自営業（卒業後××分野で起業したいも含む）など。

図表1-3 学習意欲の低下と学力低下のメカニズム（登校拒否、中途退学、フリーター選択などの関係を除く）

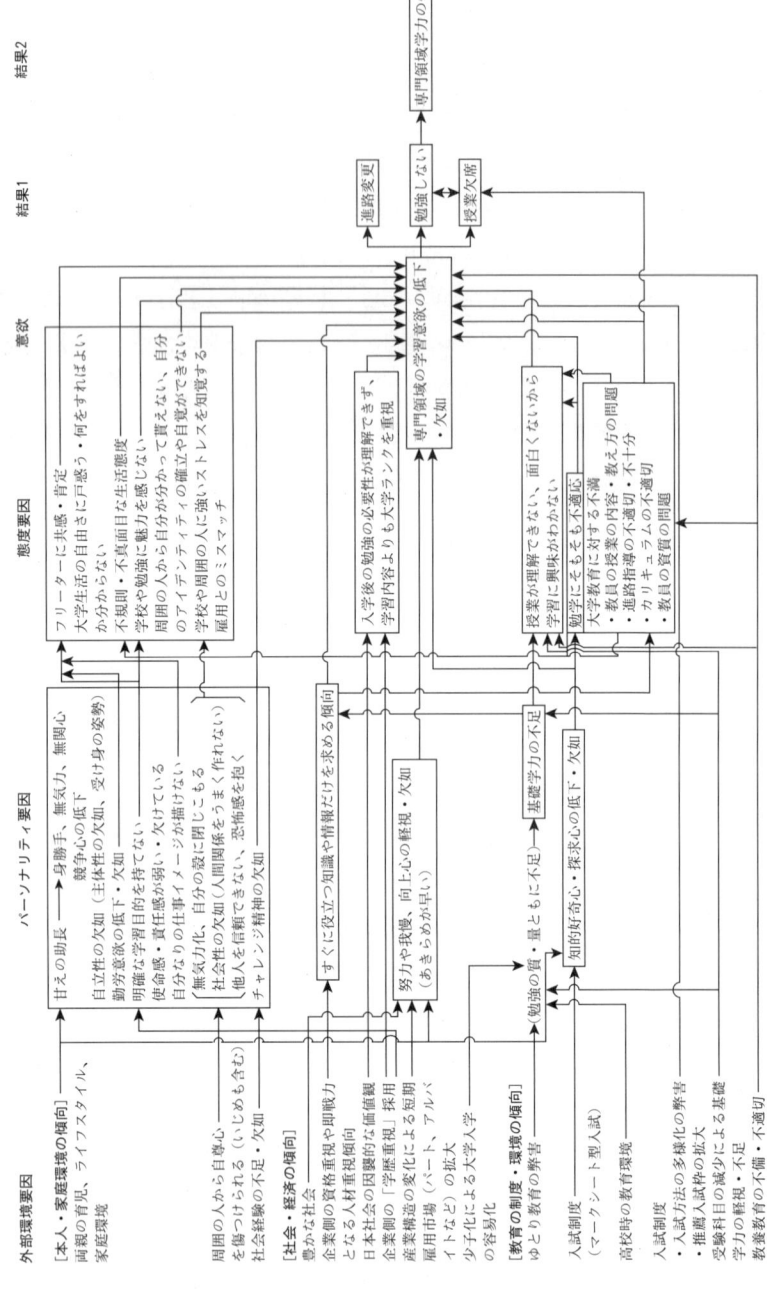

② 授業が理解できない、面白くないから、学習に興味がわかない。

　文部省は 1978 年に学習指導要領を改訂し、1980 年から「ゆとり教育」を段階的に実施しはじめ、1987 年度から共通一次試験科目を 5 教科 5 科目に削減し、さらに 1990 年には大学入試センター試験をアラカルト方式で科目数など各大学の自由にした。入試科目を減らすと、高校生がそれ以外の勉強をしなくなるのが当然であって、結果的に基礎学力は低下するのである。基礎学力が低下しているから、大学の授業が理解できないのは当たり前である。

　「ゆとり教育」の実施によって、小・中・高校の授業時間数と教育内容が大幅に減少・削減され、子供たちは十分な学力を身に付けることができなくなった。この世代の子供たちが大学に入る時期になったから、大学生の学力低下といった問題が発生したのだ。

　さらに文部省は 1990 年代に入ると、教育理念の改革にも手を付け、「個性重視」の名のもとに子供たち一人ひとりの個性を生かすための教育を推進しようとした。しかしこれがじつは、子供たちの学習意欲を急速に減退させてしまい、その結果大学生の基礎学力不足、高校中退者・高卒無業者（フリーター）の増加を生んでしまった。たとえば文部省の学校基本調査によれば高卒無業者は 1992 年の全高卒者の 4.7％から、1999 年には 9.3％（12 万 7,000 人）に上った。さらに 2000 年春には 1 割を超えたと推定される。

③　大学教育に対する不満

　この主要なものは 4 つだ。

・教員の授業の内容や教え方、成績評価への不満

　ずさんな授業、試験ができなくても単位をくれる授業（楽勝科目）、自分の経験談や自慢話が多く中身のない授業、問題や課題を理論的に体系的に説明しようとしないあるいはできない教員、教員が成績評価の基準やモデル解答また成績の学生個人ベースの公表をしない、休講が多く補講もしない、など。

・大学や教員の進路指導の不適切さ・不十分さ

　たとえば就職部の職員が、現在の変化の激しい産業・企業の情報を十分持っていない、最近の IT ベースの就職活動状況を理解していないから、学生に適切な進路指導ができない、など。

・カリキュラムの不適切さ・不十分さ

　学生は現行のカリキュラムで自分の学習目的が本当に実現できるのか、またそれを実現するためにどのようなパスが一番望ましいのかなどが分からない。しかしこの問題を突き詰めていくと、最終的に文部科学省の大学設置基準という規制にたどり着く。大学は私立大学でも大学、大学院、学部、学科の新設・再編は大学設置・学校法人審議会による審査が行われる。大学独自の自由な学部・学科の設置は許されていない。しかも学部ごとに学生定員数に対する最低教員数が決められていて、教えるべき科目の名称や内容まで審査の対象である。これに対して米国では大学開設自体がそもそも自由である。だからこそ米国では、いわゆる大学ランキングというものが民間で制度化され、かつ精緻に評価・実施され、社会的に認知・活用されているのだ。

・教員の人格や人間性に対する不満

　そもそも教育に真剣に取り組まない教員（外部の審議会や委員会、大学行政や学内の会議・委員会、講演、アルバイトなどに精を出し休講も多く授業もおざなりになっている）、特定の学生をひいきしたり差別する教員、自分の価値観や主義を学生に無理やりあるいは権威的に押しつける教員、研究せず古い講義ノートを使い続けたり時事解説のような授業ばかりする教員、など。

④　知的好奇心・探求心が低い、また欠けているために、そもそも大学で勉強するには不向き（不適応）である。さらに知的好奇心・探求心の低さ・欠如のために、専門領域の学習をやろうとする意欲がそもそもわかない。

⑤　大学や勉強に魅力や意義を感じない、あるいは喪失してしまった。

⑥　大学で未知の分野の知識を獲得しようというチャレンジ精神を失ってしまった、あるいはそもそも弱い。

⑦　フリーターという、社会的に拘束されない一見自由な生き方に共感を覚え、それを肯定し、自分もそれを実践することを望む。この結果、専門知識を身に付け、正業に就こうという意欲がわかない。

　リクルートフロムエーの調査（1999年12月-2000年1月にかけて、首都圏の高校生と大学生を対象）によれば、その3割程度がフリーターに魅力を感じ

ると答えている。その理由としては、「いろいろな業種や職種を経験できる」「正社員よりも働く時間が少なくてすむ」（自分の時間が多く取れる）をあげたものが5、6割いた（高野真純）。

⑧　入試制度の多様化の弊害、この結果そもそも大学で学習しようとする意欲も能力もない学生が入学してきた。

⑨　教養教育の不備・不適切のために、入学後1、2年に急速に学習意欲を失ってしまう、あるいはまた専門領域の学習についていけなくなってしまい学習意欲を失ってしまう。

⑩　教養や専門領域の学習に必要な努力や我慢ができない、向上心がない、さらには努力や我慢、向上心を軽視する。

⑪　すぐに役立つ知識や情報だけを安直に求めようとする傾向。

⑫　学校や周囲の人達から強いストレスを知覚する。

周囲の人から自尊心を傷つけられるのを恐れたり、また社会性が欠けているから、自分の殻に閉じこもってしまう方が楽だと考えてしまう。

⑬　生活態度が不規則、不真面目で、充実した生活をしていない。

このような生活の乱れの原因にはいろいろと指摘できるだろう。子供が低学年ほど、その中でもとくに「しつけ」と「社会の風潮」が重要だろう。総務庁青少年対策本部の「生活と意識に関する基本調査（概要）」（平成8年12月）によれば、

・しつけや教育についての悩みを質問したところ、中学生の親では、父親、母親ともに「子供の進学や受験のことが心配だ」と解答した者が最も多かった。次に、中学生の父親と小学4-6年生の両親では、「子供に基本的な生活習慣（あいさつ、規則正しい食生活、整理・整頓など）が身についていない」と回答した者が2番目に多かった。

・わが国の子育てや教育の問題点について質問したところ、中学生の両親と小学4-6年生の両親ともに、「受験競争が厳しい」と回答した者が最も多く、次に、中学生の父親と小学4-6年生の両親では、「家庭のしつけや教育が不十分」と回答した者が多く、中学生の母親は、「世の中全般の風俗が乱れている」を2番目にあげていた。

子供が規則正しく充実した生活を送る上でとりわけ重要な問題は、食事である。「朝ごはん実行委員会」（食糧庁、全国農業協同組合などが結成）が2000年12月に、首都圏と関西圏に住む中学3年生の男女171名を対象に、朝食の摂り方と学習意欲、態度との関係について調べた（複数回答）。この結果によると、朝食を毎日食べる中学生ほど学習意欲が高く、自主的に勉強する傾向が強いことが明らかになった。

・週に4日以上朝食を食べる生徒は3回以下の生徒よりも、「宿題をきちんとやる」が24.4ポイント、「家族にいわれなくても自分から進んで勉強する」が9.5ポイント、「教科書以外でも調べる」が9.3ポイント上回っていた。

・午前中の授業態度では、「眠い」「気が散って集中できない」「勉強する気が起こらないことが多い」との答えが3日以下の生徒に圧倒的に多い。

・朝食を摂らない生徒ほど、夜更かし傾向が見られ、体調不良を訴える回数も多く、イライラすることが「よくある」と48％（4日以上は23.3％）もの生徒が答えている。

　これらの調査結果について、香川副学長（女子栄養大学）は「学習意欲の原動力は朝食にあり、体調と朝食の間にも密接な関係があることが分かる。試験で力を出しきるには、夜型のライフスタイルを朝型にし、規則正しく朝からバランスの取れた食事を摂ることが大事だ」とコメントしている。

　不摂生で不真面目な生活を送ってきた高校生が、大学入学後ただちに生活態度を改めるということは通常考えられない。上記のような生活態度は何も小・中学生だけに見られる傾向ではないだろう。高校生でも大学生でも、朝食をきちんと取るということは一日を十分活用できる可能性があり、時間に無駄がなくなる。しかも人間は本来昼間活動して夜休むようにできている。だから昼間集中して勉強する方がバイオリズムの見地からも効率がよい。さらに食事で重要なのは栄養の点だ。頭脳の働きを活発にする栄養素としては、レシチン、カルシウム、ビタミン B_1 が重視されているが、こういった必要な栄養素の量を摂取する上でも朝からの三度の食事が望ましいのである。

⑭　周囲の人達（両親、教員、友人、知り合い）から認められたり、評価されない。

子供でも学生でも称賛を与えたり叱責することが学習意欲に非常に大きな影響力を持つ。しかし大事なことはその称賛や叱責に対して子供や学生が何を思うかである。それらを与える上で重要なことは、学生達がその称賛や叱責に納得し、叱責されたのならば自らの行動を反省し、修正することだ。したがって、何に対して称賛や叱責を与えたのか、それを与えた程度は適正なのか、そのタイミングは適切であったのかを、与える方はよく考える必要がある。

たとえば、子供の性格によってほめ方や叱り方を変えなければならないとよくいわれる。しかし少人数の授業や実験・演習でないかぎり、通常の大学教育の場では、これは現実にはなかなか難しい。だから教員は称賛や叱責の基準を明確に学生に公表しておき、それに基づいて公正に対応することが少なくとも必要だろう。教員が公正に対応しているつもりでも、学生側がそう思わなければ意味がない。だから少なくとも教員は人間的にも学生達から信頼されていなければならない。ただし学生は小・中学生のような子供ではないから、その納得性を高める上で、称賛や叱責の因果関係を説明する必要がある。さらに重要なことは、子供にも当てはまるが、その人間のプライド（自尊心）や自己価値はあくまで尊重することだ。したがって実際、称賛や叱責を適切に与えるというのは非常に難しいことなのだ。

以上の、学生の学習意欲を低下もしくは欠如させる主原因をまとめると、図表1-4のようになるだろう。

3.3 学習態度

(1) 「授業が理解できないし面白くないから、学習に興味がわかない」原因として「ゆとり教育」の弊害などについて上述したが、まとめると次のような原因によるだろう。

① 基礎学力が不足している
　下記 3.4-(7)で詳述。
② 受験科目の減少という入試制度
　下記 3.4-(7)-b で詳述。
③ 教養教育の不備・不適切

図表1-4 学習意欲を低下させる主要な原因

```
                          ┌─────────────────────┐
                          │学生の学習意欲が低下・欠如する│
                          └──────────▲──────────┘
                                     │
   ┌──────┬──────┬──────┬──────┼──────┬──────┬──────┬──────┬──────┐
   │      │      │      │      │      │      │      │      │      │
```

- 勉強の必要性や意義が理解できず、また専門領域の学習内容よりも大学ランキングを重視して大学したために、専門領域の学習に意欲がわかない

- 授業が理解できない。面白くない。だから学習に興味がわからない。
  大学教育に強い不満がある。だから勉強しようという気持ちにならない。その主要な原因としては
  1. 教員の授業内容や教え方、成績評価に納得できない
  2. 大学や教員の進路指導が不適切・不十分
  3. カリキュラムが不適切・不十分
  4. 教員の人格や人間性に問題がある

- 学生側に知的好奇心や探求心が欠けているために、そもそも大学で勉強することには不適である。またそのために学ぼうという気持ちがわかない

- 大学で勉強すること自体に意義や魅力を感じない

- 大学で未知の分野の知識を獲得しようとするチャレンジ精神に乏しい

- フリーターやニートといった一見社会に拘束されていないような生き方に共感を覚えてしまう

- 入試制度の多様化の弊害

- 教養教育の不備・不適切

- 学習に必要な忍耐力や努力、向上心を軽視する風潮がある

- すぐに役に立つ知識や情報だけを追い求めようとする

- 社会性の未発達のために学校や周囲の人達から強いストレスを知覚してしまう

- 生活態度が不規則、不真面目で充実した生活が送れない

- 周囲の人達(両親、教師、友人、知り合い)から認められたり評価されることが少ない。また特に両親や教師が子供や学生に対して適切に認めたり称賛したり叱責することができない、そのやり方を知らない

上述。
④ 大学教育に対する不満
　　上述。
⑤ 大学教育にそもそも不適応
　　上述。
(2)「入学後の勉強の必要性が理解できない、また専門領域の学習内容よりも大学ランクを重視して入学したために、専門領域の学習に興味がわかない」のは次の原因による（図表1-5）。

図表1-5　入学後の勉強の必要性についての理解不足や大学ランクの重視による入学の結果として学習への関心が低下・欠如するという傾向を生んだ主要な原因

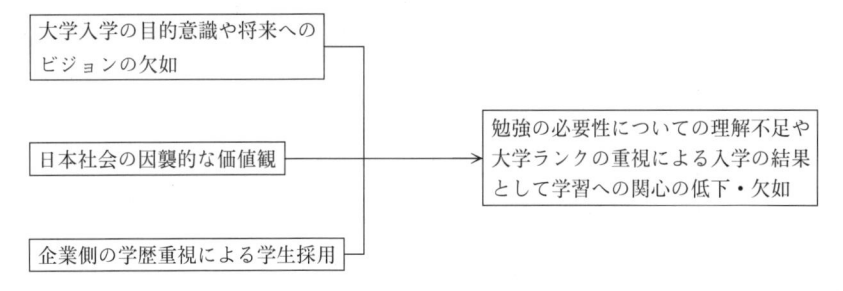

```
┌──────────────────┐
│大学入学の目的意識や将来への│
│ビジョンの欠如      │
└──────────┬───────┘
           │
┌──────────┴───────┐     ┌──────────────────┐
│日本社会の因襲的な価値観│────▶│勉強の必要性についての理解不足や│
└──────────┬───────┘     │大学ランクの重視による入学の結果│
           │            │として学習への関心の低下・欠如 │
┌──────────┴───────┐     └──────────────────┘
│企業側の学歴重視による学生採用│
└──────────────────┘
```

① 大学入学の目的意識や将来へのビジョンの欠如
② 日本社会の因襲的な価値観
　生命保険文化センターの第5回「日本人の価値観調査」によれば（高田俊六）、
・日本人の価値構造は次の5つの価値観から構成されている。
　集団志向、自立志向、快楽志向、自適志向、安直志向
・集団志向は男女ともに同程度の強さであるが、年齢が高くなるにつれて、強まる傾向を示している。
　これは「大人主義」「集団重視志向」の流れを汲むもので、他人への思いやり意識、家庭における責任、伝統的な家族を大事にする傾向を指す。
・自立志向は20-30代に強く見られた。

この志向は自己実現や目標のために挑戦する意識など、従来の「自分志向」や「自己顕示志向」の流れに沿っている。ただし女性よりも男性に強く、学歴も高い層の人に強い傾向が見られた。
・自適志向、安直志向は女性の方に強く見られ、しかも年齢が高くなるにつれ強くなる傾向がある。

自適志向というのは気の合う仲間、自分のセンス、現在の楽しさなどを重視する傾向を、安直志向は他人の意見に同調、依存を重視する傾向を指す。両志向とも自立志向の対極にあるものだ。
・自適志向は年代的には50代（25.3％）と60代（33.6％）に強く見られる。

このように今日日本人の価値観は多様化しているが、若者の価値観はどういう傾向なのかというと、やはり本来は男性と女性に分けて考えるべきだろう。しかし若者全体を年代的に見ると、相対的に集団志向は弱く（個人志向が強く）、自立志向が強い傾向にあるといえるだろう。

しかし親の世代には「いい会社に就職することがいい人生につながる」という価値観が依然として強く残っているようだ。しかも近年の経済不況による親のリストラ、倒産、中高年の自殺率の増加、新卒学生の就職の厳しさ、フリーターの急増などを見るにつけ、学生も生活の安定を重視して、公務員志望や安定した会社や職業に就くことを求めるものが増加している。こういった見地からも、若者の間でよい会社に就職するために、よい大学に入ることだけを最大目標とする傾向が強くなってきているようだ。

③　企業側の学歴重視による学生採用

実際に大学が就職のための教育機関になっていて、企業側も学生が何を学んだかということよりも、どこの大学の出身かを重視するといった傾向が依然として強い。この「学歴重視」の傾向、原因、さらに改善方法については、本稿最後の章で詳細に触れる。

(3)「フリーターに共感・肯定する」のは次の原因による。

学生が「フリーター（無業者）に共感したり、それを肯定する」という傾向がきわめて強ければ、それは面倒なことや嫌なことにかかわらずに自由気ままに生きていくことを支持する傾向が強いと考えられるから、大学での学習に伴

う時間や課題、事務的な諸手続きなどの拘束を、つまり大学という場における社会的な関係や約束事を拒否することにつながる。したがって、彼らは不登校や中退を積極的に選択するだろう。しかも彼らはアルバイトでも何とか生活していけるとか、パラサイトで生活していけるといったふうに、その日暮らしの風来坊のようなものだ。自分の生き方はどうあるべきか、将来のために今自分は何をしなければならないかなどといった思慮はほとんどないだろう。当然、彼らに学習意欲を求めるのは困難である。

　それでは実際に学生はなぜ、フリーターに共感・肯定するのだろうか。その前にフリーターの実態を少し見てみよう。

① フリーターにならざるを得なかった。

　文部科学省生涯学習政策局調査企画課の「平成14年度　学校基本調査速報」によれば、大卒者の26％が中・長期的に働ける職場を持っていない。平成13年度（2002年3月末）大学卒業者54万7,701人のうち、就職者31万1,529人、大学院等進学者5万9,676人、臨床研修医6,979人、一時的な仕事についたもの2万3,205人、それ以外の者11万8,883人、死亡・不詳者2万7,429人であった。つまり大学を卒業しても、きちんと就職しなかった者が14万2,088人もいるのである。さらに大学・短大・高校を2002年春卒業後、進学や就職をしない「無業者」が約28万人に達しているという報告もある。

② フリーターの本音

　リクルートフロムエーの調査（首都圏の高校生、大学生らを対象に1999年12月-2000年1月に実施）によれば、フリーターをしている人に将来についての考えを尋ねた質問では、「正社員として働きたい」が34％、「自分で事業をやりたい」などの独立志向が25％、「フリーターを継続してやっていく」が17％だった（高野真純）。

　またマクロミル（インターネット調査会社）の調査（「4月からの就職・進学に関するアンケート」を全国の学生（高校3年生、短大2年生、大学4年生を含む）3,816名（有効回答者数）に対して2002年3月19-20日にかけて実施、「フリーターに関するアンケート」を全国の同社のモニター会員20歳代のパート、アルバイトをしている男女310名（有効回答者数）から2002年3月

22-23日にウェブで回答を得た）によれば、
- 新卒者の2割近くがフリーターになる（図表1-6）。

図表1-6　4月からの就職・進学に関するアンケート調査結果

	総数	進学する	就職が決まっている	とくに就職を決めるわけではなく、フリーターになる	未定	その他
全体	906 (100.0)	390 (43.0)	267 (29.5)	66 (7.3)	101 (11.1)	82 (9.1)
男性	408 (100.0)	171 (41.9)	112 (27.5)	24 (5.9)	58 (14.2)	43 (10.5)
女性	498 (100.0)	219 (44.0)	155 (31.1)	42 (8.4)	43 (8.6)	39 (7.8)

（　）内は%

- フリーターになった理由は、約2割の人が「正社員としての雇用を希望していたが、雇用先がなかったから」と回答し（18.7％）、「就職先を辞めたから」（12.6％）、と回答した。「正社員として働く意思がなかったから」（7.7％）、「フリーターの方が精神的に楽だから」（5.2％）、「何となく」（3.3％）といった就労に消極的な意見が3割を超えていた。他方、「公務員や資格試験、進学のための準備期間として」（14.5％）、「フリーターの仕事を通じて技術や知識を身に付けるため」（10.0％）などの目的意識を持った人も約25％いた。
- フリーターの6割は将来正社員として雇用されることを希望していた。
- 資格・専門知識の取得を目指しているフリーターは49.4％に上り、フリーターが必ずしも目的意識が欠けているとはいえないことが分かった。
- フリーター（有効回答者数310名）になってからの期間は「1年以上3年未満」の人が34.2％、「1年未満」（29.4％）と合わせると、「3年未満」の人が全体の6割以上を占めている。フリーター歴「3年以上」の人が3人に1人

いる。
・72.9％の人が、自分の将来に「とても不安」「少し不安」と感じていた。

このような実態があるにせよ、現に学生であって「フリーターに共感・肯定する」理由としては、次の3つが経験的に主に指摘されている（図表1-7）。

図表1-7　学生がフリーターに共感・肯定する原因

- 働く意欲が弱い・欠けている
- 大学に入っても明確な学習目的が持てない
- 自分に合った仕事のイメージが描けない（適職が何か分からない）
- 自立心が弱い・欠けている
- 親が子供を甘えさせている

→ フリーターに共感・肯定

① 働く意欲が弱い、あるいは欠如している。

卒業後社会に出てまじめにコツコツと働くよりも、その日その日を何とかマイペースに楽しく暮らせればよいという刹那主義的な、将来に夢を描けない生き方に支配され、働こうという意欲がどうしてもわかない。

② 大学に入っても、どうしても明確な学習目的が持てない。

この「明確な学習目的が持てない」原因、さらに改善方法については、本稿最後の章で詳細に触れる。

③ 自分なりの仕事のイメージが描けない。

仕事のイメージが描けない直接の最大の原因の1つは、学生の側の自立性の欠如、主体性の欠如だということができるだろう。

(4)「学校や勉強に魅力を感じない」のは次の原因による。

そもそも「……に魅力を感じる、感じない」というのは何が原因なのだろうか。たとえば対人魅力知覚の一般理論によれば、ここで関連するものとしては、主として4つの原因が指摘できる（林、192-196頁）。
① 安心感が得られる。
② 自分に多くの利益（満足や知識、成果）を与えてくれる。
③ 自分の価値観や生き方の正当性を裏付けてくれる、支援してくれる。
④ 衝突とか対立による不愉快、苦痛といった気持ちを経験させない。

大学というのはある意味では学生や教員たちの間の相互作用の場である。したがって学生は大学で楽しい人間関係を作り上げることができればできるほど、大学や、そこで学習することに魅力を感じるだろう。

しかし学生が「学校や勉強に魅力を感じない」原因は経験的に次の3つが強く指摘されている（図表1-8）。しかしこれらはすべて人間関係にかかわるものではなく、本人自身のパーソナリティ傾向にかかわる面も強い。

図表1-8　学生が学校や勉強に魅力を感じない主要な原因

```
┌─────────────────────────┐
│大学入学後も明確な学習目的が持てない│─┐
└─────────────────────────┘ │
┌─────────────────────────┐ │  ┌──────────────────┐
│大学教育に対する不満          │─┼─→│学校や勉強に魅力を感じない│
└─────────────────────────┘ │  └──────────────────┘
┌─────────────────────────┐ │
│知的好奇心・探求心が低い      │─┘
└─────────────────────────┘
```

① 大学に入っても、どうしても明確な学習目的が持てない。
　とくに上記、4つの原因のうちの②に関連するが、何のために勉強するのか、勉強してどうなるのか・どうなりたいのか、といったふうに学習の意義や目的がなかなか理解できない。この「明確な学習目的が持てない」原因、さらに改善方法については、本稿最後の章で詳細に触れる。
② 大学教育に対する不満
　不満の主たるものは図表1-3に記載のとおり。

③ 知的好奇心・探求心が低い、また欠けているために、そもそも大学で勉強するには不向き（不適応）である。

　少子化による大学全入時代が到来すれば、さらに入試方法の多様化の結果、このような学生が増大するだろう。

⑸「大学教育に対する不満」は「すぐに役立つ知識や情報だけを求めようとする安直な傾向」に強く規定される。

⑹　学生が「学校や周囲の人達に対して強いストレスを知覚する」原因は主として「自分の殻に閉じこもる、無気力化」と「社会性の低下・欠如」である。

　ストレスというのは特別恐れるものではなく、われわれは普段の生活でさまざまなストレスを知覚しているが、自ら経験的に身に付けたストレス処理方法で通常それを解消している。通常どんな人でもある種のストレスに非常に弱い。しかし人によっては全面的にストレスに弱い人がいる。そういう人はしばしばストレス耐性（ストレスに耐える力）が基本的に弱いのである。社会関係の構築・維持に伴うストレスに耐性が弱い人を内気な人と呼ぶ。

　ジンバルドー（P. G. Zimbardo、478-480頁）によれば、内気（社会的状況を回避し、社会的接触場面に適切なやり方で参加することができず、対人的相互作用場面で不安や苦痛、負担を感じる傾向）は、あるタイプの人間や社会状況によって引き起こされる。この内気は社会的孤立やひきこもりを助長する程度に応じて、少なくとも次の3つの否定的影響がある。a.　他者から得られる報賞を徹底的に減らす。つまり内気な人は社会的な接触による不安を回避しようとするために、その接触から得られるだろう楽しい語らいや他者から認知・社会的支持・称賛などを得る機会を失ってしまう。b.　内気な人は本人にとって重要な他者（親、親戚、友人）からの社会的支持を得る可能性が制限されるから、正常人では問題にならない程度の生活上のストレスにも傷つきやすい。c.　他者との相互交渉が乏しく孤立しているから、役に立つ社会比較の情報も入手できなくなる。過度に厳しい自己評価や不安の知覚は周囲の出来事や人達の考えなどについて知らないことや、自分の社会行動を判断するさいの現実的な基準が欠けていることから生起するのである。

　したがってこの内気が強まって、ひきこもりや無気力化を引き起こすと、そ

の本人はとても学校に行ったり、授業に出たり、友人たちと楽しく語り合ったりできず、学習意欲などはとても起こらないだろう。その実態は次のようなものだろう（図表1-9）。

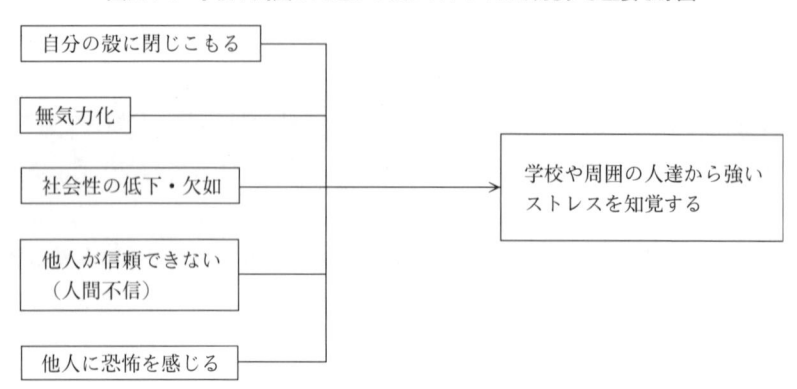

図表1-9　学校や周囲の人達から強いストレスを知覚する主要な原因

```
┌──────────────────┐
│ 自分の殻に閉じこもる │─┐
└──────────────────┘ │
┌──────────────────┐ │
│ 無気力化          │─┤
└──────────────────┘ │   ┌──────────────────┐
┌──────────────────┐ │   │ 学校や周囲の人達から強い │
│ 社会性の低下・欠如 │─┼──▶│ ストレスを知覚する      │
└──────────────────┘ │   └──────────────────┘
┌──────────────────┐ │
│ 他人が信頼できない │ │
│ （人間不信）      │─┤
└──────────────────┘ │
┌──────────────────┐ │
│ 他人に恐怖を感じる │─┘
└──────────────────┘
```

① 自分の殻に閉じこもる、無気力化

　これは自室に閉じこもり、他人とのかかわりを極端に避ける若者達の傾向を表している。彼らにそう仕向けたのは、おそらく大きな理由の1つは、周囲の人達（親、教員、知り合いなど）から自尊心や自己価値が傷つけられるのを防ぐためであったろう。

② 社会性の低下・欠如（人間関係をうまく作れない）

　現代の若者は「交際範囲は広いが、個々のつながりは希薄」だといわれてきた。しかし最近状況が一変し、「特定の相手との親密な関係に心地よさを見いだし、一対一の深さを求める」若者が増えてきたといわれる（天野賢一）。その理由として考えられるのは、二人きりの関係が作り出す安心感、親密な気持ちが強くなる、中身のある対話ができる、自分の存在を自覚できるなどだ。しかもこのような傾向が友達付き合いだけにとどまらず、美容室（予約制で店主一人に客一人といった）、インターネット（特定の相手とリアルタイムで電子筆談できるソフト）、音楽バンド（二人組のミュージシャン）、オートバイ、お店や

商品選択などにも影響を及ぼしはじめている。

　それではこういった若者は「何でも話せる無二の親友を求めているのか」というと、そうではないようだ。興味のある分野ごとにそれぞれ、適度に付き合える友達を求めているだけのようだ。この傾向はいうまでもなく、多くの人達の間で緊密な人間関係を作ろうというものではなく、自分主義に立って、その時々の必要に応じて特定の人と親密な関係を一時的に作ろうとするものだ。つまり基本的に若者の社会性の低下・欠如は否めない事実のようだ。

　しかもこの傾向を裏付けるかのような調査結果がある。日本人は一般に相手に対して気遣う言葉遣いをし、意見の衝突や対立を避ける傾向があるようだが、若者の間で「自分の立場が傷付くのを避けたり相手とほどよい距離を保とうという心理」の結果、「私的には……」「……かな、みたいな……」などといった、自分の主張の断定を避け、ぼかす表現が使われているようだ。文化庁文化部国語課の「国語に関する世論調査」（1997年11月28日-12月17日に、全国の16歳以上の男女3千人を対象に面接形式で実施）によれば、

・自分自身の言葉遣いについて、普段「非常に気を遣っている」人と「ある程度気を遣っている」人を合わせると、67.3%になり、「あまり気を使っていない」人と「まったく気を使っていない」人を合わせた32.6%の2倍以上に達していた。
・自分の考えや意見の表現について、「積極的に表現する方だ」という人（40.1%）は、「消極的な方だ」という人（35.1%）より少し多いが、人と意見が食い違っている時は、「なるべく事を荒立てないで収めたい方だ」という人が50.7%であるのに対して、「納得がいくまで議論したい方だ」という人は27.1%にとどまっていた。

　さらに2000年1月発表の同調査によれば、日常生活で使われている日本語が乱れていると感じる人は4年前に比べ12ポイント増え、85.8%に上っていた。とくに指摘されたのはいわゆる若者言葉や敬語の誤用であった。いわゆる若者言葉は当然だが10歳代-20歳代で使用率が高い。

③　他人を信頼できない、他人に恐怖を感じる

　学生にこういう心理傾向が出現するのは親の育児の状況が重要な原因だと

考えられるが、学生自身の社会経験からもそれは発生するだろう。またマキャベリ主義的傾向の学生の場合も、人間不信の傾向がある。
(7) 雇用とのミスマッチ

雇用とのミスマッチは企業側の要求に対して学生側がそれに十分対応できない、あるいはまた学生側が対応しようとしないことが大きな原因だ。実態は次のようだ（図表1-10）。

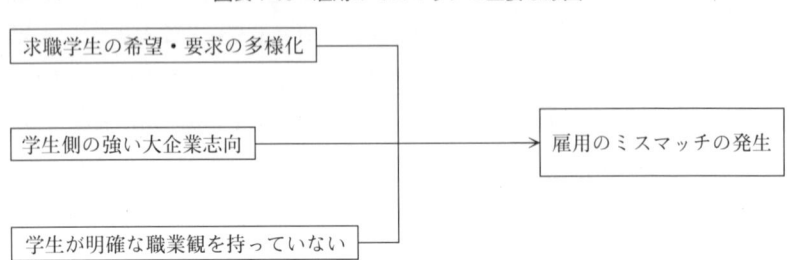

図表1-10　雇用のミスマッチの主要な原因

```
求職学生の希望・要求の多様化  ─┐
学生側の強い大企業志向       ─┼→ 雇用のミスマッチの発生
学生が明確な職業観を持っていない ─┘
```

① 企業側が専門的な技術や能力を持った、またその基礎がある人材を求めているのに対して、求職側学生がそれに対応しようとしない、また対応できていない。昨今の価値観の多様化によるものか、求職学生の希望・要求が多様化していて、それと企業側の要求がマッチしない。

リクルートワークス研究所の調査によれば、大卒求人倍率（一人の大卒予定者に年間何社から求人があったかを示す）は、1991年が2.86倍、2001年1.09倍、2002年1.33倍であった。2002年の文科系の求人倍率は1.06倍、理工系は1.78倍だった。しかしITを含む理工、技術系の職場では人手不足、逆に文系事務職や営業職では人余りという現象が起きている。しかも理工系の学生が文系事務職や営業職などを目指す状況も見られる。若者の理工離れが始まったのはバブル期以降だといわれる。理工系学部を卒業して文系事務職や営業職などを選択した学生の動機には、「現場がイヤだ」「ネクタイを締めて働きたかった」などがあった（東京新聞、2002年4月24日）。

② 学生の大企業志向が依然として根強い。

リクルートの発表（2001年6月4日）によれば、2002年春卒業予定の大学生に対する求人倍率は前年の1.09倍から1.33倍へと2年連続で増加した。しかしながら1,000人以上の企業の求人倍率は0.53倍にすぎなかった（藤原尚美）。
③ 学生が明確な職業観を持っていない。
　厚生労働省の調査では、大卒の場合で、入社3年目までで辞める社員は3割を超えている（日本経済新聞、2001年2月1日）。この大きな原因は、学生が自分の価値観にあった企業選びができないこと、またしっかりした職業観を持っていないことによる。だから、学生は早い時期から自己分析をし、キャリアデザインを描くことが大事だ。

3.4 パーソナリティ要因－外部環境要因の関係
(1) 学習意欲を弱める直接的、間接的な影響要因として、学生自身のパーソナリティ要因が8つ以上指摘されているが、それらは外部環境要因と強い因果関係がある。
　「チャレンジ精神の欠如」「明確な学習目的が持てない」「働く意欲の低さ・欠如」「自分なりの仕事のイメージが描けない」「使命感・責任感の欠如」といったパーソナリティ要因は「両親の育児のやり方」「両親のライフスタイル」ならびに「学生が育った家庭環境」が非常に重要な影響を与えている。さらに「学生のこれまでの人生における社会経験」や「企業側の学歴重視の学生採用」「入試制度」も強い影響を与えている。たとえば、現在の医学部受験に見られるような、筆記試験の優秀さ（偏差値エリートのピックアップ）で入学者選抜をする入試制度では、適性のない無責任な医者を作る危険性が高い。さて、もう少し詳述しよう。
① 学生のパーソナリティや生活態度の形成に対して、親が基本的に重大な役割を果たしている。そこで実際に現在「親」が何を考え、どのように生活をし、子供に何を期待しているのかなどをさまざまな調査結果をもとに考察してみよう。
　メドニックら（S. A. Mednick et. al., 313頁）によれば、「人間や高等な霊

長類は生まれた時は、親の助けがなくては生活ができない。これは人間の新生児にあっては、とくに顕著な現象である。……このような比較的無力の有機体が社会のメンバーとして十分に活動していけるように変わるのは成熟と社会化によってである。社会化の研究はとくに言語の発達、攻撃、依存、性と社会的役割、自己知覚などにかかわるものである。すべてこれらの領域において、両親の果たす役割は決定的であるが、後には仲間や社会の影響も大きく受けるようになる」（点線部分は林の責）という指摘がある。

親の価値観やライフスタイルなどが分かれば、学生も含め子供たちが、なぜ学習意欲が乏しく、刹那的な考え方や行動を取るのかがある程度推測できると思われる。

a. 父親が父親としての自信を失い、子供がこれから生きていく上でのモデルになろうという気持ちが薄れてきている。

「くもん子ども研究所」の調査（全国の小学4年生から高校3年生までの子供を持つ539人の父親を対象に、2001年7-8月に実施；前回は1996年に調査）によれば、2001年現在で新人類世代（37-41歳）の父親は、ポスト団塊世代（47-51歳）の父親よりも、

・子供の学歴に対して期待が薄い。

「高校まで」でよいと考える新人類世代の父親は10.7%、ポスト団塊世代の父親は4.4%であった。「4年制大学まで」が新人類世代の父親は50.9%、ポスト団塊世代の父親は60.6%であった。「子供の学歴をあまり気にしていない」という父親は、新人類世代では2割に上り、ポスト団塊世代よりも明らかに多かった。

・「自分らしさ」を求める新人類世代の父親は、それを子供にも期待している。

子供に「自分なりの趣味を見つけてほしい」と思う父親は、新人類世代では52.7%に上り、ポスト団塊世代では約40%。「自分の考えを貫き通す人になって欲しい」と思う父親は、新人類世代では40.2%に上り、ポスト団塊世代では32.8%。

・父親は自信を失いつつある、あるいは父親としての自分に自信がなくなってきている。

新人類世代では「一生懸命仕事に取り組んでいる」「家族に優しい」など自分自身の父親像についての質問項目すべてで、今回は前回1996年調査の数値を下回っていた。

b. 若い母親に「強い自分主義」傾向が見られ、それが子供の自己中心的な考え方や行動を生む可能性が高い。

（財）幼児開発協会が首都圏に住む若い母親を対象に1999年に調査した結果によると、「育児や家事を多少手を抜いても、自分の時間を作りたい」と答えた母親が62％に上った。しかしその実母に聞くと、わずか19％にすぎなかった。若い母親は子供と自分を明確に分け、育児よりも自分主義を大切なものと考える傾向が強いようだ。これが子供の自己中心主義につながっていくのかもしれない。

c. 両親が子供の学習に関心を持たず、子供と緊密なコミュニケーション関係を持っていないほど、子供は学習意欲も低く、身勝手、無責任な行動を取り、学力が低くなる可能性が高い。

2002年5月に発表されたベネッセ教育研究所の「学習基本調査」（調査対象は全国の小中高生約8,700人）によれば、子供たちを学力上位層と下位層に分けて、日頃の親とのかかわり合いの程度を比較すると、

・「両親とよく話をする」「両親あるいはそのどちらかは自分の成績をよく知っている」「ここ一か月の間に両親あるいはそのどちらかに勉強を見て貰ったことがある」の割合は、小中高生すべてにおいて学力上位層の方が高い。

・「ほとんど毎日両親あるいはそのどちらかに勉強しなさいと言われる」の割合は、学力下位層の方が高い。

両親が子供の学習に関心を持ち、子供と緊密なコミュニケーション関係を持っているほど、子供の学力が高くなる可能性がある。ということは、両親が自分主義で、子供の生活（学校生活も含む）に関心もなく、かつ子供との間でコミュニケーションも余りないような状況では、子供は学習に意欲を持つこともなく、自分勝手な生活をしていく可能性が高いだろう。

d. 諸外国に比べると、日本の親は育児において無責任である。つまり子供のしつけを十分していない。

親、とりわけ母親の育児というのは子供の精神的な成長にきわめて重大な影響を与える。たとえば「自尊心の高い少年たちは社会的、身体的に活発で、学業においても社会生活においてもだいたいうまくいっている。また彼らは自尊心の低いものたちよりも表現力に富み、創造的で、人間関係もよく、自信に満ち、よく討論に加わり、他人と意見の一致をみなくても気にしなかった。さらに彼らは疲労、頭痛、不眠症、その他の心身症を訴えることも少ない。……自尊心の低い子供の母親は情緒的に子供から離れ、子供の扱いが非常に厳格か、まったくの放任であるかの極端であった。これらの子供の家庭は民主的というにはほど遠いものであった。子供に一貫した態度で接するという点にも欠けるところがあった。両親は一般的に自分の子供に関心も興味もなかった。子供は両親に対して無関心であるか、あるいは敵対行動すら示す傾向が見られた。だから子供が自尊心を持つこともできなくなるのは当然のことである。人が社会的役割を演ずるさいに経験する自尊心は、大幅に両親の育児態度によって規定されることは明らかである」(S. A. Mednick et. al., 318-9 頁；点線部分は林の責)。

　さて、文部省の「子どもの体験活動研究会」の調査（対象は日本、韓国、アメリカ、イギリス、ドイツの小学 5 年生と中学 2 年生で、日本は東京都の 72 校、男女 2,258 人、5 か国全体で約 6,600 人；1999 年 10-12 月に実施）によれば(宮沢薫)、

- 「家庭のしつけ」を見る問題が 12 項目で調べられているが、このうち 10 項目で親からの注意の頻度が日本は他の 4 か国と比べ最低だった。たとえば日本では、「うそをつかない」と「親がよく注意するのは父親で 11％、母親で 16％、逆に「親が注意しない」が父親で 71％、母親で 60％だった。「先生の言うことをよく聞きなさい」と「親がよく注意するのはで父親 16％、母親で 29％だった。逆に「親が注意しない」が父親で 59％、母親で 37％だった。
- 「道徳観・正義感」を見る問題で、たとえば「いじめを注意したこと」が「何度もある」と答えたのが日本で 4％、「まったくない」が 41％だった。他方、アメリカでは、「何度もある」と答えたのが 28％、「まったくない」が 29％だった。

・「手伝いの頻度と内容」を見る問題が 6 項目で調べられているが、日本では「手伝いをいつもしている」と答えた割合は「買い物」で 7％、「家での掃除や整頓」で 9％、「ゴミ袋を出す」で 11％だった。この割合はいずれも 5 か国で最低だった。

　要するに、社会ルールや道徳観について日本の親はしつけが不足している。ただし、この調査結果には、各国の文化の違いや単純な設問の仕方に問題が指摘されている。

　さらにこの調査結果を裏付けるものがある。それは日経リサーチが実施した全国世論調査（2001 年 2 月 2-4 日にかけて全国の有権者男女 3,000 人を対象に質問紙による電話聴取法を使って調査；回答率 59.3％）である。「今の教育で、あなたが懸念している問題は何ですか」という質問に対して、最も多く指摘されたのは「若者の規範意識・しつけの低下」（63.7％）、「教員の質の低下」（55.5％）、次が「学級崩壊」（34.3％）、「学力の低下」（32.1％）、「大学教育の質の低下」（31.0％）の順であった。

　戦後の経済発展を支えてきた教育制度の欠陥が浮かび上がってきているようだ。

e.　離　婚

　2000（平成 12）年の人口動態統計によると、離婚件数が 26 万 4,246 件で、前年の 25 万 529 件より 1 万 3,717 件増加し、離婚率（人口千対）も 2.10 で、前年の 2.00 を上回り、10 年前（1990 年）の 15 万 7,608 件の 1.68 倍にも上り、過去最高を更新した（図表 1-11）。10 年前と比べると、各年代層で上回ったが、とりわけ熟年離婚が増えた。数の上では若い世代が多いが、中・高年層の増加率が高くなってきている。

　離婚が子供の精神的な成長に甚大な影響があることは間違いないだろう。まして現在少子化の傾向にあるだけに、親の離婚が子供に与える影響はさらに大きなものと考えられる（兄弟が多ければ、子供同士で助け合うこともできるだろう）。

　以上 a～d のような親のライフスタイルが子供の考え方や行動にどのような影響を与えているのかを推測するとすれば、以下のような点（a−e）をあげることができるだろう。

図表 1-11　同居をやめた時の年齢別に見た年次別離婚件数と離婚訴訟件数

	30 歳未満	30-40 歳未満	40-50 歳未満	50-60 歳未満	60 歳以上
平成 2 年	38596	34751	23387	6336	1456
平成 12 年	68617	67918	34780	18008	4798

さらに、離婚訴訟も増加傾向が続いており、その内訳は次のとおり。

	協議離婚	調停離婚	審判離婚	判決離婚
平成 2 年	142623	13317	44	1624
平成 12 年	241703	20230	85	2228

a.　子供の社会規範や道徳心の低下

　犯罪はそれを犯す人の犯因性素質（遺伝、体質、知能、性格など）と犯因性環境（自然環境、家庭環境、友人関係など）によって発生すると考えられる（T. B. Norman et al.（edit.), 21 頁）。青少年の非行・犯罪においては、とりわけ性格、家庭環境、友人関係が非常に大きな役割を果たしていると考えられる。ここからも親がいかに重要な影響を与えているかが分かるのである。

　1999 年度版「青少年白書」によれば、

・「法律や規則を守ってばかりでは損をする」と考える高校生は 74％、中学生では 64％に上った。

・「店の近くを通ったから」万引きをする、「歩くのが面倒だから」自転車を窃盗する、といった「理由なき非行」が増えている。大阪大学の秦政春教授の追跡調査によれば、非行全体に占める「理由なき非行」の割合は小学生で 5.5％、中学生で 16.8％、高校生で 18.6％だったそうだ。子供は成長するにつれて、規範意識が悪化しているのである。

・神奈川県警少年課のアンケート調査（少年を取り巻く家庭環境、学校環境、交遊関係、犯行形態、犯行意識などを計 63 項目の質問で調べた；調査対象は 2001 年 11-12 月の 2 か月間に、ひったくりで検挙された 13-19 歳の少年 41 人（16-17 歳が全体の 44％）、全体の 8 割が非行歴を持つ）の分析結果に

よれば、ひったくり少年の家庭環境には両親の放任主義の傾向が非常に強く見られた。意外にも、ひったくり少年の家庭は、両親ともに気まぐれ、溺愛、厳格、家庭に不在といったケースよりも、両親ともに放任主義のケースが圧倒的に高かった。つまり「親子の絆が希薄で、家庭内に居場所を見つけることができない少年たちが、その気持ちを共有できる仲間と集団で犯行におよぶ傾向が強い」と分析している。すなわち、両親が放任主義で子供に関心がなく、心の触れ合いを拒否するケースがひったくり少年家庭の半数を占めていた。また食事も親と子供が一緒にしない家庭が半数を占めていた。そのうち24人（58.5％）が不登校の経験をしていた。さらに41名のうち約半数が家庭と学校に強い不満を持っていた。不満の原因は「両親が子供を理解してくれない」、「親同士の不仲、離婚」、「学校での勉強が面白くない」など。しかし友人関係には7割が満足していた。犯行形態は37人（9割）が共犯者と一緒にひったくりをしており、単独犯はわずか4人。32人が友人の家やコンビニを主な「たまり場」にしていた（川久保美紀）。

b.　自己中心主義、身勝手、社会や周囲の人に対する無関心
c.　頑張ろうとか成功しようといった、よい意味での競争心（チャレンジ精神）の低下・欠如
d.　自立心（性）の低下・欠如
e.　社会性（人間関係の構築）の低下・欠如
②　次に、このような親のもとで育てられた子供（学生も含む）は、上記①で触れた以外に、どういうライフスタイル傾向を持っているのだろうか。

両者の間の因果関係は正確には分からないが、何らかの関係があることは確かだろう（図表1-3の左上の部分や上記の「社会性の低下・欠如」などの箇所をも参考）。

以下のような傾向が最近の若者に経験的に指摘されている。
a.　最近の若者は給料や福利厚生、世間的体面（一流企業だからといった）よりも自己実現欲求やキャリア志向（スペシャリスト志向に通じる）が強い。

会社選択のさいに自分の能力やスキル、興味に関連する理由を重視し、一流企業とか給料・福利厚生などに価値を置いていない。これは終身雇用制の後退

を背景とする昨今の「就社」よりも「就職」といった傾向や、労働市場の流動化の増大、雇用の不安定化を反映したものだろう。

社会生産性本部の「平成14年度新入社員『働くことの意識』調査」(同本部主催の新人研修受講者を対象に2002年3月8日‐4月30日に実施し、3,941人(男65.8%、女34.1%)から回答)によれば、「会社を選ぶ時、あなたはどういう要因を最も重視しましたか」という質問に対して、上位10位は以下のとおり。

図表1-12　会社選択の動機

第1位　「自分の能力、個性を生かせるから」との回答は31.3%
第2位　「仕事が面白いから」との回答は20.1%
第3位　「技術が覚えられるから」との回答は17.9%
第4位　「会社の将来性を考えて」との回答は8.9%
第5位　「実力主義の会社だから」との回答は5.0%
第6位　「どこも行くところがなく、やむなく」との回答は3.6%
第7位　「経営者に魅力を感じたから」との回答は3.0%
第8位　「給料が高いから」との回答は2.9%
第8位　「地理的条件がいいから」との回答は2.9%
第9位　「一流企業だから」との回答は2.6%

ちなみに同本部の「1999年度新入社員意識調査」(1,183名から回答)によれば、下記のとおり、新入社員のスペシャリスト志向が1990年度の調査開始以来初めてゼネラリスト志向を上回った(須佐美玲子)。

- 「1つの仕事や持ち場を長い間経験させてスペシャリスト(専門家)として鍛える職場を望む」人は前年度比2.1ポイント増の51.3%、90年度の調査開始以来初めて過半数に達した。
- 「いろいろな仕事や持ち場を長い間経験させてゼネラリストとして鍛える職場を望む」人は前年度比2.1ポイント減の48.7%。
- 「残業は多いが、仕事を通じて自分のキャリア、専門能力が高められる職場を望む」人は前年度比4.4ポイント増の37.8%。

- 「各人の業績や能力が大きく影響する給与体系を望む」人は約7割を占め、年功序列でなく能力主義を求める傾向が年々強くなっている。
- 「仕事に対して最も求めるもの」の問いでは、「仕事のやりがい」(61.5%)が最高だった。
- 「パソコン、インターネットなどの情報技術を活用してきた」人は前年度比14.3ポイント増の56.9%。学生時代からパソコンなどを利用してきた人が半数を超えた。

b. 若者はスペシャリスト志向が強い

ア．ライフデザイン研究所の「ライフデザイン白書」(2000-2001年版；全国の18-69歳の男女を対象に1999年1-2月に調査、有効回答者数2,210人)によれば、

- 「有職者に職場でスペシャリストとゼネラリストのどちらを目指すか」という問いに対して、全体ではスペシャリスト志向が多かった。とくに若い世代ほどこの傾向が強く、男性は50歳代を境にゼネラリストが上位に逆転している。
- 男性の54.3%、女性の29.6%が起業に意欲を持っていた(すでに事業を行っている人も含む)。

イ．ディスコ(就職情報会社)の「大学生の就職活動・意識に関する調査」(全国の大学3年生(文系と理系；理系は大学院修士1年生を含む)1,400人を対象に2001年12月1-10日にかけて郵送で実施、有効回答男子354人、女子170人)によれば、

- 就職先企業を選ぶ基準

昨年に引き続き、「仕事の内容が面白そう」がトップだった。「知名度が高い」は昨年の12位から上昇している。学生が就職先企業を選ぶ基準として、自己実現欲求の充足に重点を置いているようだ。

第1位「仕事の内容が面白そう」(59.6%)、第2位「働き甲斐がありそう」(49.4%)、第3位「自分が成長できそう」(40.4%)、第4位「雰囲気がよい」(35.8%)、第5位「給与・賞与がよい」(31.4%)、第6位「安定している」(23.9%)、……第9位「希望した職種につける」(19.2%)、第10位「知名度

が高い」(18.6%)。

・就職希望状況

前述のマイクロミルの「フリーターに関するアンケート調査」結果と同様、「絶対に就職したい」と考えている学生は82.3%で、「場合によっては就職しなくても構わない」と考える学生が17.7%にも達している。とくにこの傾向は、文系女子 (20.7%) と理系男子 (20.3%) に強い。

・就職しない場合の進路

「場合によっては就職しなくても構わない」と考える学生のうち (複数回答)、大学院進学希望が46.7%、海外留学希望が32.2%、専門学校や資格取得のための学校希望が27.8%、フリーター希望が27.8%、就職浪人希望18.9%、派遣社員希望16.7%などであった。

・就職後のキャリアプラン

就職後のキャリアプランは、「1つの会社にこだわらず転職などでキャリア・アップを図りたい」が35.9%と最も多いが、他方「1つの会社で定年まで勤めたい」も34.0%いる。「ある程度会社勤めしたら、いずれは独立・起業したい」が14.3%、「ある程度会社勤めしたら、いずれは家庭に入りたい」が8.0% (男性0人；文系女子21.4%、理系女子32.1%) であった。

いずれ会社を辞めると回答した61.8%の人に、どのくらいの期間勤める予定かを聞いたところ、「期間は決めていない」が35.2%で最も多く、「10年以内」が27.8%いた。

傾向として、スペシャリスト志向が強いのは理系の学生だが、専門性が低いといわれてきた文系でもスペシャリスト志向が増えてきているようだ。この理由として雇用の流動化や職種別採用の増加などが背景にあり、勤め先の倒産後も考えてのことだと推測される。

c.　就職活動に「貪欲さ」が見られず、ブランド志向が強い。

たとえばSCE (ソニー・コンピュータエンターテイメント；ゲームメーカー) の武田総務課長によれば、当社は入社案内を1万セット以上配付したが、採用予定数は約30名。しかし「他社から内定を貰っているが、どうしてもSCEにはいりたいという学生が少ない。併願先も同業のゲームメーカーでは

なく、大手総合商社や情報系企業などが多い。ゲームビジネスを選ぶのではなく、ソニーブランドだから受けにくくるのでは困る」（日本経済新聞、1997年8月14日）。
d．社会全般に資格志向の傾向が見られるが、とくに最近大学生や若いOLの資格志向が顕著である。
ア．弁護士や公認会計士、不動産鑑定士などの分野で女性が急速に増えている。
　たとえば女性不動産鑑定士は1992年に53人だったが、現在は217人に上る。合格者に占める女性の割合は2割前後に達している（中沢義則）。
　一般に資格が社会で持つ意義は、次のように理解されている。
・資格は企業人としてバリバリ仕事をしていくためのパスポート
・転職のための武器
　しかし女性が資格志向に走る大きな理由としては、以下の点だ。
・女性にハンディがなく、やりがいのある仕事ができる
　つまり結婚や出産でブランクがあっても資格があれば仕事を続けられる
・一生働き続ける上で有力な武器になる
・企業人として独立する上で役に立つ
・性差に関係なく個人の能力が生かせる
イ．最近環境にかかわる国や民間の資格（公害防止管理者、技術士（環境部門）、エネルギー管理士、環境カウンセラー、環境計量士、臭気判定士、森林インストラクターなど約50種）が、就職活動を控えた学生など若い世代の注目を集めている（読売新聞、2001年2月15日）。
　中でも最近学生に人気が高いのが、実務経験なしで受験できるもの。たとえば各種技術士補試験のうち、環境部門に2000年度の申込者のうち学生は248人で、この部門ができた1994年（36人）の7倍近い。民間資格のビオトープ管理士2級試験も同様で、全合格者に占める学生の割合が年々増加している。
ウ．（社）日本私立大学連盟の調査によると、大学生の4人に1人は資格試験や技術習得のために課外講座や専門学校に通うという「ダブルスクール」派である。受講している講座の内容は司法試験や会計士試験などの各種資格

試験、語学、パソコン・情報処理など。この背景には、企業側の即戦力志向が大きいと考えられ、学生側も厳しい就職環境に危機感を深めていることがある。

即戦力志向の企業ではとりわけ資格要件の設定を今後ますます強めていくことが予想され、学生側の意識も就社型から就職型へと変わり、文系学生のスペシャリスト志向が今後高まっていくと考えられる。企業側の即戦力志向の例としては、外資系企業ではTOEIC700-800点といった帰国子女並みの英語力を要求するところもある。またエンジニアリング事業やマルチメディア事業を手掛けている企業は、新卒採用の条件としてパソコンソフト会社などが設定しているマルチメディア関連の技術資格を盛り込んでいるところもある。

e. 自分が楽しいと知覚する生活空間（遊びも含む）の中に仕事（自分も一緒になって楽しめる仕事）を求める若者が多くなってきた（日本経済新聞、2000年3月4日）。

2001年春に開業のテーマパーク「ユニバーサルスタジオジャパン」の新卒採用は300倍という狭き門になった（募集人員30人に対して応募が9,000人）。

また、開演17年目（2000年）を迎えた東京ディズニーランドは園内で約1万2,000名が準社員として働いている（アトラクションやレストランでの接客業務、園内清掃、物品販売などで）。過去5年間で準社員への応募者数が毎年増加している。1994年度が1万8,000名、1998年度は2万6,000名。準社員の7割が18-25歳の若者で、とくに人気の高いのがアトラクションやレストランでの接客業務である。

その応募動機として主なものは、次のとおりである。

- テーマパークはとても楽しく過ごせる場所なので、仕事をしていても絶対楽しいと思った。事実、いろんな人に接することができ仕事に充実感を感じる。
- 他人が楽しむのを見るのが嬉しい。

最近の若者には仕事を通じて未知のことを体験したり自己実現を図ろうといった傾向が感じられない。それよりも自分が感じた雰囲気が楽しかったか

ら、働いてもきっと楽しいはずだという皮膚感覚で仕事を選ぶ傾向が見られる。

f. 若者の海外ボランティア活動への関心は高まりつつあるが、ボランティア活動への使命感・意義をそれほど感じていないようだ。実際は「海外で一定期間単にプライベートな形ではなく生活してみたい」といった若者が増えているのと同時に、「自分の帰国後の進路への不安」の方も大きな問題になっている。

　中央教育審議会資料『奉仕活動・体験活動をどのように推進していくのか』(2002年6月1日) によれば、「全国で活動するボランティアは700万人を超えており、環境保護や社会福祉、国際交流等幅広い分野にわたっている。平成10年の特定非営利活動法人 (NPO) 法の制定により、NPO法人の活動を支援する枠組みができ、NPO法に基づき法人格を取得した団体が5,826団体 (平成14年1月現在) になるなど、非営利の活動が多様な場面で継続的に行われる機会が増大している。ただアメリカやイギリスに比較すると、わが国のボランティア活動参加率は低く、とくに30代前半の若い世代で低いという特徴がある。一方ボランティア活動に対する意識については、『国民生活選好度調査』によれば、……ボランティア活動に対する関心は非常に高い。しかし現在活動を行っている人（または過去の活動を行ったことがある人）は、3人に1人にすぎない」(点線部分は林の責)。

　実際、開発途上国で技術協力を行う青年海外協力隊（1965年に発足し、農林水産業や保健衛生などの技術指導のために、国際協力事業団が20-40歳までのボランティアを途上国に2年間派遣する）に応募する若者が急減している。2000年春の応募者数は6年前に比べほぼ半数の3千人台まで落ち込んだ。その理由として、次のことが考えられる。

・帰国後の職探しに苦労する。

　帰国する頃には失業率も改善し、現地の経験が職探しに役立つと考えていたが、そうではなかった。たとえば企業によっては「年齢が高く、日本社会とは異なる経験をした協力隊経験者は採用したくない」というところもある。

・ボランティア活動をする機関や制度が拡大してきた。

　NGO（非政府組織）や民間団体の海外派遣や先進国の福祉施設でボランティ

ア活動をするといった、いわゆる、希望地域に行きやすい、海外在留期間も希望できる、特定技能がなくても派遣されるなどの好条件の機関が増えてきた。

　日経新聞社が1999年4月にインターネット調査した結果（有効回答218、うち10代3人、20代64人、30代88人、40代45人、50代18人；性別は男性71％、女性29％）によっても、若者はどうもボランティア活動に積極的ではないようだ。若者（30歳代以下）でボランティア活動に「関心がある」と答えた人は9割に達しているが、「現在、活動している」人はわずか2割。逆に「参加経験なし」と答えた人は52.3％、40歳代以上の38.1％を大きく上回った。

　若者がボランティア活動に参加しない理由としては、
第1位　情報やきっかけがないため（38.6％）
第2位　時間的余裕がない（約20％）
第3位　やりたいと思う活動が身近にない（約14％）

　しかし実際は、自分から積極的にボランティア情報を探そうとしないことが第一の原因のようだ。次は、ボランティア活動に対する心理的な抵抗感があげられる。たとえば「正義感の強そうな人が集まっていて、敷居が高い」「下手をすれば偽善と思われてしまう」などと感じる若者が多い。しかし「今の若者には面白そうとか、日常と違う体験ができるという、ごく個人的な動機で活動を始める傾向がある」という指摘もある（大島泉）。

　以上をまとめると、図表1-13のようになる。

　以上、3.4-(1)について詳述してきたが、さらに「パーソナリティ要因－外部環境要因の関係」として、(2)～(8)の指摘ができるだろう。

(2)　「学校や周囲の人達に対して強いストレスを知覚する」傾向の直接の原因となっている「無気力化、自分の殻に閉じこもる」「社会性の欠如」「他人を信頼できない、他人に恐怖を感じる」のは、「いじめ」に代表されるような「周囲の人から自尊心を傷つけられる」ことのほかに、間接的には「両親の育児のやり方」「両親のライフスタイル」ならびに「学生が育った家庭環境」が非常に重要な影響を与えている。さらに「学生のこれまでの人生における社会経験」も強い影響を与えている。

第1章 学力低下の阻止　53

図表1-13　親の価値観やライフスタイル–若者のパーソナリティ–若者のライフスタイルの関係

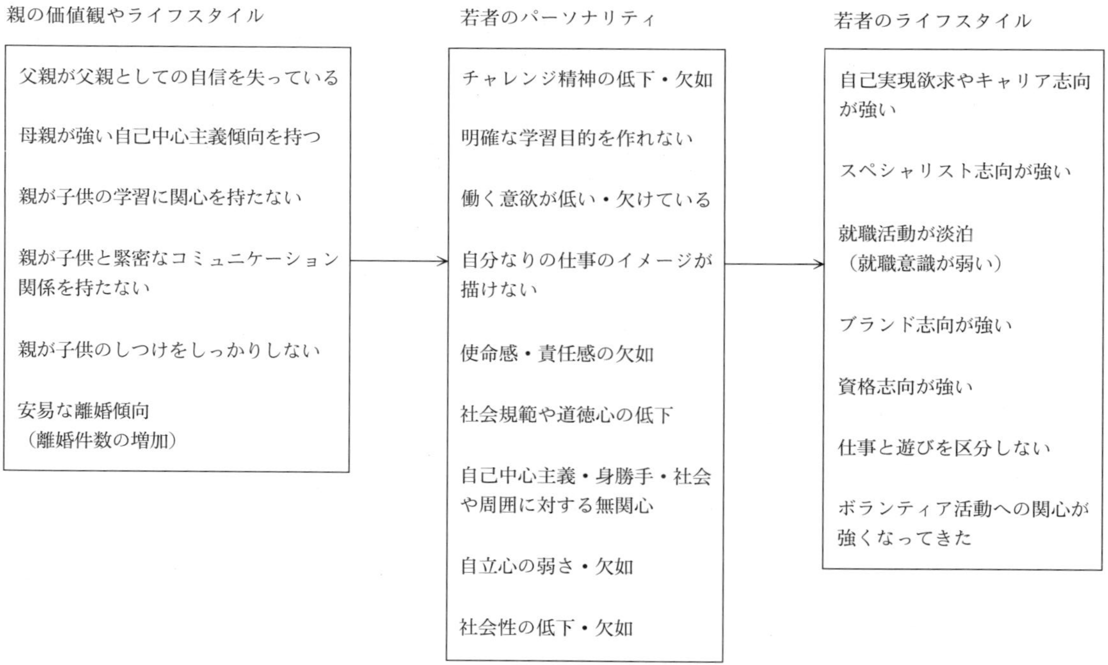

親の価値観やライフスタイル

- 父親が父親としての自信を失っている
- 母親が強い自己中心主義傾向を持つ
- 親が子供の学習に関心を持たない
- 親が子供と緊密なコミュニケーション関係を持たない
- 親が子供のしつけをしっかりしない
- 安易な離婚傾向（離婚件数の増加）

　　　↓

若者のパーソナリティ

- チャレンジ精神の低下・欠如
- 明確な学習目的を作れない
- 働く意欲が低い・欠けている
- 自分なりの仕事のイメージが描けない
- 使命感・責任感の欠如
- 社会規範や道徳心の低下
- 自己中心主義・身勝手、社会や周囲に対する無関心
- 自立心の弱さ・欠如
- 社会性の低下・欠如

　　　↓

若者のライフスタイル

- 自己実現欲求やキャリア志向が強い
- スペシャリスト志向が強い
- 就職活動が淡泊（就職意識が弱い）
- ブランド志向が強い
- 資格志向が強い
- 仕事と遊びを区分しない
- ボランティア活動への関心が強くなってきた

＊若者のパーソナリティとライフスタイルの間には上記のような関係が想定できるが、それは正確な意味で明確な因果関係ではないようだ。これらのライフスタイル特徴はあくまでも関心・志向、行動傾向であり、それらが十分実現されているかどうかは分からない。

(3) 「すぐに役立つ知識や情報だけを求めようとする安直な傾向」は、「企業側の資格重視や即戦力となる人材重視の採用傾向」「学生側の基礎学力不足」を生んだ「ゆとり教育」や「大学側の入試方法の多様化」などの結果と考えられる。

(4) 「努力や我慢、向上心の軽視・欠如の傾向」は、「両親の育児のやり方」「両親のライフスタイル」ならびに「学生が育った家庭環境」が非常に重要な影響を与えている。さらに「豊かな社会」「産業構造の変化による短期雇用市場の拡大」の結果でもある。

(5) 「基礎学力の不足」は高等学校の「ゆとり教育」の弊害でもあるし、「大学側の安直な受験科目減少の結果」でもある。

(6) 「知的好奇心・探求心の低さ・欠如」も、「両親の育児のやり方」「両親のライフスタイル」ならびに「学生が育った家庭環境」が非常に重要な影響を与えている。さらに「マークシート型入試」の結果だと指摘されている。

(7) 「少子化による大学入学の容易化」が「学生の基礎学力不足」の1つの重要な原因で、「学生の専門学習意欲の低下・欠如」の間接的な原因でもある。

① 少子化、出生率の低下が子供をいたずらに甘やかし子供から自立性や主体性、社会性、チャレンジ精神などを奪い去ると同時に、勉強の必要性を理解させたり勉強の習慣を身に付けさせることも阻害してきた。

少子化、出生率の低下の原因は何かと考えると、「女性一人でも生きていける豊かな社会」とか「女性の価値観の多様化」などとさまざまな指摘があるが、意外と女性の子供・育児・家庭に対する意識変化が大きいかもしれない。

「成人したら結婚し、家庭を持って子供を育てるということだけが女性の幸せではない」という女性の意識変化が少子化に拍車を掛けている。日本経済新聞社の「私たちが子供を持たない・持てない理由」というテーマに寄せられた女性読者の声によると（2002年6月13日発表）、子供がいらないとする大きな理由としては、

- 仕事や趣味などに関する自分の目標や自分らしさ、自分あるいは自分達のライフスタイルを大切にしたい。
- 夫婦二人の生活を重視したい、今の生活水準を落としたくない。

・子供を産み・育てる世代の幼児化、未熟化。

　精神的に成長していない（厚底サンダルを履き、古着やコギャルファッションを身に付け、ビジュアル系バンドを聞き、携帯電話で会話遊びに夢中になる、今時の女子高校生と変わらない30代、40代の女性もいる）、子育てに自信が持てない、子供嫌い（子供が可愛いと思えない）

・子育ての苦労はしたくない。

② 少子化とともに、大学入試の多様化も大学入学を容易化し、学生の基礎学力不足を助長した。最近の入学試験は筆記試験より推薦や面接などを重視した選抜方法に変わりつつある。さらに入試科目の削減と、逆に増加という両方向が見られる。

a. 入試科目の削減

　（財）大学基準協会の調査（1996年）によれば、国公私立大学の41％が入試科目を減らし、増やしたのは9％であった。3教科入試が普通であった私学で1997年春は、全体の約3割で1教科入試が実施された。文系の入試科目の代表的なパターンとしては、3教科型（英、数、国、あるいは英、社、国、など）、2教科型（英、国、あるいは英、社、など）1教科型（英と論文）。国公立大でもセンター試験で4教科以下を課す学部・学科を有する大学が1997年春現在で6割を超えた。

　さらには筆記試験を行わず、面接や論文だけの入試が1997年春現在で私学の1割に達している。

b. AO入試

　大学審議会の2000（平成12）年11月の「大学入試の改善について」（答申）によれば、AO（アドミッション・オフィス）入試という新タイプの入試方法は学力検査に偏ることなく、詳細な書類審査と時間を掛けた丁寧な面接等を組み合わせることによって、受験生の能力・適性や学習に対する意欲、目的意識等を総合的に判定しようとするきめ細かな選抜方法の1つである。この方式は現在米国の多くの大学が採用しているが、日本では1990年春に慶応大学が初めて採用し、1999年春は13の私大、2000年春では国公私立大学（東北大、筑波大、九州大、早稲田大など）合わせて75大学に増えた。

しかしAO方式には、出願資格や選抜基準が明確でなく、どのような学生を求めているのか、推薦入学とどこが違うのかもはっきりしない、あるいはまた学生の青田買いにつながることが懸念されるといった問題点も指摘されはじめている。

c. 推薦入試方法の多様化

各大学が自校の個性や教育理念に合った学生をできるだけ多く獲得しようとして、また他の理由から、推薦入試方法を多様化してきている。

加えて、2000年春の大学・短大の推薦入学者数の枠が拡大された。これまでは推薦入学者数は大学では募集定員の3割、短大では5割という目安があった。しかし2000年春からは大学5割、短大は枠が廃止された。

d. 入試科目の変更・追加

入学試験がペーパーテスト偏重から、多様化へと変化している。国立大で英語のリスニング（聞き取り）試験を課す学部が1999年春の89学部から2000年春は110学部に増加した。たとえば北大では全学部に英語のリスニング試験を課すことにした。

また複数科目にまたがる総合問題の導入も、国公立大で46大学76学部から49大学83学部に増えた。面接を課す国公立大も113大学225学部から117大学235学部に増えた。

e. その他

受験日自由選択、一芸一能などの方法も実施されている。

(8) 社会経験の不足・欠如が学生の社会性の欠如をはじめとして、さまざまなパーソナリティ要因に負の影響を与えている。

最近重要な社会現象の1つに間接会話というのがある。他人や社会への関心は後天的に獲得するもので、生身の人間と接した時間に比例するといわれる。間接会話（顔を合わせないコミュニケーション）だけにのめり込むと、子供たちの社会性は育たない。インターネットはこうした傾向をさらに膨張させる。子供たちがバーチャル（仮想世界）に溺れないように、現実の経験を積み重ねさせることが大事だ。

子供の頃から他人と触れ合う機会が少ないと、インターネット依存症にかか

りやすい。彼らはメール交換なら何時間でもできるが、直接会話ができない。最近、インターネット中毒で体調を崩す若者が増えている。

　以上、大学生の「専門学力低下」の直接的原因である「専門領域での学習意欲の減退・欠如」がどういう原因で発生しているのかを、経験的な主張や指摘をベースに体系的に考察してきた。この考察をまとめるとすれば、次のように主張することができるだろう。
　学生が学習意欲を失ってきているのは、「両親の育児、ライフスタイル、そして家庭環境」、そしてそこに主たる原因がある「学生本人の社会経験不足、ライフスタイル」に大きな原因があるだろう。しかも行政機関や教育機関自体の理念なき無責任教育（いかに素晴らしい理念でも、それを実現するための適正なプログラムが作成されていなければ何の意味もない）、とくに一部の私立大学に見られる経営のための教育（教育機関として財政的に存続することを第一とする）といった現状が学生の学習意欲の低下に拍車を掛けている。加えて教育者としての資質もなく教育・研究努力もしない教員の存在が学習意欲をそいでしまう。さらに学生を取り巻く社会経済的な環境は物質的には豊かだが、しばしば因襲的な価値観に支配され、社会の価値規範に一貫性が見られず、いわゆる価値観のカオス的状況に基づく精神の荒廃が支配している。

　次に、上述のような現実を踏まえて学生の学力低下を阻止するための経験的な改善策をまとめてみたい。そしてこのような経験的な考察ではなく、モティベーション理論の見地から理論的に「専門領域での学習意欲の減退・欠如」のメカニズムを明らかにしてみたい。

4．学力低下阻止のための経験的な改善策

　上記で考察したが、学生の専門学力低下の原因究明に関する経験的な意見や主張を検討すると、専門学力低下の直接的かつ重大な原因は、次の4つのように思われる。

(1) 授業が理解できない、面白くないから学習に興味がわかない。
(2) 大学や学習すること自体に魅力を感じない。
(3) 大学教育のあり方に疑問を感じ、大きな不満を持っている。
(4) 学習目的（何を学習したいか、すべきなのか、自分は将来どうありたいのか、そのためには何をどの程度学習すべきなのか）について真剣に考えずに、大学ランクを重視して受験したために、入学後の学習の必要性が分からないし、学習意欲がわかない。

　こういった状況を直接生んだのが、主に次の5つだろう。

① 学生本人のライフスタイル
② 学生本人の社会経験不足
③ 教育者としての資質もなく、教育・研究にも真剣に努力しない教員
④ 学生本人の基礎学力不足
⑤ 大学の教養教育の不備・不適正

　この①-⑤を作り上げてしまったのが、主に次の4つであろう。そしてこれらがそもそもの原因（学生の学力低下の）を改善するために、根本的に改革しなければならないものだ。

a. 学生の両親の育児方法、ライフスタイル、そして家庭環境
b. 文部科学省の教育政策（いわゆる「ゆとり教育」）
c. 大学の教育プログラムと教員採用のあり方、および教員の教育者としての意識
d. 学生を取り巻く社会経済的環境（とりわけ企業の学生採用方法）

　以上をまとめると図表1-14のようになる。

　現在、学生の学力低下を改善すべく諸大学で実際に採られている処置や、識者らが実施すべきと主張している方策をまとめたものが図表1-15である。しかし果たしてこのような措置で本当に学力低下を阻止し、学力を向上させることができるのだろうか。これらの措置のほとんどが確かに経験的には納得がいくようだ。しかしながら、これらの措置のうち、まず何を真っ先に行うべきなのか、何を重点的に実施すべきなのかについて断言できない。さらには各措置

第1章 学力低下の阻止 59

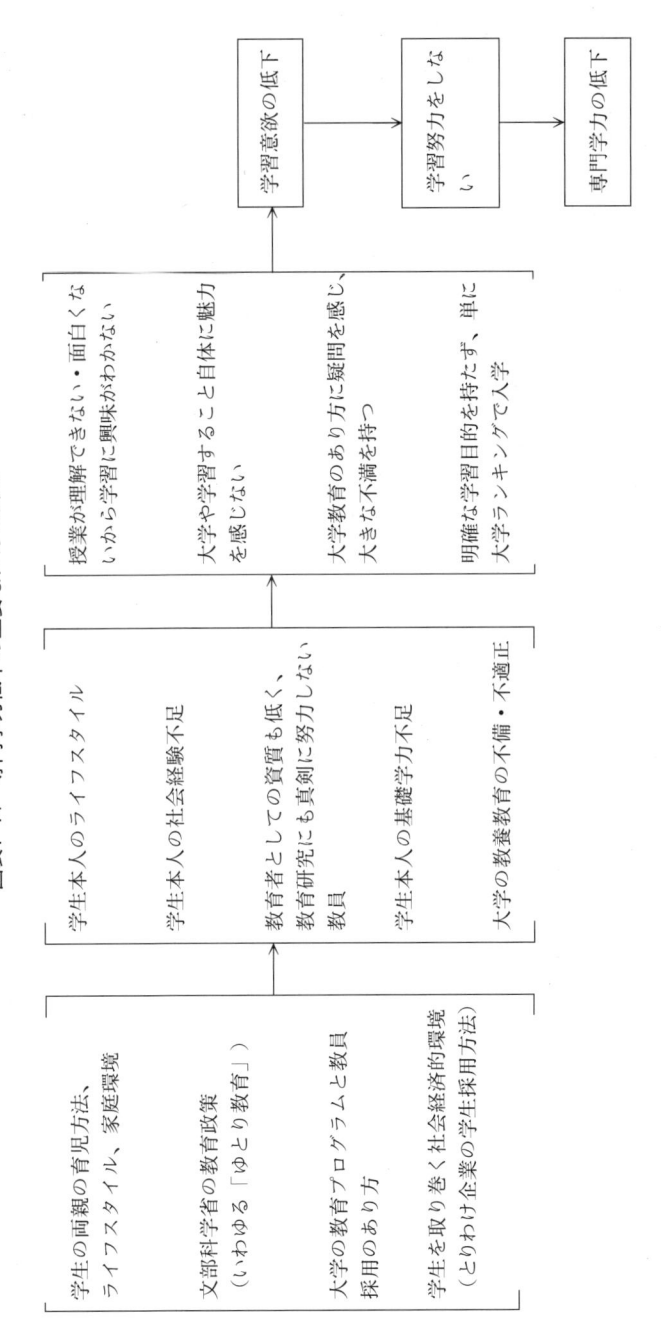

図表1-14 専門学力低下の主要なメカニズム

```
学生の両親の育児方法、          学生本人のライフスタイル        授業が理解できない・面白くな
ライフスタイル、家庭環境                                    いから学習に興味がわかない

                              学生本人の社会経験不足          大学や学習すること自体に魅力
文部科学省の教育政策                                          を感じない                    学習意欲の低下 → 学習努力をしな → 専門学力の低下
(いわゆる「ゆとり教育」)        教育者としての資質も低く、                                                          い
                              教育研究にも真剣に努力しない    大学教育のあり方に疑問を感じ、
大学の教育プログラムと教員      教員                          大きな不満を持つ
採用のあり方
                              学生本人の基礎学力不足          明確な学習目的を持たず、単に
学生を取り巻く社会経済的環境                                  大学ランキングで大学
(とりわけ企業の学生採用方法)    大学の教養教育の不備・不適正
```

図表1-15 大学生の学力低下、学習意欲低下の経験的改善策（現在実施されていないが、経験的にその重要性が指摘されているものも含む）

［小・中・高校］
1. いわゆる「ゆとり教育」の改善
　「真の」ゆとり教育を実現する。
　必要最低限の共通学力の上に、個性的な学力を付ける。
このためには、諸外国のケースも参考にして、次のような方策を採用することが有用かもしれない。
・必須の基礎学力に関して、授業時間や卒業要件単位の増強を図る。
・基礎学力や数学、理科の学力の重点強化を図る。
・ナショナル・カリキュラム制の導入を図る。
・小・中・高校監査制度を導入する。
・優秀な教員の採用・育成
　これには、豊かな社会経験を身に付けた教員の採用・育成も含む。
・豊かな社会経験が身に付くようなカリキュラムを作り上げる。
・必須の基礎学力に関して、生徒の学力到達度試験制度を全国的に導入する。
など

［大学］
1. 入試制度の改革
・本来の姿のAO入試（学力、意欲、適性を見極める入試）を採用する。
・多科目入試を実施する。
・大学の授業を高校生にも受けさせ、その成績を入学許可のさいに配慮する。
など
2. 教育システムの改革
・インターンシップ制やボランティア活動を導入する。
・基礎学力向上のための、未履修者向け授業や補習授業、学力別授業（英語や数学などで）を採用する。
・教養教育のあり方を改革する。
・成績不良者の留年・退学処分を厳正に徹底して行う。
・マスプロ型の、一方的な授業のやり方を改め、二方向の授業にする。
・学生や社会が真に求める授業科目やその内容を作る。
・大学自体が学生に対して、何をどのように教えていくのかについて、明確な理念と目的を持ち、それを実際の教育の場に生かす。
・厳格な成績評価に基づき、卒業生の質の管理（出口管理）を断行する。
など
3. 教員
・優秀な教員を育成・採用する。
　とくに教養教育の授業を学生に興味を持たせ面白くするために、学生の知的好奇心や探求心を刺激し得る教員の育成・獲得をする。そのためにはまず教員給与を高くする。
・学生による授業評価を適正に厳格に実施し、その結果を授業に生かす。
・教員の研究業績と教育業績を適正に厳格に実施する。
・教員の雇用に任期制を導入する。
など

4. 学生のための福利厚生の改善
・カウンセラー制度を設置・充実する。
・学生の心の悩み（対人関係や進路、不登校の悩み、目的意識の欠如）を解決・緩和する。
・学生支援センターを設置・充実する。
など
[文部科学省]
・規制緩和
　大学設置基準を大幅に緩和して、大学間の自由な競争を促進する。
・低学力校を学生の社会参加のための再教育機関、教養教育重点型の大学として再構築する。
など
[企業、社会]
・企業は学生採用に当たり学歴主義や採用実績主義を放棄する。
・企業は大卒雇用者数を増やす。
・企業は大学が積極的に入社意欲を持つように、自己の魅力を高める。少なくとも自社の社会的意義について学生から理解と共感を持ってもらえる努力をする。
・企業は入社後の仕事や組織生活に魅力を感じさせる。そのためには大学生に少なくとも人的資源管理方式の適正化や改革に向けての努力していることを理解させる。たとえば能力主義の給与管理・昇進管理、本人の意思を大事にした配置・再配置制度や職種・職務選択制度、勤務時間や働き方の弾力化、組織の中で自己実現を達成できること、などについて。
・社会や企業などは若者の価値観の多様化を積極的に認め、さらにそれを支援する。
・社会や行政機関は大学生の社会的自立のための制度や仕組みを整備・充実する。
など

　それぞれが本当に有効なのかというと確信が持てない。現在の学生の学力低下を阻止し、向上させるには、今具体的に何をどうすればよいのかということが焦眉の課題なのである。
　そこでこの焦眉の解決策を理論的に探ってみよう。同時に、これらの経験的方策を理論的に補強できれば、補強してみたい。

5. 学力低下の理論的に重要な原因と改善策

　それでは一体どうすれば、学生の「専門領域での学習意欲の減退・欠如」を阻止することができるのだろうか。それには現在の日本の社会を構成する主要な構成要素すべての整合的改革を必要とするだろう。少なくとも家庭、地域社会、教育機関、企業、行政機関すべての価値規範の健全化を図らねばならない。

価値観の多様化はよいが、それが自己中心的、独善的、私利的、無責任、排他的な考え方や生き方を認めるものであってはならない。しかしこのような改革は長い、長い時間を掛けた真摯な取り組みを必要とするだろう。今日の学生の基礎学力不足といった事態は20年以上も掛けて作られたといえるだろう。国民の教育に重大な責任がある文部科学省（旧文部省）は、すでに1979年以降の共通一次試験導入にさいして、現在のこのような状況の発生を予想だにしていなかったに違いない。

このような根源的改革を図るのではなく、現状を少しでも改善していく方策をここで考えたい。そこで本研究では、モティベーション理論の見地に立って原因と改善策を探ってみたい（図表1-16）。ただし下記の理論の中には主に企業や組織の構成員を対象に開発、あるいは検証されたものがある。それらについては、理論の解釈に慎重を期した。

5.1 二要因理論

この理論はハーヅバーグ（F. Herzberg）が開発したもので、職務満足を決定する要因を2つに分類し、何が真に職務満足を決定し、そして何が仕事意欲を決定するのかを明らかにしようとするものである。

まず、職務満足を規定する要因には衛生要因（職務不満足を発生させる要因；会社の政策、給料、地位、管理・監督方式、職場の上司や同僚との人間関係、物理的な作業条件などにかかわる）と動機付け要因（職務満足自体を決定付ける要因で職務満足を真に高める要因；達成感、業績に対する認知、昇進、仕事そのものに対する満足、仕事上の責任、仕事を通じての人間的成長といった自律性や自己実現欲求にかかわる）の2つがある。

このような2つの職務満足規定要因に基づいて、ハーヅバーグは、次の主張をする。
(1) 人は仕事に不満を感じている時は、衛生要因の満足を高めようとする。
(2) 人は仕事に満足を感じている時は、動機付け要因の満足を高めようとする。

⑶　したがって、人に職務満足感を与え、高い業績達成へと動機付けるのは動機付け要因であり、衛生要因を満足させるのは、そのための必要条件にすぎない。
⑷　職務不満足が強いかぎり、動機付け要因は機能しない。
⑸　当然ではあるが、衛生要因をいくら満足させても、それは高い業績達成への動機付けにはならないし、動機付け要因だけを満足させてもモティベーションを真に高めることはできない。
⑹　要するに、モティベーションを高めるには、まず最初に衛生要因に不満が起こらないようにして、動機付け要因を満足させることが必要である。

　この理論に基づいて、学生の「専門領域での学習意欲」を高めるためには、以下のような提言ができるだろう。しかし職務満足と学習の満足を同一に考えることはできないだろう。そこでここでは、ハーヅバーグ理論の基本的な考え方を活用する。

①　まず学生の学習環境に不満を起こさせないようにする。
・家庭や周囲の人達、とりわけ両親や友人はその学生の学習の目的と努力を認め、支援してやる。
・学生自身、さまざまな社会経験を積極的に積む努力をする。このさい、大学側のインターンシップ制なども有効である。
・大学側はカリキュラム体系、進路指導・就職支援、教育・実験機器、教育施設・物理的環境、図書館、学生サービス（学生、教務、保健などの）、学生達のクラブ・サークル活動などに不満を起こさせないようにする。
②　次に、学生に以下のような動機付け要因を知覚・認識させる。
・新しい、面白い、意味のある知識・技術（応用力も含む）を獲得できたという達成感を感じる。
・学業成績や授業中の質疑応答、レポートなどについて、教員や周囲の人から高い認知・評価を得る。
・学習している科目や内容そのものに強い好奇心と探求心を持ち、満足感を持つ。
・学習を通じて、自分の将来の可能性の広がりや発展可能性を知覚・認識する。

・学習を通じて、自分の理解力や創造力、応用力、人間的成長、スキルなどの向上を知覚・認識する。
など

要するに、上記の①にかかわる処置を取っても、それは学習のための不満を抑えるものにすぎず、②を実現することによって、初めて学生は学習に満足することができ、その結果として学習意欲も高まるのである。ただし、学生にとって①が満足させられなければ、②の知覚・認識も起こらない。

5.2 X-Y理論

この理論はマグレガー（D. McGregor）が開発したもので、労働者の心理特性を分析し、それにマッチする管理方式の必要性を説くものだ。ここで説かれる統合の原則によって、労働者の欲求充足が実現され、その結果仕事意欲も高まり、最終的に組織の要求も達成される。つまりそれは労働者の欲求や価値観の変化に応じた管理のあり方の必要性を主張するものだ。マグレガーが主張する統合の原則（Y理論仮説という新しい労働者観に基づく管理方式）というのは、企業が繁栄していくためには労働者が自ら努力することによって、各自の目標（自律性や自己実現目標）を最大限に達成できるような条件を作らなければならないというものだ。つまり労働者の満足が企業の繁栄につながるから、そうなるように企業は労働者を支援しなければならない。

Y理論仮説というのは6つの命題から成っている。それぞれを実現させることが労働者の仕事意欲の向上につながるのだ。詳細は林（2000）を参照。この仮説に基づいて、学生の学習意欲向上を図ろうとすれば、以下のような提言ができるだろう。しかしY理論仮説というのは企業の労働者を対象にしているものだけに、それをそのまま学生に適用するには無理がある。そこでその仮説の内容を検討し、適用可能なものだけを採用する。

① 学生の、とりわけ自己実現欲求を満足させることが重要だ。

ここでは、上述の指摘（5.1-②）がそのまま適用できる。

・新しい、面白い、意味のある知識・技術（応用力も含む）を獲得できたという達成感を感じさせる。

- 学業成績や授業中の質疑応答、レポートなどについて、教員や周囲の人から高い認知・評価を得させる。
- 学習している科目や内容そのものに強い好奇心と探求心を持ち、満足感を持たせる。
- 学習を通じて、自分の将来の可能性の広がりや発展可能性を知覚・認識させる。
- 学習を通じて、自分の理解力や創造力、応用力、人間的成長、スキルの向上などを知覚・認識させる。

など

　これらを実現していく上で最も重要な方策は、教員の教育内容と授業のやり方、学業成績や学習活動の評価、カリキュラム体系、進路・就職指導などの改善である。また授業を正しく理解させ学習に興味を感じさせるために、基礎学力を強化する必要がある、と同時に教養教育の充実化を図る必要がある。基礎学力を強化するには入試方法の改善と同時に、高校時代の勉強を質量ともに高める必要がある。

② 　学生が自らコミットしている学習や進路上の目標の達成のために、自ら積極的に方向付け、セルフコントロールすることができるように支援することが必要だ。

　このためには、以下のようなことが考えられる。

- 上記①で指摘したような教育上の改善策の他に、少なくとも学生の自立性を高め、チャレンジ精神を高め、学習意欲を高め、明確な学習目的を持たせる必要がある。

　そのためには、学生にさまざまな社会経験を積極的に積ませること、企業側に大学名ではなく実力主義による学生採用方法の実施を実行させることが大事だ。

- 学生に努力や我慢、向上心の大事さを理解させる必要がある。

　そのためには、学生に少なくとも現実社会の厳しさや、楽をして幸せを獲得することができないことを教え、甘えを払拭させなければならない。これにはクラブやサークルなどの集団活動に参加させたり、インターンシップ制などを

通じてさまざまな社会経験を積ませることも有効だろう。
③ 学生に彼らの学習努力やその成績に応じた報酬（経済的、非経済的）を与えることが必要だ。

たとえば具体的には、

- 大学側としてできるのは、成績優秀者を表彰する、奨学金や学費免除などの特典を授与する、留学や進学・就職の機会を拡大してやる、など
- 教員側としては、学習努力やその成果について、きちんと評価し、その評価結果をオープンな形で学生にフィードバックすることが大事だ。

④ 学生の創造力や問題解決能力を高め、それを発揮させることが大事だ。

このためには、

- 教員は一方的な説明ではなく、双方向的な、密度の高い質疑応答ベースの授業を展開する必要がある。それには少人数教育が前提になる。
- 社会科学、人文科学系の授業にも、実験や実習形式を積極的に取り入れた方がよい。
- 科目の試験問題の内容を学生の創造力や問題解決能力を評価できる形のものにする。
- 企業側も学生の創造力や問題解決能力を評価したり、それを発揮させる試みを通じて、学生採用を行う。

など

5.3 達成動機付け理論

達成動機付け理論というのはモティベーションの中の達成モティベーションに焦点を当て、そのメカニズムを解明しようとするものだ。ちなみに達成モティベーションというのは達成欲求ないしは達成動機（一般的にいえば、ある特定の望ましいあるいは優れた目標を設定し、それを達成しようとする欲求ないしは動機）によって喚起されるモティベーションのことだ。この理論の代表が次の2つである。

(1) マクレランド・モデル

マクレランド（D. McClelland）は大別すると4つの大きな発見をしている

が、そのうち本研究に関連すると思われるものは、以下の1)～3) である。
1) 誰でも以下の3つの欲求を持っていて、しかもそれらを学習することができ、この3つの欲求が仕事モティベーションで最も重要なものだ。しかもある特定時点ではそのうち1つだけが人を強く動機付ける。
① 達成欲求
 これは障害を克服し、あるいはまたパワーを行使し困難なことをできるだけ速やかにかつ適切にやり遂げたいという願望、ないしはやり遂げようと努力する傾向のこと。これは能力の向上、習熟の達成および達成感の獲得に関する欲求に相当する。
② 親交欲求
 これは所属と愛の欲求および友情関係形成の欲求のことだ。
③ パワー欲求
 これは自己あるいは他人を、また自己の仕事（行動や成果）あるいは他人の仕事をコントロールしようとする欲求のことだ。
2) 仕事業績を高めるためには達成欲求を強めなければならない。しかも達成欲求の強い人には次の傾向が強く見られる。
① タスクの完遂や問題解決に対して個人的に責任を取ろうとする傾向が強い。
② 適度に困難な目標を設定する。
③ 無謀なリスクではなく、計算されたリスクを負う。
④ 自己の業績に関する情報のフィードバックを強く求める。
⑤ 他人と共働することを望む。
⑥ 他人からの個人的な支援と認知が高い業績を生むような状況で、一生懸命働き高い業績を生み出す。
⑦ 欠勤率が低い。
3) 達成欲求は教育訓練によって高めることができる。

 さて、この理論によれば、学生の専門領域での学業成績を高めるには専門領域に対する学習意欲を強めなければならない。しかもその学習意欲は達成欲求

に強く支配される。そこで以下のような提言ができるだろう。ちなみにここでは上記の理論での仕事を学生だから学習に置き換えている。
① タスクの完遂や問題解決に対する自己責任の重要性を理解させる。
　その方法としては、
・教員が課題を与え、学生各自がそれに責任を持って解答することを求める。
・さまざまな社会経験を通じて、自分が抱えている問題の解決・克服のためには、自らの努力や忍耐の必要性、さらに自分を磨くことの重要性を認識させ実践させる。
② 適度に困難な学習目標を設定させる、あるいは自ら設定するように方向付ける。

　目標というのは簡単すぎても難しすぎても、真剣に努力をしなければならないという認識を植え付けない。そこで主として教員や両親は、その学生の関心や現在の学習レベル（学力）に応じて、学習課題や進路目標（大学院進学、弁護士などの専門職に就く、資格試験合格、就職したい企業への入社など）を示し、目標値を設定してやる、あるいは自ら設定するように方向付ける。しかもその学生の学習レベルが上がっていくにつれて、その目標値を高めていくことが大事だ。

　この背景として、大学側は適切なカリキュラム体系を整備しておく必要があり、また教育・研究上優れた実績を持つ教員を育成・配置しておく必要がある。さらにいうまでもなく、学生には十分な基礎学力を身に付けさせておかなければならない。
③ 自ら設定した、あるいは設定された目標達成に伴うリスクは、努力すれば何とか克服できるものなのかについて、慎重に検討させる。

　この検討を通じて、学生は自分にとって望ましい目標の設定に真剣になるだろうし、またいったん設定してしまえば、一生懸命努力するだろう。
④ 成績フィードバックを学生に適時・適正に行う。

　教員は学生の学業成績や課題終了後の成績について、できるだけ早く客観的な判断あるいは数値を学生にフィードバックする。これによって学生側は自分に足らない点、改善すべき点を認識でき、次のトライアルで、より高い目標値

を設定し、それに向けて努力することが可能となる。これはまた努力や忍耐を無意識のうちに実践させ、向上心を植え付け強化することにもなる。

他方このようなフィードバックは学生側に対して、教員が学生の学力向上に真剣に努力していることを理解させることにもなり、両者の間の人間関係も良好化し、さらに相互の信頼関係も形成・強化されるだろう。相互信頼関係を学生との間に構築できれば、教育は高い成果を生む。

⑤　積極的に他人と共働させる。

問題を共働しながら解決させる場・機会を与える。たとえば勉強、クラブ活動、バイトなどで学生が自ら発見した問題、あるいは与えられた目標や課題を学生が自分一人ではなく、他人と協力し合って解決するように方向付ける。これによって通常問題解決の質が高まるし、学生の社会性（人間関係構築能力）も「他人は信頼できるものだ」という気持ちをもはぐくむことができる。

⑥　他人からの個人的な支援と認知が高い学業成績を生むような状況を提供する。

学生が自分一人で黙々と努力していけば達成できるようなものではなく、教員や両親あるいは友人・周囲の人達からの心理的な支持・励ましがあって努力を継続し続けられるような難しい目標を設定する、あるいは与える。そうすれば、一生懸命勉強し高い学業成績を上げることができる。

このような支持や励ましを獲得できる学生は、おそらく高い自立性、高い社会性、強いチャレンジ精神、明確な学習目的などを持っているだろう。とすれば、そうでない学生の学習意欲を高めるには、まず自立性、社会性、チャレンジ精神などを高め、明確な学習目的を持つように指導する必要がある。これは本来学生自身の問題だが、たとえば、

・両親としては、子供にパラサイト・シングルや単なるフリーターのような生き方を認めず、社会的自立を求める。
・両親も教員・大学側も学生の社会経験獲得を積極的に支援する。教員・大学側としてはさまざまな形での社会（企業、行政機関、病院、NPOなども含む）と結びつきを持った教育プログラムを提供する。

⑦　欠席率を下げる、つまり出席率を高める。

学生が学校に行かなくなるのは、基本的に学校やそこでの学習に魅力を感じないからだ。そうだとすれば、次の点に留意する必要がある。
・まず学生が明確な学習目的を持つことが必要だ。
　　このためには、上述のように、学生にさまざまな社会経験を積ませることが肝要だろう。さらに企業側が「学歴重視」の学生採用を取りやめることも効果がある。
・大学側としては、教育プログラムを魅力のあるものにしなければならない。
　　大学で勉強すれば、自分の将来の夢がかなう、可能性が広がる、能力を高めることができる、潜在的能力を開拓できる、などと学生自身が大学での学習に意味を感じれば、彼らは大学に魅力を感じ、積極的に大学へ通うだろう。しかし教育プログラムが本来学生にとって魅力のあるものでも、教員側の教え方や対応（理解できない授業、興味がわかない科目・授業、学生を馬鹿にしたような教え方、など）によっては、その魅力を半減してしまうことがある。
・大学・教員側は、学生が大学生活で強いストレスを知覚しないように心掛ける。
　　このストレス知覚に強い影響を与えるもの（ストレッサー）は、大学側が提供する教育プログラムや学生サービスにも問題があるが、基本的には学生本人のパーソナリティ要因（社会性の欠如、学習目的の欠如、勉学不適応、無気力、怠惰、身勝手・自己中心など）に帰するところが大きい。こういったパーソナリティ要因の緩和には両親や大学・教員もそれなりの働きができるだろう。しかしストレス知覚に基づく行動障害は本来精神科医の世界であり、今後ますます大きな問題になってくると予想されるから、大学側としては安易な対策を講じるのではなく、精神科医などを中心として症状に応じた対応方法あるいはプログラムを慎重に作成する必要がある。

(2)　アトキンソン・モデル
　アトキンソン（J. W. Atkinson）は達成モティベーションを決定づけているのは達成動機（欲求）ばかりでなく、失敗回避動機も考える必要があると主張する。この理論の要点は、達成欲求は別の基本的欲求（失敗回避欲求）によっ

てたえず抑制されているということだ。つまり成功したいという動機（成功への期待）が、失敗したくないという動機（失敗への恐れ）よりも強ければ、人はある特定の目標達成に向かって努力するだろう。しかし失敗したくないという動機が、成功したいという動機よりも強ければ、人は失敗の可能性が最小の目標を選択するか、あるいは何もしないだろう。要するに、この対立する2つの動機が相互に作用し合って、人の目標達成行動を支配するのだ。

この理論は次の3点を主張する。
1) 成功への期待（Ms）が失敗への恐れ（Mf）よりも強い場合、達成へのモティベーション（以下、AMという）は正になる。ただし数式上、タスクの困難度が0.5のレベルの時にAMは最大になる。
2) 失敗への恐れが成功への期待よりも強い場合、AMは負になる。ただし数式上、タスクの困難度が0.1もしくは0.9のレベルの時にAMは最大になる。つまりMf＞Msの傾向の人は、通常自分がほとんど確実に成功すると思うタスクか、ほとんど確実に失敗すると思うタスクのどちらかを選択する傾向があるということができる。
3) 成功への期待が失敗への恐れと等しい場合、AMは0になる。

この理論に基づいて、実践的意義のある主張がすでに多く明らかにされているが、その中で本研究に適用しやすいものは次のようなものだ。
1) 達成へのモティベーションが強い人ほど、タスク達成に向かってたえず努力していく傾向が強い。しかもAMの強い人は失敗によって強く動機付けられる傾向があるが、その低い人は成功によって動機付けられる傾向が強い。

というのは、AMの弱い人は自分の成功（タスクの達成）をタスクが簡単なためか幸運によるものと考え、失敗を自分の努力不足ではなく能力不足のせいだと考えがちだからだ。
2) AMの強い学生ほど、企業家的職業に就く割合が高く、やりがいのあるタスクにチャレンジしようとする意欲が強い。

さて本研究の課題、学生の「専門領域の学習意欲の低下・欠如」を阻止するために、以上の主張に基づけば、以下のような提言ができるだろう。

① 学習意欲が低い学生というのは基本的に Mf ＞ Ms タイプの学生だと考えられる。そこで、彼らをできるだけ Ms ＞ Mf タイプに作り変える必要がある。そのためには、基本的に「成功した結果、味わえる喜びや自己価値の高まり」が自分にとっていかに快く、かつ意味があることなのかを知覚・認識させることがまず大事だろう。

このような知覚・認識の転換は容易なことではないだろうが、

・大学教育の場では、教員が学生の学習活動や試験結果などを慎重に厳密に検討し、客観的に評価できるところがあれば、それをオープンに他の学生の前で公表し、その学生に成功感を味合わせる（ほめる、表彰する、奨学金を授与する、など）。

・学生の学外でのさまざまな形での学習活動や資格試験結果などについても、教員は同様の対応をした方がよい。

・学習の場以外でも「成功した結果、味わえる喜びや自己価値の高まり」を感じる可能性を求めて、さまざまな社会経験を積ませた方がよい。それが学習の場にも好影響を生むだろう。

② AM の弱い人は自分の成功（タスクの達成）をタスクが簡単なためか幸運によるものと考え、失敗を自分の努力不足ではなく能力不足のせいだと考えがちだ。だからそういう間違った考え方を改めさせ、これもきわめて困難なことかもしれないが、AM の強いタイプに作り変える必要がある。

・AM の弱い学生に対して、自分の失敗（成功できないこと）の原因を自分の能力の見地からではなく、努力の見地から考えるように仕向ける。つまり努力や忍耐の大事さを徹底的に教え込む。この教育方法としては、教室での勉強よりも学外での体験学習や企業実習などの方が効果があるだろう。

・AM の弱い学生に対して、自分の成功がタスクが簡単あるいは幸運によるものでないことを心から納得させる。このためには、教育の場では、教員はタスクを意図的に簡単なレベルのものから難しいレベルへと慎重に上げていかなければならない。これを実現する上で最低限必要なことは、学生側のあるレベル以上の基礎学力と少人数教育システムと、教員の教授力（資質も含む）である。

5.4 ERG 理論

　この理論の開発者アルダーファー（C. P. Alderfer）によれば、人間の欲求は3つの欲求から成っている。それは生存欲求（生理的欲求と安全欲求）、関係欲求（所属と愛欲求、尊敬欲求）、成長欲求（自立性欲求、自己価値欲求、自己実現欲求）の3つだ。これら3つの欲求の充足によってモティベーションが喚起されるという理論だ。もう少し正確に述べると、この理論は次のような命題から成る。

(1)　満たされない欲求が、人をその欲求充足へと駆り立てる。
(2)　人は高次の欲求（関係欲求、成長欲求）充足を求める前に、低次の欲求（生存欲求）充足を求める。
(3)　低次の欲求は満たされてくるにつれて、その重要性は低下していくが、高次の欲求は満たされてくるにつれて、ますますその重要性が高まっていく。
(4)　ある状況では、人は高次の欲求追求の段階から、より低次の欲求追求の段階へ戻るかもしれない。つまり人は成長欲求の充足がどうしてもできないと思った時、関係欲求あるいは生存欲求の充足へと駆り立てられるかもしれない。高次の欲求のフラストレーションが人を低次の欲求へと回帰させるのだ。たとえば人は現在の職場では成長欲求をどうしても満たせないために、生存欲求をさらに強く求めようとして、現在よりも安定した会社に転職したり、高給が得られる職場に移ろうとするかもしれない。というのは、人間的に十分発達していない人は、たとえ高次の欲求を求めても、その求める力は弱く持続性に欠ける。それよりも求めやすい欲求をさらに強く求めようとする傾向があるからだ。

　マズローを代表とする欲求論者たちの主張に対してアルダーファーの理論の特徴はこの (4) である。そこで、この (4) に焦点を置いて、本研究の学生の「専門領域の学習意欲の低下・欠如」を阻止するために、どのような提言ができるだろうか考えてみよう。たとえば、以下のような提言もできるだろう。ただし、欲求理論の見地から、「人間的に十分発達していない人」というのを「専門領域の学習意欲が弱いあるいは欠けている学生」と読み直す。そうすると、こ

のような学生は、自立性、自己の確立、チャレンジ精神、向上心、知的好奇心や探求心の充足を求める力が弱いから、逆に充足しやすい物事の獲得に走ってしまう。たとえば自分が得意なスポーツ、遊び、アルバイト、すぐに役立つ情報や知識だけを求めることなどに走る傾向が強い。

　したがって彼らにあくまでも高次の欲求を追求させて、彼らの学習意欲を高めるというのは難しいが、しかしそうしなければ他に方法がない。ではどうすればよいかというと、次の4点が考えられる。
① 　授業が理解でき興味がわくようにする。そのためには、
・大学・教員側は学生の基礎学力が低ければ、高める手立てを考えなければならない。
・入試方法を改善し、基礎学力の低い学生を入学させないようにする。
・知的好奇心や探求心を高めるのに効果がある、授業の内容や教え方の他に、学外でのフィールド・スタディや、彼らが好意を持っているあるいは尊敬している人達のこれまでの人生経験や生き方に触れさせ、刺激を与える。このような社会経験がチャレンジ精神も高める可能性がある。
② 　明確な学習目的を持たせる。そのためには、
・大学・教員側は学習の将来的な意義（たとえば就職のチャンス、自分の能力の発展・拡大の可能性など）というものについて彼らに十分理解させる。このためにもボランティア活動やインターンシップを正式単位として認める。
・またこれについては、両親や周囲の人達も重要な役割を果たすことができる。
・企業側も従来の学歴重視から実力重視の学生採用に転換する。
③ 　彼らは一般に、努力や我慢が足りず、あきらめが早く、また向上心を軽視する傾向にある。この傾向を現在のいわゆる「物質的な豊かな社会」や短期雇用市場の拡大、両親の無責任な子育て（甘えを増幅させ、子供の自立心をむしり取っている）などが助長している。こういう状況の中で、彼らに高次の欲求を追求させるには、基本的には、彼らの価値観を変えなければならない。そのためには、
・さまざまな社会経験を積ませ、人の生き方などについて真剣に考えさせるこ

とが必要だ。
　この1つとして、大学側も学生のクラブやサークル活動を積極的に支援すると同時に、その成果を学外にも広く知らしめるような広報活動を展開する。
・成長欲求にかかわる優れた能力や人間性を獲得した学生には、大学側も積極的にインセンティブを与え、それを全学的にオープンにする制度を作る（これは従来のような単なる奨学金制度のようなものではない）。こういう制度は地域社会、地方自治体、財界、さまざまな教育支援団体などでも採用すべきだ。と同時に、企業側もこういう学生を積極的に採用するようにする。
・大学側は成長欲求にかかわる優れた能力や人間性を獲得した学生には、それ相当の単位を正式に授与する。
④　学生をフリーターに共感・肯定させないようにする。
　このために最も重要なことは、学生に社会に出て働くことの意義と働く意欲を持たせることだ。解決策としては、上記①‐③とも関連するが、とりわけフリーターの実態、つまりフリーターが現在何を考え、どういう生活をし、将来にどんな不安・悩みを抱いているかを理解させる。

5.5　成熟－未成熟理論
　この理論はアージリス（C. Argyris）が発達心理学に基づいて開発したもので、人間中心主義の管理方式の必要性を訴えるものだ。つまり「人間というのは本来未成熟の状態から成熟の状態へと発達していくものだから、たとえ労働者といえども、彼らが人間的に成長し得るような職場や組織を、管理者は構築していかなければならない。そうすれば労働者も組織も持続的な発展が約束されるだろう」というものだ。
　この理論によれば、学習意欲の弱い、あるいは欠けた学生は悪い存在ではなく、そもそも未成熟な段階にあるのだ。彼らもいつの日か成熟の段階へと発達していくだろう。しかしその日を早くしてやることが学生自身にとっても、大学、社会にとっても有益だろう。
　それではどうすればよいのか。この理論の中から、本研究にとって重要と考えられる点に基づいて、提言を考えると、

① 両親、周囲の人達、社会などへの依存・甘えの状態から、自立の状態へと発達させる。

このためには、
- 経済的に自立した生活が自己責任感、自己認識、自己の確立、他者との関係のあり方の認識などを高めることに通じるから、学生が経済的に自立しようとする意欲を強め、またそれができる状況を社会（国、地方自治体、企業、大学、NPO など）は作る必要がある。
- 両親はできるだけ子供（学生）を経済的に支援しない。
- 教員は成績評価を公明正大に厳格に行う。
- 教員は教育現場で、手取り足取りの指導をしない。
- 学生の経済的自立のみならず、精神的な自立を高めることがより重要だから、さまざまな社会経験を積ませることが少なくとも必要になる。この方法については、すでに上述している。
- 精神的に自立するには、自我の確立が必要だ。しかしこれは学生自身に求めるしか術がない。

② 移り気で、場当たり的で、思慮も浅く、興味の持続性もないような状態から、思慮深く、持続的な関心を持てる状態へと発達させる。

このためには、
- 教員は授業を分かりやすくし興味を植え付け、学生の知的好奇心や探求心を強める。
- 教員は試験内容を、暗記ベースではなく、その場でじっくり考えなければ解答できないような問題を作成する。たとえばマークシートを使うような問題の使用はよく検討すべきである。
- 専門学力を高める上で最低限必要な基礎学力と教養を身に付けさせる。
- 明確な学習目的を持たせる、あるいは持つように方向付ける。この方法については、すでに上述している。

③ 自己中心的（利己的）で、かつ短期的な視野に支配されている状態から、他人も尊重し（博愛的）、かつ長期的な視野を持つことができる状態へと発達させる。

最近の学生には「教員が質問すると、考えもせずに、すぐに答えを聞こうとする」「何かをやろうとすると、まずマニュアルを欲しがる」「自分が抱えている問題にすぐに役立つ、また今の自分に利益になる情報や知識だけを求めようとする」「努力や我慢することをダサイと思う」「科目への興味や学習上重要な意味がある科目などは無視して、楽勝科目に学生が集まり、授業や成績評価が厳しい科目を受けようとしない」「楽して、自分が欲しいものを手に入れることに、何ら罪悪感も後ろめたさも感じない」といった傾向がよく見られる。

こういう状況の学生達に対しては、
・教員は安直な授業、学生におもねったような授業を決してしてはならない。
・教員の教育に対する意識を改善する必要がある。

というのは、教員の中には学生からの授業批判を極度に恐れたり、自分が教授する知識に自信が持てなかったり、学生からの質問を拒絶したり誠実な対応をしなかったり、学生をテキスト購入者と考えているものもいる。このような教員はしばしば研究しない人に多い。したがって、大学側は教員の教育活動を厳格に評価するとともに、研究活動についても厳格に評価し、その評価結果を見える形で教員にフィードバックする必要がある。具体的には、その評価結果によっては研究費、給与、雇用期間などを変えることだ。

企業側も学生採用時に、「自己中心的（利己的）あるいはまた短期的な視野に支配されている」学生を採用しないように、慎重に見極めると同時に、その際の判断基準を社会や大学に対して明らかにすべきだ。

5.6 公正理論

この理論によれば、「人は仕事に対する自分の態度、努力、結果（業績）およびそこから得られる利益（報酬）を、自分が選んだ比較対象（通常は自分と同一もしくは類似の職務を担当し、自分と類似した履歴・経験を持っている人）と比較・評価し、自分が得た報酬の公正さを判断しようとする傾向がある」（J. S. Adams；E. Chell；J. R. Gordon）。つまり人は自分がどれだけ努力したか、どれだけの成果を上げたかそれ自体ではなく、あくまでもそれを比較対象と比べて、どの程度納得がいくかで満足を決めるのである。この満足の程度によっ

て、人は仕事に対する意欲が決まるというものだ。
　要するに、モティベーションは自分の努力の量と質に基づいて得た報酬の公正さの知覚に比例するのである。

　さてこの理論に基づいて、学生の専門領域の学習意欲を高める方策についての提言をするとすれば、学生にとっての報酬を規定しなければならない。大学という場に限定すると、それには科目試験合格（単位取得）、卒業単位取得、飛び級試験に合格、留学試験に合格・推薦、奨学金の獲得、授業料減免の獲得、進学先・就職先の決定、教員や友人達からの認知・称賛、大学からの公式な表彰などがあるだろう。
　学生が学習意欲を駆り立てる上で、自分が得た報酬がどのくらい公正なものだと自分が判断しているかが重要な問題だから、少なくとも、
① 大学・教員側が学生に与えた報酬の判断基準を明確に公表しなければ、学生は公正さの程度を判断できない。したがって、
・教員は試験の模範回答を公開するなり、受験生全員の成績を公表する必要がある（通常は、学生氏名は伏せて学生番号だけを掲示）。
・特定の学生に大学・教員側が報酬を与える場合、その審査プロセスを開示した方がよい。
② 企業側の学生採用についても上記①と同様のことがいえる。
　ただし採用決定が公正だと判断される企業は学生から公正な企業だ、信頼できる企業だ、学生に誠実に真剣に応対してくれる企業だと評価されるだろう。それが後輩や他の学生達にも伝わり、学生達の入社希望を押し上げる。そうすると、入社希望の学生達は、採用試験に受かるべく、学習に精を出すという好循環が生まれる。
③ 上記①②にとって、とくに重要なことだが、大学や教員、企業が学生を公正に評価・審査していると、学生に信用されていなければならない。この大前提が崩れると、この理論は成り立たないし、同時にモティベーションを悪化させてしまうことになる。そこで重要なことは、少なくとも、
・大学・教員側－学生側の間に強い相互信頼関係を構築する必要がある。

相互信頼関係を構築する方法については、紙面の関係上割愛するが、詳細は林（2000年）参照。
④ 学生自身も公正さの判断で、独善的にならないように注意する必要がある。

こうすれば、学生は大学や教員、そこでの学習に好意と信頼を抱き、そしてやりがいも感じ、学習意欲も高まるだろう。

5.7 強化理論

この理論はきわめて単純な仮説「行動は報酬と処罰に支配される」というものだ（B. F. Skinner）。つまりある行動に報酬が与えられると、その行動は繰り返される確率が高まる。他方、報酬が与えられない場合、その行動は繰り返される確率が低くなる。ある行動がいつも処罰を受けると、その行動は繰り返される確率が明らかに低くなる。要するに、報酬と罰を用いて他人の行動を形成したり抑制することができるのである。ちなみに強化というのは報酬とか罰を与えて、ある反応（行動）の発生頻度を増大あるいは減少させるプロセスのことだ。しかもこの強化理論は観察可能な行動や特性のみを対象にする。つまり観察不可能で推論するしかない心的状態（欲求、動機、意欲、願望など）や生理状態は除去する。したがってこの理論から意欲そのものを把握することはできないが、強化因子と行動の間に意欲が介在していると考えれば、その強化因子がモティベーションを直接喚起するものになる。

この強化理論を学生の学習へのモティベーションに応用しようとすると、とりわけ以下の理論が重要な意味を持つ。

(1) 反応（行動）に正の強化因子（報酬）が随伴する時、その反応（行動）は一層発生しやすい。通常、繰り返し発生する反応（行動）は何らかの報酬によって制御されていると考えられる。したがって、人の行動を変える（変容する）には、従来の行動随伴性に変わる新たな随伴性を導入すれば、さらに効果がある。

(2) 強化が即時的で特異的であるほど、反応率（行動生起率）を高める。
報酬や罰は行動発生時点から遅くない時期に（できるだけ早く）与える必要

がある。早ければ早いほどよい。行動発生時点と強化実施時点の間隔が長くなればなるほど、強化の効果は弱まる。

(3) 一次性強化因子がなくても、条件性強化因子で行動を十分生起できるし維持できる。

条件性強化因子（パブロフのベルの音、金銭、上司の称賛、母親の笑顔、相手のうなづきなど）は一次性強化因子（水、食物、危険からの逃避、セックスなどの生理的欲求や安全欲求を直接満たす要因）に匹敵する力を持っている。

(4) 強化因子を自分で制御することができれば、それは自己行動変容のための有効な手段になる。

ところで、実際多くの日本企業が採用している目標管理（management by objectives）もじつは強化理論を応用したものである。詳細は林（2000年、142頁）を参照。

さて上記の強化理論をベースに学生の専門領域の学習意欲を高めようとすると、以下のような提言ができるだろう。

① 強化理論の見地からは、学生の専門学力を高めるための強化因子（モティベーションを直接喚起するもの）は観察可能なものである。たとえば、教員や大学側からの認知・称賛・褒賞・特典授与、両親や友人、周囲の人達からの認知・称賛、社会的に評価の高い進学・就職先の確保、社会的に評価の高い国家資格試験の合格、など。これらを適時適切に学生に与えていく。

学生の価値観、ライフスタイル、自立性、学習目的、知的好奇心などの観察不可能なものではなく、上記のような観察可能なものが専門学力向上のための学習行動（学習意欲の向上の後に）を直接決定するのだ。

② 当該学生が試験でよい成績を取ったり、その学習努力が十分評価できるような場合、ただちにほめてやる（認知や称賛をする、表彰する、何らかの特典を授与する、など）。

他方、悪い成績を取ったり、その学習努力が評価できないような場合、ただちに罰（叱責、再試験、これまで特典を授与していたらそれを剥奪・停止する、単位を与えない、など）を与える。いわゆる信賞必罰の実行である。

こうすれば、学生はどうすれば、報酬が貰え、どうすれば苦痛が与えられるか身をもって知ることができる。

しかもこれらの報酬は当該学生が真に求めているものであればあるほど、効果がある。逆に罰も学生がそれを心から苦痛に思っているものであればあるほど、効果がある。

このようなことをするには、少なくとも教員は学生との間に強い相互信頼関係を持っているのが望ましく、そして学生の行動をたえずきちんと把握しておく必要がある。

5.8 期待理論

この理論は現在のモティベーション理論の代表ともいえるもので、ブルーム (V. H. Vroom) の開発以降多くの研究者によって、その精緻化と拡張、適用可能性の模索が続けられている。この理論の基本モデルは以下のような数式だ。要するに、意欲というのは期待、用具性、誘意性の3変数の掛け算によって決まるというものだ。詳細は林（2000年、143-147頁）を参照。

$$M = E \times \Sigma (I \times V)$$

M（モティベーション）
：個人をある特定の行為に駆り立てる力

E（期待）
：努力ないしは行動がその目標の有効な達成に通じると知覚される可能性

I（用具性）
：その有効な目標達成が諸報酬をもたらすと知覚される可能性。つまりある特定の報酬が得られるという信念の強さ。

V（誘意性）
：知覚される諸報酬に対する個人的な魅力

したがって、学習意欲の高い学生というのは、期待が強く、用具性も強く、誘意性も高い（報酬に強い魅力を持っている）学生ということになる。とすれば、問題は期待、用具性、誘意性の3つはどうすれば高めることができるのか

ということになる。

　この理論に基づいて、学生の専門領域の学習意欲の向上のための提言をするとすれば、以下のようなことが考えられる。
① 一生懸命学習努力をすればするほど、個人目的の達成確率が高くなるという信念を学生に植え付ける。
　その個人目的は自分が望む職業や会社への就職、勉強ができると周囲の人達から高い評価を得ること、奨学金を獲得すること、ある特定の能力の向上・発揮、潜在的能力の開拓、人間的に成長すること、友人を多く作ること、金持ちになること、他人の上に立ちたいという願望、など何でもよい。
　このような信念を植え付けるには、その学生あるいは学生達が信頼あるいは尊敬している人物や、両親・家庭環境・地域社会なども非常に強い影響力を持つ。しかし一般的にいって、学生自身がさまざまな社会経験を試行錯誤的に積んで、明確な目的を持つことが必要だ。しかししばしばそれに両親や教員、周囲の人達も強い影響を及ぼす。大学主催の就職支援や就職情報サービスの提供なども影響するだろう。こういった影響プロセスは実際のところ影響可能要因も多く、かつその作用も複雑すぎて、簡述するのは難しい。
　しかし大学側としては、各界で成功した、あるいは成功しつつある人の講演会を学生対象に開催するとか、キャリア選択（獲得）のための特別プログラムを用意するとか、も効果があるだろう。
② その個人的な目的を高く達成できればできるほど、高い報酬（経済的な、非経済的な）が得られるという信念を学生に植え付ける。
　このような信念を植え付けるには、その前に学生がどんな報酬を求めているかが分からなければならない。しかしこれは人さまざまだろう。かりにこれを一般化するとすれば、たとえば、
・よい会社に就職できたら、給料もよく生活も安定し、世間体もよく、将来も開け、両親も安心するだろう。
・英会話や読解などを一生懸命勉強して、英検1級に合格したら、就職先はよりどりみどりだろう。かりに同時通訳として将来独立できれば、自分で会社

を持つこともでき、経営者として活動できるし、海外にも行く機会が多いし、国際的にも活動できるし、周囲の人や世間からも高い評価を受けるだろう。など

③ 目的達成によって獲得できるであろう諸報酬に対して、自分がどの程度の魅力を感じているだろうかを、学生は明確に判断しなければならない。

　この魅力の確定が、学生には意外と難しいのだ。その最大の理由としては、学生自身の社会経験不足、社会や経済の先き行き不透明、産業構造の変化の見通しが難しい、技術革新の速度が速すぎる、企業の採用基準が本当のところ実力主義とはいえない、などがある。

　この魅力は自分にとって価値・意義があるからというだけでなく、好き嫌いなどの感情も含むので、意外と複雑なものだ。しかし魅力の判断基準は基本的に価値観だ。だから、学生にできるだけ早い時期に自己の価値観を明確に持つように指導する必要もある。会社の就職試験の面接で面接官が「あなたはどんな人間なのですか、本当に何をやりたいのですか」と学生に聞くのも、まさにこの価値観を明らかにしようとしているのである。自分捜しや自己認識、自己確立といったことができていない学生は、そもそも諸報酬が持つ魅力自体を判断できないのだ。

　こういう学生が最近割合多いようだ。その場合、大学としての解決策としては、たとえば、その学生のライフスタイル測定をしてやり、その結果をもとに学生に自己のライフスタイルを真剣に考えさせ、描かせる。さまざまな問題について学生同士でグループ・ディスカッションさせる。上記のように学生に各界の成功者を1つのモデルとして示し、学生に自分の生き方を考えさせる。自分の生い立ちから現在に至るまでの個人史を記述させ、自分の価値観のあり方について考えさせる。他に教師が学生のライフスタイルを浮き彫りにしてやるといった方法もあるだろう。

　以上の検討に基づいて、理論的な見地から「学習意欲改善の要点」と「学習意欲改善の具体策（例）」をまとめると、図表1-16のようになる。

図表 1-16　大学生の専門領域の学習意欲の理論的改善策

理論	学習意欲改善の要点	学習意欲改善の具体策（例）
ハーヅバーグの二要因理論	学習環境に不満を起こさせない	両親や友人などがその学生の学習目的と努力を支援する 学生自身がさまざまな社会経験を積む 大学側はカリキュラム体系、進路指導・就職支援、教育機器・設備、学生サービス（学生、教務、保健などの）などに不満が起こらないようにする
	学生にモティベーター（動機づけ要因）を知覚させる	専門学習から新しい有意義な知識を獲得したという達成感を感じさせる 試験成績や授業中の質疑応答で教員や周囲の人から高い認知・評価を得るようにする 授業内容に強い好奇心と探求心を抱かせる 専門学習を通じて自分の将来の可能性や広がりを知覚・認識させる 専門学習を通じて自分の理解力、創造力、スキル、人間的成長などの発達を知覚・認識させる
マグレガーのX-Y理論	学習目標や進路目標の達成のために学生が自らを方向付け、自己統制できるように学生を支援する	自立性、チャレンジ精神、働く意欲を高め、明確な学習目的を形成させる このためには、多くの社会経験を積ませ、企業に実力主義の採用を実行させることが必要 努力や我慢、向上心の大切さを教える このためには、クラブ・サークルなどの集団活動に参加させたり、インターンシップ制などを通じて社会経験を積ませる
	学習努力や成績に応じて報酬（経済的、非経済的）を与える	学業成績優秀者の表彰、奨学金授与・学費免除などの特典授与、留学や進学・就職機会の拡大 学習努力や成績を厳正に評価し、その結果を
	創造力や問題解決能力を高め、発揮させる	双方向的の、質疑応答ベースの授業を行う 非理工系の授業にも実験や実習形式を取り入れる 試験問題の内容を創造力や問題解決能力を評価する形のものにする 企業に創造力や問題解決能力を重視した採用をしてもらう
	自己実現欲求を満足させる	専門学習から新しい有意義な知識を獲得したという達成感を感じさせる 試験成績や授業中の質疑応答で教員や周囲の人から高い認知・評価を得るようにする

			授業内容に強い好奇心と探求心を抱かせる
			専門学習を通じて自分の将来の可能性や広がりを知覚・認識させる
			専門学習を通じて自分の理解力、創造力、スキル、人間的成長などの発達を知覚・認識させる
マクレランド・モデル		課題の完遂、問題解決に対する自己責任を徹底する	学生に課題に対して自ら責任を持って解答させる
			さまざまな社会経験を通じて努力や忍耐、自分を磨くことの必要性を認識・実践させる
		適度に困難な学習目標を与えるか、学生自身が設定するように方向付ける	教員や大学側あるいは両親がその学生の関心や現在の学習レベル（学力）に応じて、学習課題や進路目標を設定したり、学生自身に設定させる
		設定した学習目標や進路目標の達成に伴うリスクの克服可能性について慎重に検討させる 学生に対して成績フィードバックを適時適正に行う	このリスクの性質、大きさ、その克服可能性について、教員や両親も真剣に協力する
			教員はこのフィードバックを客観的な判断や数値でできるだけ迅速に行う
			教員は厳正かつ公正に成績評価をしなければならない
			教員は学生との間に強い相互信頼関係を構築するように努力しなければならない
		積極的に他人と共働させる	学習課題やクラブ活動・バイトなどで学生が自ら発見した問題、または与えられた目標や課題を他人と協力し合って解決するように仕向ける
		他人から評価されるような、高い学業成績が生まれるような状況を提供する	両親は子供にフリーターのような生き方ではない自立を求める
			両親も教員・大学側も学生の社会経験獲得を積極的に支援する
			教員・大学側は社会と密接な結びつきをもった教育プログラムを学生に提供する
		授業への出席率を高める（学校や学習の魅力を高める）	学生に明確な学習目的を持たせる
			教員・大学側は学生に魅力のある教育プログラムを提供する
			教員・大学側は学生が大学生活で強いストレスを知覚しないように配慮する
アトキンソン・モデル		達成感や自己価値の高まりを知覚・認識させる	教員・大学は学生の学習活動やその成果を厳正に評価し、具体的な形で成功感を味わわせる
			さまざまな社会経験を積ませ、そこから学生自身に達成感や自己価値の高まりを味わわせる

		達成モティベーションの強い人間に作り変える	自分が成功できないのは能力不足ではなく努力不足なのだということを心から理解させる。このためには、学外での体験学習や企業実習などを通じて努力や忍耐の大切さを教え込む
			自分の成功が簡単なタスクや幸運によるものではなく、自分の努力によるものだということを心から納得させる。このためには教員側の教え方が問題だが、最低限少人数教育と学生側の基礎学力が求められる
ERG理論		授業が理解でき興味がわくようにする	学生の基礎学力を高めるプログラムを考案する
			入試方法を改善し、基礎学力の低いものを入学させない
			教員は知的好奇心や探求心を高めるような授業をする
			学外でのフィールド・スタディや、学生達が尊敬している人物の生き方に触れさせる
		明確な学習目的を持たせる	教員・大学側や両親、周囲の人達は学生に学習の将来的な意義を十分理解させる
			企業側は学歴重視から実力重視の採用に転換する
		学生の価値観を変える	さまざまな社会経験を積ませ、人間の生き方などを真剣に考えさせる
			教員・大学側、財界、地域社会、企業、教育支援団体などは成長欲求にかかわる優れた能力や人間性を示す学生に積極的な、できれば形のある評価を与える
			教員・大学側は成長欲求にかかわる優れた能力や人間性を示す学生に、それ相当の単位を正式に与える
		学生にフリーターに共感したり肯定したりしないようにさせる	フリーターの実態を理解させる
			仕事(職業)観やライフスタイルの確立を支援する
成熟－未成熟理論		両親、周囲の人達、社会などへの甘え・依存の状態から、自立の状態へ発達させる	両親は子供を経済的に支援しない。しかし国、地方自治体、企業、大学などは学生の経済的自立を支援する
			教員は教育現場で手取り足取りの指導はしない、また成績評価を厳正に行う
			学生の精神的自立を高めるために、さまざまな社会経験を積ませる。具体的な方法は前述
		思慮深く、関心を持続できる状態へ発達させる	教員は授業を分かりやすくし興味を植え付け、学生の知的好奇心や探求心を高めるようにする
			教員は試験のさいにその場でじっくり考えな

		ければ解答できないような問題を出す 基礎学力と教養力を高める 明確な学習目的を持たせる。具体的な方法は前述
	他人も尊重し、かつ長期的な視野を持つことができる状態へ発達させる	教員は学生におもねるような授業はしてはならない 教員の教育に対する意識を根本的に改革する必要がある そのためには教育・研究活動を厳正に評価し、それに基づいて研究費、給与、雇用期間などを変更する 企業側は自己中心的で、短期的な視野の学生を採用しないようにし、かつそれを社会や大学に対して明らかにする
公正理論	大学・教員側が学生に与えた報酬（経済的、非経済的）の判断基準を明確に公表する	教員は試験の模範回答を公表したり、学生の成績をすべて公表する 報酬授与の審査プロセスを公開する
	企業は採用決定の審査プロセスを公開する	
	大学・教員側－学生の間に強い相互信頼関係を構築する	相互信頼関係の構築には理論的にさまざまな方法があるが、その具体策は複雑なので、林（2000）を参照
強化理論	学生の学習意欲を高めるには観察可能なものだけを用いる	大学・教員側は観察可能な報酬（認知・称賛・褒賞・特典授与、進学・就職先の確保など）を学生にただちに与える。ただしこの報酬は一律に与えてはならない
	学習努力や成績が素晴らしい場合は、ただちに報酬（認知・称賛・褒賞、特典授与など）を与える。他方、そうでない場合は、ただちに罰を与える	
期待理論	一生懸命学習努力すれば、自分の目的が実現できる確率が高くなるという信念を植え付ける	さまざまな社会経験を積ませ、明確な目的を持たせる。このためには両親や教員、周囲の人達も重要な役割を果たす。また大学側の就職支援サービスなども役立つだろう （これは実際にシミュレーションをして説明した方が分かりやすい）
	自分の目的が高く達成できるほど、高い報酬が得られるという信念を植え付ける	（これは実際にシミュレーションをして説明した方が分かりやすい）
	目的達成の程度によって得られる諸報酬について、その魅力度を明確に判断できるように学生指導する	学生に自己の価値構造あるいはライフスタイルを明確に描かせ、認識させる。このためには学生に社会経験を積ませる、教員・大学側が学生のライフスタイル測定をしてやる、学生同士のグループ・ディスカッションを行わせる、学生に自分の個人史を検討させる、などさまざまな方法がある

6. 学力低下を阻止するための有効な改善策の模索

最後に、大学生の専門学力低下を阻止するための前述の「3　学力低下について経験的に指摘されてきた原因」と「4　学力低下阻止のための経験的な改善策」、ならびに「5　学力低下の理論的に重要な原因と改善策」を総合的に検討し、理論的かつ経験的に有効な改善策を探ってみよう。

学生の専門学力低下を阻止すべく、専門領域の学習意欲を高めるための理論的方策をまとめたのが図表1-16であった。各理論は証明されたものであり、強い説明力を持っている。各理論が主張する学習意欲改善の要点はそれぞれ異なるが、具体策を検討すると、意外に複数の理論に共通している具体策が見られる。大ざっぱにいって、以下の(1)〜(5)を実行すれば、少なくとも理論的には学習意欲の向上が強く期待できるのではないだろうか。具体策については、現在試みられている改善策をベースに考えてみる（図表1-22）。

(1) 学生自身にさまざまな社会経験を積ませる。

この必要性については、すでにいろいろなところで触れた。経験を積ませることによって以下のようなことが期待できる。

- 達成感や自己価値の高まり
- 努力や忍耐の大切さ
- 人間の生き方についての真剣な熟慮
- 精神的自立の向上
- 明確な学習目的の構築

したがって、このようなことが期待できるような社会経験プログラムを教師や学校側は考えなければならない。それでは実際にどのようなプログラムが有効なのだろうか。ここでは近年社会的に広く認められ、さらに発展しつつあり、かつその意義が重視されている2つの方策（インターンシップ制、ボランティア活動）について触れる。

① インターンシップ制の導入

インターンシップ制というのは1997年の閣議決定「経済構造改革の変革と

創造のための行動計画」の中で初めて明示されたといわれる。その際の目的としては、主として産学連携を通じての新製品・技術の開発や新規事業・新産業の創出に焦点があり、対象も理工系学生が中心だった。しかし最近は雇用のミスマッチによる若年離職者の増加を阻止しようという意図が強くなってきているようだ。現在この制度は文科系学生も含め、新しい学生教育の場として大学側にも企業側にも浸透してきている。もう少し明確にいうと、教育改革国民会議による「教育改革国民会議中間報告－教育を変える17の提案－」（2000（平成12）年9月22日）は、「一人ひとりの才能を伸ばし、創造性に富む日本人を育成する」ために5つの提案をしている。その中の1つが「職業観、勤労観を育む教育を推進する」というものだ。この提案の背景には「定職に就かないものや就職してもすぐに辞めてしまうものが増加しているが、これは人材の流動化の現れともみられるが、一方で若者層における職業観、勤労観の希薄化とも考えられる。また近年、仕事に対する職業人としての責任感、使命感の欠如も指摘されており、職業観、勤労観を育む教育を推進する必要がある」という判断がある。そこで国民会議は大きく次の3つの提言をしている。

- ものづくり教育、職業教育や企業家精神の涵養のため、小学校から大学までの教育内容を充実するとともに、職業体験、職場見学、インターンシップ（就労体験）などの体験学習を積極的に推進する。また進路指導の専門家の活用を促進する。
- 実践的な技術者の養成機関である高等専門学校の職業教育を一層充実する。
- 教育機関が養成する人材と企業の求める人材とのミスマッチ（不整合）を解消するため、企業、団体、官公庁、教育機関の連携を図る。

さて、文部省の調査によれば、学生が在学中に企業などで就業体験するインターンシップを実施している四年制大学が1998年度で143校、1999年度で全国の国公私立大学（四年制）の約30％（教育や医療実習など資格取得のために義務付けられているものを除いて、186校、前年度比6.2ポイント増）に上っていた。他方短大は81校で14.7％（前年度比4.4ポイント増）だった。2000年度以降実施予定を含めると、大学は250校（38.5％）、短大は106校（20.0％）に上る。2001年度は大学で300校を超える予定である。とりわけ女子大が最

近積極的に導入しはじめているようだ。その背景には文学、芸術、家政系の学部・学科が多いために企業のインターンシップ学生採用の学部・学科指定から漏れ、かつ女子学生の就職難が一層厳しくなってきていることがあげられる。インターンシップは通常夏休みに1-2週間程度で実施されている。

それでは、大学側が教育活動の一環としてインターンシップ制を導入するさいのメリットとデメリットはどのようなものなのだろうか。

図表1-17　インターンシップ制のメリット

学生：自分の職業適性を判断したり、見いだすことができる
　　　就職意識や職業観を高めることができる（就職前に社会人としての心構えを習得できる）
　　　学習目的を明確化することができる（自分の専攻や関心領域について生の経験や情報収集ができることによって）
　　　雇用のミスマッチを防ぐことができる（間違いのない職業・職種の選択可能性が高まる）
　　　人格を磨くことができる（実社会で働いている人達との接触によって人格形成のきっかけ、あるいは可能性を得ることができる）
　　　研修先が将来のキャリア選択のための貴重な情報源となる
　　　就業経験が企業などから貴重な経験と見なされる場合、就職活動をするさいに有利になる
　　　就職後に必要な実践的な知識・技術を事前にある程度身に付けることもできる
企業：学生に対して自社のPRの場として活用できる
　　　優秀な人材の発見・獲得の足がかりを作るのみならず、優秀な学生選抜・採用の手段にすることができる。もう少し具体的にいうと、企業側はインターンシップで優秀な成績を収めた学生を入社試験で、一次・二次面接などを飛び越し、いきなり最終面接にもっていくこともできる。
　　　若者の新鮮なアイディアや感性を得ると同時に、社員や会社自体が刺激を受ける
　　　学生をパートやアルバイト代わりに短期労働力として利用できる
　　　早期退職（入社後すぐの退職も含む）を防ぐことができる
　　　社会貢献の重要な1つになる
大学：産業界などと交流を拡大できる
　　　学生を学習に対して動機付けすることができる

産業界などに対して大学のイメージアップを図ることができる
学生に高い実践的な教育を提供できる（たとえば企業側が、ある狭い範囲ながらも、正社員と同レベルの知識・技術を教育しながら、正規の業務に従事させることによって）
政府：雇用のミスマッチを防ぐことができる（厚生労働省の調査によれば、新卒者の就職後3年以内の離職率は大卒3割、短大卒4割に達している。さらに「無業者」（フリーター）が15-34歳で約151万人に上ると推定される）

図表1-18　インターンシップ制のデメリット・問題点

学生：ただ働きや低賃金の労働者として学生を利用しているケースもある（都内のあるベンチャー企業や広告会社）
　　　長期間（半年とか1年以上）にわたるインターンシップの場合、しばしば学生側は学業と両立させることが難しくなる
大学：受入れ企業などの確保が難しい
　　　教員の負担増
企業：受入れ部署の負担増（たとえば中堅・中小企業はコスト上専任の指導スタッフを置けない）

　インターンシップ実施後の具体的な評価としては、通産省の調査結果（1998年に実施した「第二回モデルプロジェクト」への参加大学27校、企業109社、学生310人についてのアンケート調査）によると、学生の評価は、参加者の56％が「大変有意義だった」、30％が「まあまあ良かった」、5％が「どちらとも言えない」というものであった。他方企業側はまずまずの評価をした。参加企業の16％が「きわめて有意義だった」、78％が「おおむね有意義だった」、3％が「あまり意義がなかった」というものであった。

　このような学生側の評価の背景には何があるのだろうか。雇用情報センター「インターンシップの導入に関する調査（1998）」によれば、企業や大学に対して大学生が以下のような要望を持っていることが分かった。第1位「プログラムの内容や参加条件などの情報の充実」（77.0％；複数回答）、第2位

「受入れ企業の拡大」(68.4%)、第3位「単位として正式な認定」(41.4%)、第4位「事前のオリエンテーションや結果報告会などの充実」(35.5%)、第5位「実習後の評価を学生にフィードバック」(29.6%)、第6位「企業内に専任の指導担当者の設置」(28.9%)、第7位「事故などに対する対応体制の確立」(11.2%)。

図表1-19　インターンシップ制導入のさいの留意点

- 卒業までにできるだけ複数の研修機会を学生に経験させる。
- 1つの研修先での研修期間を少なくとも3か月から半年程度にする（単にアルバイトやパートタイムではなく、フルタイム・ワーカーとして仕事をさせる）。この場合、学生の勤務実態が正社員とあまり変わらなければ、法的には企業側に雇用主としての責任（労働基準法上の）が発生することを企業側は熟知しておく必要がある。
- インターンシップ中の活動について成績評価を厳正に行い、正式に履修単位を与える。
　文部省の調査では、インターンシップ制を実施している大学のうち、正式に単位を与えている大学の割合は2000年度で33.5%と1996年度のほぼ倍になった。
　たとえば松下電器産業では、2001年度から学生に社員と同じ仕事をさせ、わずか2週間だがインターンシップの勤務ぶりを三段階で評価し（企画力や問題解決能力などについて、学生が配属された職場の責任者が）、最も高いA評価の学生には内々定を出すシステムを作り上げている。
- ボランティア活動は教養教育で、インターンシップは専門教育の中で行うというふうに、卒業までに両者をともに経験させた方がよい。
- インターンシップ学生に対して会社側は正規の社員同様に給与と福利厚生サービスも提供すべきである。通常、日本では米国とは異なり学生に報酬や交通費の支払はしない。しかしたとえば日本無線は実習中は社員寮を提供し、日当2,000円支払っている。かりに企業側が報酬支払いをしない場合には、大学側が奨学金制度を設けることも考えられる。
- インターンシップ先は企業や政府機関、地方自治体だけでなく、NPO、NGO、海外国際機関、公社、病院、警察・司法機関なども積極的に視野に入れるべきである。
- インターンシップ先は大学側が学生の教育の場としての望ましさという見地から探し、受入れの条件等について確認しておくべきである。ちなみに受け入れ先の選定・決定に当たり民間業者に依頼している大学もあるが、できれば大学（学生指導の教員とともに）が大学・学部・学科の教育方針や学生一人ひとりの個性や能力、希望に則して受け入れ先を探した方がよい。

したがって、上記のメリット、デメリットも踏まえ、大学がインターンシップ制を導入する場合、少なくとも次の点を十分に留意する必要がある。

② 奉仕（ボランティア）活動

　青少年のボランティア活動はまだ定着していないようだ。その理由としてまず第一にあげられているのは、「情報やきっかけがない」、次が「時間的余裕がない」、第三位は「やりたいと思うが身近にない」であった。（1999年4月2-6日の「NIKKEI NET」のインターネット調査による；ただしこの理由の順位は 10-30 歳代の 155 人の回答に基づく）。このような調査結果が背景にあったのかどうか分からないが、教育改革国民会議は 2000 年 9 月 22 日に戦後教育の見直しに関する 17 項目からなる中間報告書をまとめた。その中で「社会性を身に付けさせる」ために共同生活などによる奉仕活動を全員が行うことを求めている（年間に小中学校で 2 週間、高校で 1 か月間）。つまり教育改革国民会議は奉仕活動の義務化を提言したのだ。しかし 2002 年になると、中央教育審議会（平成 14 年 7 月 29 日「青少年の奉仕活動・体験活動の推進方策等について（答申）」）は一歩後退して、活動実績の入試への活用や高校・大学での単位の認定にとどめた。政府はこの答申にしたがって具体化を図る予定だ。ちなみにこの答申のポイントは、

・大学等（大学、短大、高専、専門学校）においては、学生が行うボランティア活動を積極的に奨励するために、正規の教育活動として、ボランティア講座やサービスラーニング科目、NPO に関する専門科目等の開設、学生の自主的なボランティア活動などの単位認定を積極的に推し進める。

・学生の自主的な活動を奨励・支援するために、大学ボランティアセンターの開設など学内のサポート体制の充実、セメスター制度や休学制度など学生が活動しやすい環境の整備、学内におけるボランティア活動の機会の提供などに取り組む。

・こうした大学等や学生の取り組みを支援するために、国においてボランティア教育や活動を積極的に推進する大学に対する支援措置を講じる。さらに公務員や民間企業の学生採用に当たり、学生のボランティア活動を通じて得られた経験、能力等を一層重視する。

大学も学生に人間性を高めたり、社会常識を身に付けさせる、あるいはまた人のさまざまな生き方を肌でもって理解させる、自分の生き方を考えさせるために、ボランティア活動を積極的に奨励し、たとえば教養課程での必修科目として位置付けることもできるだろう。

(2)　学生が明確な学習目的を持つことができるように、学生自身の努力のみならず、教員・大学、両親、周囲の人達、企業も支援する。

　高校生や大学生が学習目的を決める場合、よく世間では、自分の適性の判断と将来目標（将来何をやりたいのか）、そして身近な人からのアドバイスや存在そのものが重要な役割を果たしているといわれる。しかし社会経験が乏しい高校生や学生ほど、一般に自分の適性や将来目標は分からないし、また分かろうともしない。そうすると、重要なのは身近な人からのアドバイスや存在だ。

　上記(1)-①での、インターンシップを通じて学生は学習目的を明確化する可能性がある。教員は教育を通じて学生に学習目的を明確に持つように指導することもできるし、企業の職種別採用もある意味では学生に明確な学習目的を持つことをじつは求めているのである。しかし他にもさまざまな方策が考えられる。

①　学生の教育・生活指導だけを専門に担当する教員の配置

　文部省の「大学生活の充実に関する調査研究会」の最終報告案（2000年6月8日）によれば、研究は担当せずにもっぱら講義と、正課外教育も含めた大学生活全般の中で学生の自立や人間形成を支援・指導する、新しいタイプの大学教員を提案されている。

　しかしこの新しいタイプの大学教員は研究活動・実績がなくて、今日のような技術や経済・社会の変化が激しい時代において学生に高度な教育サービスを提供できるのだろうか。また学生側もそんな教員の講義や生活指導に満足できるだろうか。このような意味で、文部省の提案には疑問が残る。

②　本人の行動遂行（試行錯誤）

　ベビーシッターのアルバイト先で先天性の難病や肢体不自由の子供の面倒を見ているうちに、やりがいを感じて、このような子供のために何かをしてあげたいという気持ちが募り、児童福祉や看護などの道を選ぶ学生もいるだろう。

このように自らが得た経験に基づいて自ら学習目的を設定するというのは自己責任感を抱かせ、同時に社会学習理論における効力期待（ある一定の結果を生むのに必要な行動を適切に行うことができるという信念のこと）を強化する上での最も強い方法「行動遂行」に当たる。それだけに学習目的を明確にする上で最も効果があるだろう。

③　身近な人からのアドバイスと自らの状況認識

　母子家庭で育った女子高校生に、スーパーでパートをしている母親が「将来一人になっても自活できるように、何か手に職を付けておきなさい」とアドバイスする。その時、友人たちから情報処理関連の資格を持っていると就職なども非常に有利だと聞く。しかもクラスの担任の先生に、すでにその資格を取った先輩の高校時代の成績について聞くと、自分の方が成績は全般的に優れているのを知ったし、先生も激励してくれる。そこでその子は明確な学習目的を持って、大学や短大ではなくあくまでも資格取得のために情報処理関連の専門学校を選択する。

　これは上記の社会学習理論からいえば、代理経験と言語的説得がその子に同時的に出現しているということができる。それだけに強い効果が期待できる。

④　企業側の学生採用姿勢の改善（後述）

(3)　教員は学生の学習努力やその成果（試験成績も含む）を厳正に評価し、優れた学生には高い評価を与える。そしてその結果を学生達にオープンにフィードバックする。

　このためには、教員側が厳正な学習評価をし、その結果を学生達にオープンにフィードバックをしなければならないという意識を持つことがまず必要だ。そして次にそれを学生側が心から受け入れ、必要に応じて再度、あるいはその評価に基づいてさらに一層の学習努力をしようという気持ちを駆り立てなければならない。

　まずこの問題の第一の責任者である教員側にそのような意識を持たせるには次のような方策が考えられる。

①　教育者としての使命感を強く植え付ける。

　大学審議会が1998年に発表した「中間まとめ」は教員の教育姿勢を強く批

判している。要するに「大学の教員は大体において教育活動に対して責任感が低い。しかもその授業の多くが一方通行型で、授業時間外の指導もしない。成績評価は甘く、安易な卒業認定を行っている。学生によっては授業に出席せず、授業中は私語が多く質問もしないし、授業時間外では勉強もしない。……」これは一言でいえば、「教員は教育に責任を持て」ということだ。さらにいえば、これは教育者としての資質や使命感の欠如を厳しく追及しているともいえる。

上記の「大学生活の充実に関する調査研究会」の最終報告案（2000年6月8日）は、大学教員の評価でこれまで明示的に取り上げられてこなかった学生指導も大学教員の採用や昇進、報酬などに正式に反映させるべきだと提案している。この提案が実現されれば、大学教員は教育者としての使命感の重要性を観念的のみならず実利的な見地からも認識するだろう。

しかしこの使命感を強く意識させ、かつ内在化させるのは非常に難しい問題である。現在の教員はしばしばサラリーマン化し、社会的地位（評価）も低く、デモシカ先生（1950-60年代に多く現れたといわれる、「就職口がないから取りあえず学校の教師にでもなろうか」といったデモシカ先生に似て、近年の傾向は希望の会社に入れないとか、民間企業で縛られた生活はしたくないとか、モラトリアム型の学生が取りあえず大学院に進学して、強い研究意欲や能力もないのに何となく大学の教員になってしまったケース）も多いようだ。このような状況で、教員に一方的に使命感を強く求めるのは酷であるかもしれない。

② 教員の教育評価ないしは授業評価を厳正に行い、それをただ実施して教員にフィードバックし、後は教員の判断に任せるというのではなく、米国で一般的だが、教員の業績評価に正式に生かす。つまり教員の業績評価は主として研究活動（業績）評価と教育活動評価、その他の評価からなる。

文部省によれば、「学生による授業評価」はすでに日本でも1998年度に334大学（大学全体の55%）、722学部（学部総数の47%）で実施されている。そのうち私立大学は227大学、438学部に上っている。しかしそれが制度として本当に機能しているのかが問題であって、現在その実態が問われているのである。

しかもこのような教員の業績評価は、1997年8月25日施行の「大学の教員等の任期に関する法律」が成立して以来、なおさら求められるものだ。ここでは、教員の業績評価を教育面、研究面、その他の面の3つから行うべきだと明記している。

他方、学生側からも「学生による授業評価」の制度化を求める動きがある。それは『授業を変えれば大学は変わる』（東海大学教授・安岡ら共著、プレジデント社）という本に触発されて大学生有志が作った「大学の授業を考える会」だ。

さて望ましい授業評価のやり方としては、たとえば、教員の授業評価を制度化し、その結果を教員の業績評価の中に正式に取り入れることだ。

図表1-20　大学教員の業績評価の3つの側面

- 教育面の評価
  担当する授業、学生等に対する教育研究指導、教材・教育課程等の開発、学生の厚生補導といった項目について多面的に評価することが重要である。ただしそのさい、授業担当時間数、休講の状況、教育対象が学部生か大学院生かといったものから、同僚による評価、学生による授業評価、論文指導の状況、FDへの参加といった質・量両面のデータを活用することが考えられる。
- 研究面の評価
  博士の学位にかぎらず、研究歴や業績等を広く評価の対象とすることが求められる。とくに任期制の導入によって、限られた期間内に一定のまとまりのある成果をあげることのみに意を注ぎ長期的な視野に立った研究がおろそかにされることのないよう、研究途上の業績等も含めた広い意味での研究業績を考慮するとともに、論文の多寡ではなく、その質を重視した評価の方法を工夫することが重要である。
- その他の面の評価
  大学や学部・学科の管理運営や地域社会への貢献といった能力や業績についても適切に評価していくことが求められる。

通年科目であれ半期科目であれ、授業終了後あるいは直前に、大学側もしくは学生主体の何らかの委員会が10-20項目にわたり詳細かつ客観的な授業評価

（場合によっては学生にコメントを自由に記入させることも追加）を学生に求め、その結果をまとめてすべて学内で告示する。しかもその評価結果を大学側は教員の中途採用や昇給、昇格、海外留学や研究・調査活動などの機会の授与のさいの重要な資料として用いる。

ただこの評価の問題点は評価のプロセスと結果の信頼性、客観性だろう。また教員によっては学生から好意的な評価を受けること自体を目的とするような授業内容や教え方をするかもしれない。しかしこの「学生による授業評価」の結果、教員の流動性が高まったり、社会のニーズにあった授業を学生に提供することができたり、教員による授業科目の私物化や授業内容の陳腐化を阻止することができるし、とくに大きな効果としては教員自身が教育に真剣に取り組まざるを得ないという自覚を持たせることだ。

ちなみに日本でも1976年度から東京理科大、1993年度から東海大学が「学生による授業評価」を実施している。たとえば東京理科大は研究、教育、管理運営の3つの面から教員の活動を評価し、その結果を昇給と絡めて制度運用しているそうだ。2001年度から全学生（学部・大学院生、約1万3,000名弱）に実施した大阪大学では、主な評価項目は教員側の授業の進め方やカリキュラム内容の適切さ、学生側の授業への取り組み姿勢など。その評価結果も主としてカリキュラム改革の資料として活用すると同時に、授業に対する学生の参加意識の向上の手段として用いられているだけだ。

(4) 学業成績優秀者や優れた能力や人間性を示す学生には、厳正な審査のもとに、次のような報酬を授与し、学生に具体的な形で達成感や成功感、自己価値の高まり感を与え、それを全学的に公表する。
① 認知・称賛
② 表彰
③ 奨学金授与・学費免除
④ 留学機会の提供
など
(5) 企業側に学生採用姿勢の転換を強く求める。

まず結論から述べると、企業が学生採用をするさいには少なくとも次の3つ

の判断基準に基づくように、大学側は企業側に強く求めるべきだ。
① 学歴主義ではなく、能力主義（実力主義）に基づく採用
② 学生の創造力と問題解決能力の重視
③ 自己中心的あるいはまた短期的な視野の学生を採用しないこと

　これらの基準に基づいて学生を評価するさいには、当然として履歴書の中に出身校記載欄を省き、より客観的に学生の学力を評価するための学力試験と厳正な面接を採用する。このような厳正な選抜は、企業側が積極的に実施しようとする姿勢を待つしかないだろう。

　ここで企業の学生採用の実態を見てみよう。それによってわれわれが求める採用方式が現実にいかに必要なことなのか、そしてそれを具体的にどうすればよいのかについて何らかのヒントを得ることができるだろう。

　最近の企業の学生採用の姿勢は全体として即戦力かどうかの見地からの「厳選採用」だといわれる。しかしこの傾向は人手不足に悩む中堅・中小企業やベンチャー企業、外資系企業に強く、大企業ではそれほどでもないというデータもある。たとえば（株）ディスコの『「大学生の就職活動・意識に関する調査」結果報告』（2001年11月調査；対象は全国の主要企業4,000社、有効回答246社）によれば、企業が学生に求めるものは、次のような順であった。

　この順位で信じられないのは大卒文系の採用で、専門知識が全部で21項目のランキングで「容姿」と並んで19位だ。これは大卒文系の採用に当たり、企業側は大学教育の成果をまったく無視していることを意味するものなのだろうか。いずれにせよ、全般的に見て、企業は学生採用に当たり必ずしも具体的なスキルを求めているとはいえない。

　しかしIT化の進展や環境問題への対応、迅速な新製品や新規事業開発、組織業績の短期的な改善を行わなければならない状況に多くの企業が追い込まれていて、どうしても即戦力となる学生（とくに理系）採用に積極的な企業（IT業界、電機業界、ソフトウェア開発業界、機械業界など）が増えている。たとえば機械メーカーの不二越は2003年4月入社組から新卒の定期採用を廃止し、即戦力となる人材だけを通年採用する方式に切り換えた。この意図は事業の競争力の強化と海外事業拡大、そして新入社員の教育費用の削減であった。

図表1-21　企業が採用にさいして学生に求めるもの

大卒文系の場合
第1位　コミュニケーション能力（62.5%）
第2位　熱意（41.1%）
第3位　バイタリティー（27.7%）
第4位　明るさ（25.0%）
第5位　一般常識（24.1%）
第6位　基礎学力（20.5%）
第7位　協調性（18.8%）
大卒理系の場合
第1位　コミュニケーション能力（53.9%）
第2位　熱意（38.2%）
第3位　専門知識（33.3%）
第4位　基礎学力（24.5%）
第5位　バイタリティー（23.5%）
第6位　協調性（18.6%）
第7位　発想の豊かさ（17.6%）

　確かに、企業側の採用方式も最近大きく変わってきているようだ。以前のような指定校制度やリクルーター制度（オープンな選考会を開かずにOB（リクルーター）が個人的に学生と接触し、採用活動を行う制度）も影を潜めているようだ。三菱重工業は技術系の新卒採用で、従来の「学校推薦制度」（企業側が大学ごとに採用枠を提示し、大学側はその枠内で学生を選抜し推薦する仕組み）を見直し、2003年4月入社から採用枠の約半分を自由応募方式に振り分けた。しかも最近は自由応募を選択する学生が増え、学校推薦枠が埋まらないといった事態が発生していた。三菱重工業は将来採用をすべて自由応募方式で行う予定だ。ソニーやNECなどのハイテク企業はインターネットなどによる自由応募を採用し、広く人材を求めようとしている。
　これまでインターネット上で会社説明会や応募手続きを行う企業は多くあったが、東芝と三菱地所は2002年春から事務系の新卒採用の一次試験（筆

記試験）をインターネット上で行った。この意図は採用活動にかかるコストを削減し、同時に優秀な人材を広く求めようとするものだ。電通は2002年から学歴を一切問わない総合職の秋季定期採用をインターネット上で開始する。高卒、大卒、大学院、国籍など一切無視するという。この意図は優秀な人材を広く求めることだ。ちなみに電通の春の新卒採用は大学と大学院終了予定者を対象としている。

経済同友会の調査（同会加盟の大企業261社を対象に1999年10-11月に実施、有効回答社数131社）によれば、一部の有名校を優先する学歴信仰は完全に崩壊したとされる。つまり企業が新入社員の採用で最も重視するのは面接で、筆記試験や専門分野などは検討の資料である。出身校の重視度は採用基準6つのうちの最下位であった。ここで最大の問題は、何を知るために面接するのかが不明である。しかしいずれにせよ、これは本当だろうか。たとえば、現実にはまだ次のようなさまざまな差別が存在しているようだ。

① 有名校重視の採用方式が依然として存在している。

会社によっては会社説明会をある特定大学出身の学生は会場の2階で、それ以外の学生は1階というふうに分けて行っているところもある。また会社によっては、ある特定の学生にだけ自社あるいは業者のインターネットを通じて「××大生限定情報」という形で招待状を送り、しばしば高級ホテルなどを利用して会社説明会を開いている。ホテル内のレストランなどで食事をしながら社員とさまざまな情報・意見交換をし、企業側は採用を前提に絞り込みのための情報を低コストで効率よく入手する。

毎日新聞の就職活動問題取材班の調査（2001年6月30日）によれば、リクルーター制度が依然として金融、保険、広告、鉄道、鉄鋼などの業界の一部企業で行われている。この制度の企業側の大きなメリットは、

・将来自社の中核社員として活躍してくれる少数の優秀な人材だけを確保できる。
・採用にかかわる費用やリスク、手間を省ける。
・学生の学力やタイプに安心が持てるし、入社後の人間関係やチームワークにも安心できる。

しかしこの制度による内定者は当然として偏差値の高い有名校出身者ばかりで、「学閥」といわれる一部の有名大学の学生を獲得するための制度だといえる。

このようなやり方は大学の序列化を強め、採用対象の大学の学生からも対象外の学生からも学習意欲を奪い取り、また学生の個性を発揮させ生かす道も閉ざし、学生の働く意欲をも喪失させてしまうだろう。もちろん学生は大企業ばかりを目指しているわけではないが、こうした採用のあり方が若者の夢を押し潰していくのだ。

② 男女差別が依然として存在している。

募集採用などでの男女差別を禁止した改正男女雇用機会均等法が1999年4月に施行されたが、実際は依然として採用時や勤務先での差別行為が存在している。

厚生労働省の調査（2000年3月に大学・短大を卒業した男女1万1,000名を対象に同年10月実施、有効回答数2,237名）によれば、面接時に「結婚や出産後も働き続けるかどうか」を聞かれた女性は大卒女性で32.9％にも上った。「女性には会社案内を送付しない企業があった」が28.6％、「女性のみに制服が支給されている」が30.9％、「女性は結婚・出産を機に退職する慣行がある」が15.7％であった。このような性差別が根強く残っているのは建設業、卸・小売り・飲食店、金融・保険業などであった。

このような性差別は人権の点からも許すことはできないが、企業にとっても労働生産性の見地から莫大な損失なのかもしれない。実際のところ大学教育の現場では、しばしば女性の方が優秀である。なぜそうなのかについては、女性の方がまじめに勉強するなどといった原因があげられるが、いずれにせよ一般的にいって優秀な学力と繊細な感性、強い忍耐力を持った女性を生産活動の場に活用しないのは個別の企業レベルのみならず社会全体にとっても損失である。

このような差別をなくし、能力主義に基づき、人間性も素晴らしく、かつ優れたものの見方・考え方ができる学生を採用することが、企業の発展を決定付けるはずである。

図表 1-22　専門学力低下を阻止するための理論的かつ経験的に有効な改善策

学生自身にさまざまな社会経験を積ませる。
a. インターシップ制の導入
b. 奉仕（ボランティア）活動

明確な学習目的を持つことができるように、学生自身の努力のみならず、教員・大学、両親、周囲の人達、企業も支援する。
a. 学生の教育・生活指導だけを専門に担当する教員の配置
b. 学生本人の行動遂行（試行錯誤）ならびにその支援
c. 身近な人からのアドバイスと学生自らの状況認識
d. 企業側の学生採用姿勢の改善

教員は学生の学習努力やその成果（試験成績も含む）を厳正に評価し、優れた学生には高い評価を与える。そしてその結果を学生達にオープンにフィードバックする。
a. 教員に教育者としての使命感を強く植え付ける。
b. 教員の教育評価ないしは授業評価を厳正に行う。それをただ実施して教員にフィードバックし、後は教員の判断に任せるというのではない。米国で一般的だが、教員の業績評価は主として研究活動（業績）評価と教育活動評価、その他の評価からなる。

学業成績優秀者や、優れた能力や人間性を示す学生には、厳正な審査のもとに、次のような報酬を授与し、学生に具体的な形で達成感や成功感、自己価値の高まり感を与え、それを全学的に公表する。
a. 認知・称賛
b. 表彰
c. 奨学金授与・学費免除
d. 留学機会の提供
　など

企業側に学生採用の姿勢の転換を強く求める。
a. 学歴主義ではなく、能力主義（実力主義）に基づく採用
b. 学生の創造力問題解決能力の重視
c. 自己中心的あるいはまた短絡的な視野の学生を採用しないこと

→ 達成感や自己価値の高まりの知覚努力や忍耐の大切さの認識
人間の生き方についての真剣な熟慮
精神的自立の向上
明確な学習目的の構築

→ 学生の学習意欲向上

さて、以上のような検討の結果、大学生の専門学力低下を阻止するための理論的かつ経験的に有効な改善策は図表1-22のように体系化できるだろう。学習意欲を高めるための理論的方策と経験的措置を突き合わせると、理論的方策が教育システム、教員、企業の次元での経験的に有効な措置をかなり裏付けているということができる。学力低下の根本的な改善策として世間的にも求められている入試制度の改革や文部科学省の政策の一部はそれ自体は学生の学習意欲向上には直接寄与しないだろう。大学入試で試験科目を増やすと、入学後学生が専門学習をしていく上での基礎学力の充実や教養力の向上に役立つかもしれないが、増やしたからといった、大学入学後の学生の学習意欲と直接関係はない。

それでは、学生の学習意欲を真に高めるためには、どうすればよいのだろうか。まず最初に主張できることは、理論的に支持された経験的措置を一刻も早く講じることである。次に、理論的に支持される可能性の高い経験的措置を講じるのがよいだろう。

経験というのはわれわれが実際に物事を判断したり予測するさいにきわめて重要な基準や指針を示してくれる。しかし経験策は、とりわけ個人的なものであれば、しばしばその経験律を抽出した人の固有の人生観や価値観、考え方、またそれに基づく判断が基礎になっている場合が多い。多くの人達が支持する経験策といえども、その人達がどういう個人経験を持ち、どういう立場で主張しているのかも含め、やはり慎重に、その有効性については考えなければならない。しかも人の経験というのは時間的にも空間的にもかぎられているので、一般性や普遍性に限界がある。しかし理論はそれなりに検証されているだけに、説得力が強いのである。

7. まとめ－今後の課題－

しばしば大学生の学力低下をくい止めるには入試制度の改革、未履修科目の授業や補習授業の充実、「ゆとり教育」の改革、教員の質の向上などが不可欠だと主張されている。しかしもっと直接的に重要なことは、学生自らが学習する

意欲を強く持つことなのだ。したがって、われわれとしてはなぜ今日これほどまでに学生の学力が低下したのか、つまり学生はなぜこれほどまでに学習意欲を喪失してきたのかの犯人捜しを、学生の心の中に求めなければならない。今日のような教育制度や環境のもとでも、一生懸命学習に取り組んでいる学生はいるのだ。本稿はその原因をある程度浮き彫りにできたのではないか、そしてその原因を取り除く方策についてもある程度明らかにできたのではないかと思う。

しかし本稿では、学習意欲向上のための要点と具体策について明らかにしたが、さらに詳細な（実際にすぐ実施できる）アクション・プログラムまでは明確にしていない。その理由は、各大学や学部・学科によって急がれるべき、また重視すべき、さらに実行可能な改善ポイントが違うだろうし、加えて各大学や学部・学科の実情に合わせて、有効なプログラムは個別的に作成する必要があるからだ。

大学生の学力低下問題の解決は、もしかすると、大学教育の永遠の課題かもしれない。学力低下の判断基準を何に置き、学生にどんなレベルを求めるかによって、問題はたえず発生するし、場合によっては容易な解決は望めないだろう。しかし現在日本の大学教育界で最大の課題の1つである学生の学力低下問題は何も小・中・高校の教育プログラムの欠陥にのみかかわるものではなく、社会、経済、文化にもかかわるきわめて厄介なものだ。容易に解決できるとは思えない。しかし莫大な資金や関係者の長期にわたる心労・努力によって学習環境や教育制度を改革するよりも、まず教育現場で学生に自ら学習意欲を高めさせることの方が直接的な正攻法でもあり、最も効果が期待できるのだ。そうすると、きわめて当たり前のことだが、まず大学およびその教員に最大の責任が求められるのである。

引用・参考文献

1. Adams, J. S., Inequity in Social Exchage, in: Berkowitz, L.(ed.), Advances in Experimental and Social Psychology, 1965, pp. 267-270.
2. Alderfer, C. O., Existence, Relatedness, and Growth: Human Needs in Organizational

Settings, The Free Press, 1972.
3. 天野賢一、日経新聞、2000年3月18日。
4. Argyris, C., Personality and Organization, Harper and Row, 1957.
5. 朝ごはん実行委員会「朝ごはんは受験生の味方」2000年12月。
6. Atkinson, J. W., The Achievement Motive and Recall of Interrupted and Completed Tasks, Jouranal of Experimental Psychology, 1953, Vol. 46, pp. 381-390.
7. Atkinson, J. W., Motivational Determinants of Risk-taking Behavior, Psychological Review, 1957, Vol. 64, pp. 359-372.
8. Bell, N. T. et al., Self Instructional Program in Psychology, Scott, Foresman and Co. (東洋編訳『プログラム学習による心理学入門』学習研究社、1980年)
9. 文化庁文化部国語課『平成4年度「国語に関する世論調査」の結果について』平成6年3月。
10. 文化庁文化部国語課『平成8年度「国語に関する世論調査」の結果について』平成9年5月。
11. 文化庁文化部国語課『平成9年度「国語に関する世論調査」の結果について』平成10年3月。
12. 中央教育審議会『21世紀を展望した我が国の教育の在り方について(第一次答申)』平成8年6月18日。
13. 中央教育審議会『新しい時代における教養教育の在り方について(答申)』平成14年2月21日。
14. 中央教育審議会『青少年の奉仕活動・体験活動の推進方策等について(答申)』平成14年7月29日。
15. 中央教育審議会『大学の質の保証にかかわる新たなシステムの構築について(答申)』平成14年8月5日。
16. 大学審議会『大学教員の任期制について(答申)』平成8年10月29日。
17. 大学審議会『21世紀の大学像と今後の改革方策について(答申)－競争的環境の中で個性が輝く大学－』平成10年10月26日。
18. 大学審議会『大学入試の改善について(答申)』平成12年11月22日。
19. 大学入試センター『学生の学力低下に関する調査結果』平成11年3月。
20. (株)ディスコ「大学生の就職活動・意識に関する調査結果報告」、『人と採用』別冊、2002年1月20日。
21. 藤原尚美、毎日新聞、2001年6月12日
22. (株)学生援護会『学生援護会マンスリーニュース』2002年7月。
23. 林伸二『組織心理学』白桃書房、2000年。

24. 林伸二『管理者行動論』第2版、白桃書房、1999年。
25. 『平成12年　人口動態統計』。
26. Herzberg, F., The Managerial Choice, Dow Jones-Irwin, 1976.
27. 岩田三代、日経新聞、2001年2月1日。
28. 河合塾『高校生の学力低下を検証する』1999年。
29. 川久保美紀、毎日新聞、2002年3月7日。
30. 教育改革国民会議『教育改革国民会議中間報告－教育を変える17の提案－』平成12年9月22日。
31. 小林洋一「"仕事"ではなく"自分"が主役という価値観」『望星』東海教育研究所、375号、2001年6月1日、26-31頁。
32. 毎日新聞、1997年2月5日、2000年2月2日。
33. (株)マクロミル「4月からの就職・進学に関するアンケート」2002年3月29日。
34. (株)マクロミル「フリーターに関するアンケート」2002年3月29日。
35. McGregor, D., The Human Side of Enterprise, McGraw-Hill, 1960.
36. McClelland, D., The Achieving Society, Princeton, N. J: D. Van Nostrand, 1961.
37. Mednick, S. A. et al., Psychology, Explorations in Behavior and Experience, John Wiley & Sons, 1975. (外林大作他編著『心理学概論』誠信書房、1986年)。
38. 宮沢薫、毎日新聞、2000年2月5日。
39. 文部省『高等学校　学習指導要領』大蔵省印刷局、昭和53年8月。
40. 文部省『高等学校　学習指導要領』大蔵省印刷局、平成元年3月。
41. 文部科学省生涯学習政策局調査企画課『平成12年度　学校基本調査速報』平成12年8月4日。
42. 文部科学省生涯学習政策局調査企画課『平成14年度　学校基本調査速報』平成14年8月14日。
43. 文部科学省『平成13年度　文部科学白書』平成14年1月18日。
44. 中沢義則、日経新聞、2002年3月4日。
45. 西村和雄、日経新聞、1999年8月1日。
46. 日経リサーチ「全国電話世論調査データ」2001年2月実施調査。
47. 日経新聞、1997年8月14日、1999年4月27日、6月19日、12月20日、2000年3月4日、4月29日、5月24日、10月25日、11月8日、2001年2月1日、11月6日、2月5日、2002年3月3日、4月24日、5月11日、6月13日。
48. 大島泉、日経新聞、1999年4月17日。
49. 大橋正夫他編『現代社会心理学』朝倉書店、1984年。
50. 澤圭一郎、毎日新聞、2002年6月11日。

51. 産経新聞、2001年11月23日。
52. Senter, R. J. & R. E. Dimond, Psychology, Scott, Foresman and Co.（依田明編訳『現代心理学18講』学習研究社、1980年）。
53. 渋井哲也「彼らは何を求めてフリーターを選ぶのか？」『望星』東海教育研究所、375号、2001年6月1日、44-49頁。
54. 『平成12年　司法統計年報』。
55. （財）社会経済生産性本部「平成14年度新入社員『働くことの意識』調査結果」2002年6月14日。
56. 総務庁青少年対策本部『青少年の生活と意識に関する基本調査（概要）』平成8年12月。須佐美玲子、毎日新聞、2000年2月2日。
57. 青少年教育活動研究会『子供の体験活動に関するアンケート調査の実施結果につい（概要）』1998年12月3日。
58. 高野真純、日経新聞、2000年5月13日。
59. 東京新聞、2000年6月5日。
60. 読売新聞、2001年2月15日。
61. 吉田俊六「家族を見つめ直す」『JULIFORUM』生命保険文化センター、No. 11, 2002年4月25日、14-21頁。
62. Zimbardo, P. G., Essentials of Psychology and Life, 10th ed., Scott, Foresman and Co.（古畑和孝他監訳『現代心理学Ⅰ、Ⅱ、Ⅲ』サイエンス社、昭和61年）。

第2章　大学改革戦略

　大学の運営や改革は予算案に反映されている。この予算案が確定されると、大学の教育・研究、事務活動がそれに基づいてそれぞれ展開していく。予算案の立案プロセスは国公立大学を除き、私立大学の場合しばしば理事会（法人；主として理事長以下主要な役職理事から成る）、大学執行部（学長以下の教育・研究の代表者）および事務組織の代表者間のパワー闘争の実態をさらけ出す。それでは予算案が具現化されている経営戦略はそもそもどのようにして策定されているのだろうか。

　組織の行動や業績を基本的に決定するものは経営戦略である。組織は企業であれ病院であれ大学であれ、どんな組織でも経営戦略に基づいて行動していく。したがって大学の場合も、その生存と発展を決めるのは大学の経営戦略だ。経営戦略を正しく策定していくには、大学組織の外部評価（環境分析、教育産業分析、顧客（大学進学希望者）分析）と内部評価（自大学の組織業績分析、自大学の経営諸資源の監査（教員の教育・研究、教育プログラムの開発、事務職員の事務処理、組織、財務、マーケティングなどの能力）、自大学の競争力評価（競争相手の分析））を正しく行うことが出発点だ。しかし一般的にいって、このような戦略策定プロセスに基づいて経営戦略を策定している大学はあまりないように思われる。

　本章は大学（とりわけ私立大学）の評判のメカニズム、経営戦略の策定、教育システムの改革などについて考察・検討し、最後にある私立大学（都内にあるキリスト教系大学で学生数は2万名強）の大学改革戦略の実態を明らかにする。都内のある私立大学がこの4年間目覚ましい発展を遂げている。たとえば当大学の昼間部の一般入学試験総志願者数を見ると、昼間部総募集人員2,300

名弱に対して2000年は3万139名、2001年は3万5,639名、2002年は3万8,937名、2003年は4万1,366名であった。しかし2004年は3万5,161名と激減した(この原因については「結び」のところで詳述する)。まずは当大学の発展の実態を明らかにし、その本質的なところと原因を、さらにその問題点を探りたい。そして同時に大学発展のための改革戦略を模索する。本稿での研究結果によれば、当大学の大学改革は法人側(主として理事長、学院長、常務理事からなる)と大学側(主として大学長)の共働によって行われ、その成果は目覚ましいものであったということができるだろう。しかしそこには重大な問題が内在していることも明らかになった。

1. 大学改革の方針と実態

1.1 文部科学省(旧文部省)の大学改革の方針

　大学改革という言葉はここ20年来言われ続けてきた言葉だ。1980年半ば頃から団塊世代の子供たちが受験期を迎えるようになり、18歳人口が増え、大学進学率も上昇してきたため大学志願者が急増した。かつての「少数の学生を対象にしたエリート教育の場」であった大学が急激に大衆化に直面するようになった(朝日新聞社『2004年度版　大学ランキング』24頁)。この結果、大学生の数が爆発的に増え、大学教育の質の低下(教員の教育力の低下や低い教育意識による)とともに、学力のない、また伴わない学生が大学に入り、そして学力が伴わないままに卒業していくという事態が生まれた。そこで文部科学省はこのような事態を打破するために、大学大衆化の先進国である米国にならい本格的な教育改革に乗り出したのである。

　「はじめに」のところでも述べたが、文部科学省は『21世紀の大学像と今後の改革方策について』という大学審議会の答申の中で、高等教育を取り巻く21世紀初頭の社会状況について、前述のような展望をしている。

　このような展望のもとで、本答申は大学が生き残り、さらに発展していくために、大学改革の基本理念として「個性が輝く大学」の実現を求めている(図表2-1)。この実現のために、大きく4つの改革方策が提言されている。それは以下のとおりだ。

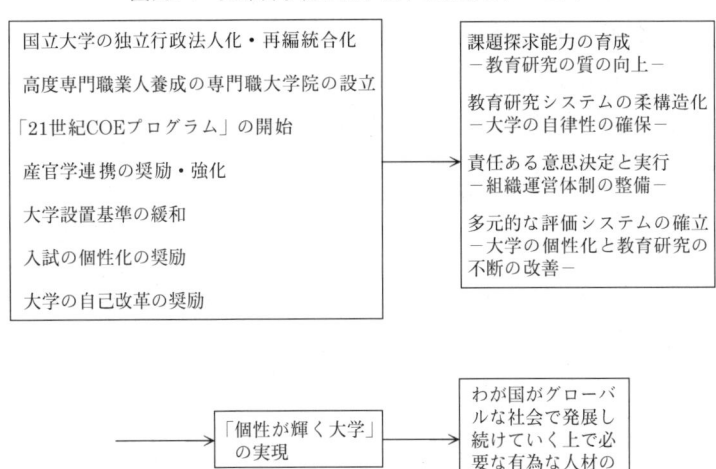

図表2-1　文部科学省の大学改革の方針とプロセス

```
┌─────────────────────────┐         ┌─────────────────────────┐
│ 国立大学の独立行政法人化・再編統合化 │         │ 課題探求能力の育成        │
│                         │         │ －教育研究の質の向上－    │
│ 高度専門職業人養成の専門職大学院の設立 │         │                         │
│                         │         │ 教育研究システムの柔構造化 │
│ 「21世紀COEプログラム」の開始   │   →    │ －大学の自律性の確保－    │
│                         │         │                         │
│ 産官学連携の奨励・強化          │         │ 責任ある意思決定と実行    │
│                         │         │ －組織運営体制の整備－    │
│ 大学設置基準の緩和            │         │                         │
│                         │         │ 多元的な評価システムの確立 │
│ 入試の個性化の奨励            │         │ －大学の個性化と教育研究の │
│                         │         │ 不断の改善－             │
│ 大学の自己改革の奨励           │         │                         │
└─────────────────────────┘         └─────────────────────────┘
```

　　　　　　　　　→　「個性が輝く大学」の実現　→　わが国がグローバルな社会で発展し続けていく上で必要な有為な人材の育成

(1)　課題探求能力の育成－教育研究の質の向上－
(2)　教育研究システムの柔構造化－大学の自律性の確保－
(3)　責任ある意思決定と実行－組織運営体制の整備－
(4)　多元的な評価システムの確立－大学の個性化と教育研究の不断の改善－

　これらが目指すところはただ1つ、わが国がグローバルな社会で発展し続けていく上で必要な有為な人材を育成していくためにわが国大学の教育研究の質の維持・向上を図ることだ。そこで最近、文部科学省はたとえば次のような7つの大学改革に乗り出したのである。

a.　国立大学の独立行政法人化・再編統合化
　1999年に国立大学の独立行政法人化が閣議決定され、2004年に国立大学は従来よりも自立的な活動ができ、かつ自主性を発揮できる大学法人として生きていくことになった。

b.　高度専門職業人養成の専門職大学院の設立
　法曹人養成のための法科大学院、会計士などの養成のための会計専門職大学院をはじめとして、現在さまざまな専門職大学院が生まれてきている。

c.　「21世紀COEプログラム」の開始

より強い科学技術立国を目指すために競争的研究資金の提供を増大する。
d. 産学官連携の奨励・強化
e. 大学設置基準の緩和

これまで大学や学部学科の新設条件などを細かく決めていた大学設置基準が 1991 年に大幅に規制緩和され、カリキュラムなども各大学が自由に組めるようになってきた。

f. 入試の個性化の奨励

多様な能力を持った人材を育成するとともに、大学入学時に高い学力を要求することを可能にする。

g. 大学の自己改革の奨励

国公私立大学すべてに自ら自己点検・自己評価し、教育・研究レベルの改善努力を実質的に義務付ける。

1.2 大学改革の実態（大学基準協会の調査結果）

わが国大学の教育研究の質の維持・向上やそのための努力を側面から支援するという目的のために大学基準協会が設置された。それが文部省の 1993-95 年度科学研究費補助金などをもとに、大学改革の実施状況に関する調査研究委員会を設置し、改革状況に関する具体的な調査研究を行った（1994 年 9 月実施；大学基準協会事務局編「大学改革を探る（続）」1997 年）。これはわが国大学の改革の実施状況を把握するために、「学生の受け入れ」「教育課程の改革」「教育方法の改善」「教員組織」「研究条件の整備」「生涯学習」「学生生活への配慮」「自己点検・自己評価」という 8 つの大項目について計 90 項目で調べたものだ（アンケート調査）。これによれば、たとえば、

① 教育課程の改革

教育課程の改革は以下のように授業科目名称の多様化、開設授業科目数の増加、卒業要件単位数の減少の方向にあるが、その改革を実施もしくは実施を決定・検討中の大学 450 校のうち 78.5% が、改革実施上何らかの問題を抱えている。とりわけ「施設・設備面での制約」（52.0%）、「教員間の調整の困難」（48.4%）、「財政面での制約」（42.7%）が主たる阻害要因であった。

- 新たな大学設置基準では従来の一般教育科目、専門教育科目といった授業科目区分が廃止され、各大学が自由にカリキュラム編成を行えるようになった。しかし調査結果では、区分名称にはいろいろあるが、従来どおり専門科目と一般教育科目（語学も含む）に二分されていた。
- 卒業要件単位数については、回答した1,144学部のうち「増加」は5.8％、「減少」は43.8％に上る。その学部内訳を見ると、薬学系、農水学系、経済・経営・法学系の学部に減少例が多かった。またとりわけ「一般教養教育」にかかわる科目で単位数の減少が顕著に見られた。他方、「専門教育」にかかわる授業科目の卒業要件単位数には増加傾向が見られた。
- 授業科目数では、一般教養教育は回答1,040学部のうち48.8％が、外国語教育は回答1,039学部のうち53.2％が、専門教育は回答1,115学部のうち56.6％が、それぞれ増加させている。つまり卒業要件単位数は一般教養教育を中心に減少傾向にあるが、その開設授業科目数では増加傾向にある。この原因の1つは一般教養教育担当教員の数を減らせないことにあるのだろう。
- 学期制の運用では、授業科目数を増加させた学部の6割弱が「新たにセメスター制を導入」していた。

② 教育方法の改善

　今回の調査以前に「教育方法の改善」を実施した大学は48.8％で、現在実施が決定もしくは検討中の大学が43.4％に上る。改革を実施した大学のうち国立大学が占める割合が圧倒的に高く、公・私立大学では改革を「検討中」とする大学が多い。他の特徴としては、

- 回答363大学のうちセメスター制を導入している大学は70.2％に上っている。
- 「通年制からセメスター制に変えた」51大学のうち、その狙いは76.5％が「科目数を増やし科目選択の幅を広げるため」、74.5％が「授業効率を高めるため」、31.4％が「国際交流を活発化するため」、29.4％が「授業時間割りを組みやすくするため」であった。
- 回答497大学のうち76.1％がシラバス（授業計画）の充実に取り組んでいた。その内容では、「授業の概要」「参考文献・資料の指示」「授業の狙い」が圧倒

的に多く含まれていたが、他の点（「課題・レポートの指示」「履修資格」など）では大学間で大きなばらつきがあった。

③　教員組織

今回の調査以前に「教員組織の改革」を実施した大学は30.9%で、現在実施が決定もしくは検討中の大学が44.0%に上る。改革を実施した大学のうち国立大学が占める割合がやはり高い。他の特徴としては、

・教育課程や教育方法の改革と比較すると、教員組織の改革の実施は時期が少し遅れて行われている。

・「教養部を廃止し、これらの教員を既存学部に分属」させた大学は「いわゆる一般教育を対象に教育課程改革を実施」した378校のうち16.4%、「教養部を廃止し、それを母体に新学部を創設」した大学は2.4%、「外国語担当教員組織を設置」した大学は4.5%、「保健体育担当教員組織を設置」した大学は1.3%、「教養部を存続」させた大学は12.4%、その他が22.2%、無回答47.1%であった。興味深いことに、これらの比率は「専門教育を対象に教育課程改革を実施」した338校の内訳とだいたい一致している。

以上のように、大学基準協会は大学改革の実態をさまざまな角度から調べている。しかし残念ながら、大学教育の根本的なところについての調査をしていない。それは教員の教育力と研究力、教育の具体的なプログラムとやり方の善し悪し（内容）、教育支援の機器・施設の適切さと事務組織の能力などである。そしてそれらに関して改革の本来の受益者である学生自身がどう評価しているかだ。いずれにせよわれわれが一番知りたいのは大学改革の成果である。しかしこれは時間を待たないと知ることはできない問題だというのは分かるのだが。

また現在、私立大学が生き残りをかけて展開している大学改革の実態を見ると（図表2-2）、大学活性化戦略の切り口として、社会的ニーズを先取りしたあるいは適応した新学部・学科や大学院の創設・改組・再編、グローバル教育の充実、海外留学プログラムの充実、インターンシップ制度の活用、情報化教育の充実、国家資格の取得や公務員試験合格のための講座の開設、社会人教育プログラムの拡充（サテライト大学院運営も含む）、e-ラーニング・システムの導

図表 2-2　主要な大学活性化戦略の実態

- 社会的ニーズの先取り・適応のための新学部・新学科や大学院の創設・改組・改編
- グローバル教育の充実
- 海外留学プログラムの充実
- インターンシップ制度の活用
- 情報化教育の充実
- 国家資格の取得や公務員試験合格のための講座の開設
- 社会人教育プログラムの拡充
- e-ラーニング・システムの導入
- など

入などさまざまなものがある（日本私立大学連盟『大学時報』第50巻277号、2001年3月）。しかし問題はこれらの活性化戦略が本当に成果をあげているのかということだ。これらは本当に大学の社会的使命をより高く達成させるものなのだろうか。また学生の学習意欲の向上や学力向上、将来の進路選択上の満足を高めうるものなのだろうか。その結果として、大学の入学志願者数の増加や産業界・教育界などからの高い評価の獲得が確実になるのだろうか。一体どうすれば、私立大学の生存と発展を確実なものにすることができるのだろうか。

以下、大学の改革の実態を理論的かつ経験的に考察・検討していく。この作業の結果、明らかになったことがわが国大学の改革に何らかの示唆を提供することがあれば、幸いである。まず大学にとってきわめて重要な評判管理の問題から検討していく。

2. 大学の評判のメカニズム

組織の評判、威信、イメージはきわめて密接な関係にあり、これらは明確に切り分けることはできないものだ。大学の学部や大学院の評判、威信、イメージは大学の存続や発展にとってきわめて重要なものである。

ちなみに大学のイメージというのは「大学の固有の特性と行動に対して個人

あるいは社会（地域社会住民、産業界、行政官庁など）が抱く一時的もしくは短期的な印象」のことである。他方、大学の評判というのは「大学の固有の特性と行動の一貫性について利害関係者がそれぞれ中・長期的な見地から知覚し作り上げた社会的判断の調和した全体」のことだ（林、2000年、292頁）。中・長期的には大学の評判がそのイメージに取って代わる。

2.1 日本の大学ランキング

　大学の評判というのは大学志願者数や国や企業などからの助成金の獲得、学生の就職進路・可能性、優秀な教員獲得可能性などに大きな影響がある。しかし現在のところ、大学の評判を精確に測定し表しているランキングはない。そこでその便法として目下公表されている大学ランキング指標を見てみよう。朝日新聞社が日本の大学710校（2002年末段階の国公私立大学675校、大学院大学8校、防衛大学校や放送大学を含む大学校12校）を6つの次元（教育、研究、財政基盤、社会、入試、総合）に関して計62の切り口から評価したものだ（『2004年度版　大学ランキング』朝日新聞社、2003年）。たとえば、私立大学にとって大学運営上きわめて重要な入口管理（入試）と出口管理（就職）の上からランキングを見てみると、

(1)　入試難易度ランキング（2003年度）

　これは「第3回ベネッセ駿台共催記述模試」のデータをもとに学部別に国公立大と私立大に分けて、合格率60％以上の偏差値でランキングしたものだ。それによると、法・経済・経営・商学部をひとまとめにしたランキングでは、

①　国公立大学

　第1位は京都大（法）、東京大（文科一類）、2位は東京大（文科二類）、3位は京都大（経済）、第4位は一橋大（法）、5位は一橋大（経済）……と続く。

②　私立大学

　第1位は慶応義塾大（法・法律）、2位は早稲田大（政治経済・政治）、3位は上智大（法・国際関係法）、第4位は慶応義塾大（法・政治）、慶応義塾大（総合政策）、早稲田大（法）、5位は早稲田大（政治経済・経済）、上智大（法・地球環境法）……と続く。

(2) 企業が選ぶ「役に立つ」大学の総合ランキング
　第1位は早稲田大（文系）、2位は京都大（理系）、3位は東京工業大、第4位は早稲田大（理系）、5位は慶応義塾大（文系）……と続く。
(3) 企業が選ぶ「優れた」大学ランキング
　第1位は慶応義塾大、2位は早稲田大、3位は東京大、第4位は京都大、5位は東北大……と続く。

　これらのランキングは高校生やその両親、企業、社会一般の判断の表れということができる。しかしそもそも偏差値評価が正しいのか、企業の人事部長（3,500社；主に上場企業）の判断が正しいのかといった根本的な問題があるだけに、これらが単純に大学の評判ランキングを構成するものだとは考えることはできない。その理由は上述の「組織の評判」の定義にある。
　そこで大学の評判がどういう要素から作り上げられ、それがどういう結果をもたらすのかについて、まず米国での研究成果を考察してみよう。

2.2 大学の威信が持つ意味

　組織にとって威信（prestige）というのはきわめて重要なものだ。組織は威信の獲得・強化によって、組織の内外に対するパワーを獲得することができるし、またそれはパワー獲得・強化の最も安価な方法だ（Abbott, W. F., 1974）。威信というのは威厳や社会的評価、社会的信用を意味するだけに、高い評判形成の基礎にもなり、またそれはよい評判によって高められるという性質のものだ。
　企業が威信を高める方法には、社会（ステークホルダー；顧客、社員、株主、金融機関、政府、下請け、取引業者など）との関係によって、基本的に次の2つがある。
① 社会的にきわめて重視され、かつその実現・達成が非常に強く求められている普遍的な価値（意義）を組織目標として、それに高い優先順位を置き達成していくこと
　つまりこれを通じて組織は社会の発展の先駆的なリーダーや改革者になることができる。

② 社会の発展に対する適応的目標に高い優先順位を置き達成していくこと

社会の変化に積極的に適応していくことによって、自組織が社会にとって必要かつ有益な社会単位（機関）であることを認識してもらう。

どちらの目標を達成していくにしても、組織は社会からよいイメージを持ってもらわなければならない。組織の行動に対して社会がどんな反応を示すかは、その社会が当該組織に対してどんな期待をどの程度抱いているかによるのだ。以上のことは組織一般に妥当することであり、大学も当然例外ではない。

とりわけ私立大学のステークホルダーというのは入学志願者、学生とその父兄、卒業生、後援者、教職員、文部科学省、高校・予備校、地域社会住民などである。大学は彼らの期待に応えることができなくなれば、消滅していくしかない。

大学の威信を高めるためには、大学はどんな適応的目標を設定・追求すべきかについての研究がある（Abbott, W. F., 1974）。調査対象は米国の非宗教系の主要大学66校（公立大学41校、私立大学25校）。ちなみに大学の威信というのは、大学の総合的な「質」によって決まると考えられるが、ここでは大学の威信を「教授団の研究の質」を専門家たちが評価したもので測定した。ただしこの評価結果は、学部教育の内容（奨学金交付率、教育プログラムの充実度、図書館の充実度、学生サービスの充実度、大学の管理運営の適正さなど）や教員の研究レベル（主要科学雑誌への論文掲載数）、博士号授与数と非常に高い相関関係にあることが発見されている。この研究結果によれば（図表2-3）、下記の3点が発見された。

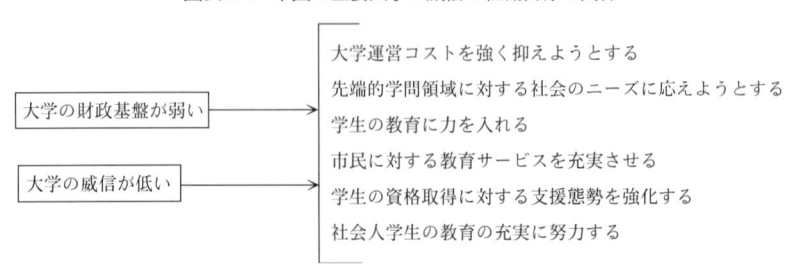

図表2-3 米国の主要大学の威信と組織目標の関係

大学の財政基盤が弱い	→	大学運営コストを強く抑えようとする
大学の威信が低い		先端的学問領域に対する社会のニーズに応えようとする
		学生の教育に力を入れる
		市民に対する教育サービスを充実させる
		学生の資格取得に対する支援態勢を強化する
		社会人学生の教育の充実に努力する

⑴　大学の威信の高さは適応的目標の重視と負の相関関係がある。つまり大学の威信が低いほど、その大学は適応的目標を重視する傾向がある。

　大学の威信は下記の6つの適応的目標すべてと負の相関関係にあった。つまり大学は威信が高くなるほど、6つの適応的目標すべての重視度が低下する傾向があった。したがって大学は威信が高くなるほど、適応的目標以外の目標を追求している傾向があるといえる。こういった関係は、大学の他の特徴(公立－私立、学生数、大学の年間所得、財政基盤の強さ)をコントロールしても、一貫していた。ただしこの傾向はどちらかというと、私立大学の方に明らかに強い傾向が見られた。

　ちなみに、ここで調べた適応的目標というのは次の6つだ。
①　大学運営コスト(研究、教育、事務処理に関する)の抑制
②　先端的学問領域に対する社会のニーズを満足させること。
③　学生の教育(入学してきた高校卒業生を最大限教育する)
④　市民に対する教育サービス(公開講座や社会人教育プログラムを通じて市民を支援する)
⑤　学生の資格取得支援(学生に有益なキャリア獲得の準備をさせる)
⑥　社会人教育(社会人学生に特別な教育プログラムを施す)
⑵　大学の財政基盤が弱いほど、大学は適応的目標を重視する傾向がある。

　この傾向は6つの適応的目標すべてに見られた。しかもこの傾向は公立大学よりも、私立大学に顕著であった。その理由は財政基盤(所得源泉)の違いであった。つまり「帰属収入(授業料、寄付金、研究助成金、研究受託料など)／年間総所得額」が大きいほど、大学の帰属収入への依存度が高くなる。
⑶　公立大学に比べ私立大学に顕著な傾向として、とくに大学の威信が高くなるほど、学生の教育を重視せず、また財政基盤が強い傾向があった。

　この研究結果によれば、大学運営コストの抑制、先端的学問領域に対する社会のニーズの充足、学生の教育の充実、市民に対する教育サービスの充実、学生の資格取得支援、社会人教育の充実に努力している大学ほど、大学の威信が低いという研究結果だ。しかも大学の財政基盤が弱いほど、また学生の教育を

重視するほど、大学の威信が低くなるといわれる。これはショッキングな指摘だ。大学の教育・研究という存在意義を否定するものだ。要するに、大学の威信の確立はこれら以外の何かに基づくというのだ。

これは大学の教員組織のみならず事務組織にとってもきわめて重大な意味を持っている。大学の威信を高めるには、上記6つの適応的目標以外の何らかの目標を重視して、その実現に努力しなければならないのだ。その結果、適応的目標はそれほどのウェイトが置かれなくなるのだ。上記の適応的目標以外の何らかの目標というのは、上述①の「社会的にきわめて重視され、かつその実現・達成が非常に強く求められている普遍的な価値（意義）にかかわる組織目標。しかもその達成を通じて大学が社会の発展の先駆的なリーダーや改革者になることができるような目標」のことかもしれない。しかしそれについて具体的には、この研究者は何も触れていない。

この研究結果はもしかすると次のことを主張しているのかもしれない。「大学の威信が高い大学はそもそも上記6つの適応的目標をそれほど重視する必要はない。しかし低い大学はこれらの適応的目標をもっと重視し、大学の財政基盤をもっと強化する必要がある」。

しかしこの研究には、大学の威信の測定方法と適応的目標の分類に問題があるかもしれない。大学の威信というのを大学の総合的な「質」によって決まると考えているが、その測定結果は「教授団の研究の質」を専門家達が評価したもので代替している。したがってこの研究では、大学の威信の測定方法と適応的目標の分類を変更ないしは改善すれば、研究結果は大きく異なってくる可能性がある。

2.3　学部の評判が持つ意味

次に、学部も視野に入れて、高等教育機関の質とその評判について考察してみよう。高等教育機関の質はその評判と必ずしも一致しないが、非常に密接な関係があるようだ。とくに大学の学部の評判は次の場合に重要な問題となる (Cole, J. R. & J. A. Lipton, 1977, pp. 662-663.)。
①　学生が進学先を選ぶ場合

というのは、
- 母校や出身学部の評判が卒業後の自分の就職先や転職先、職歴選択・開発に大きな影響を及ぼす可能性がある。
- 母校や出身学部の評判が学生や卒業生の自己価値（self-esteem）形成に影響を与え、また自分にとって重要な準拠集団内部での自分のポジションに影響を与える可能性がある。

② 教員が勤務先を選択する場合
というのは、
- たとえば医学の世界では、出身医学部の評判が自分の研究者としての能力評価と将来可能性に影響を与える可能性がある。
- 研究に必要なさまざまな資源や機会の獲得可能性に影響を与える可能性がある。

③ 大学が学外から優秀な教員や学生の獲得、教育・研究に必要な資源を獲得しようとする場合

母校や出身学部の評判が優秀な教員や学生の獲得のみならず、教育・研究に必要な資源（企業からの寄付、共同研究の申し込み、公的機関からの助成金など）の獲得に影響を与える。

このように大学の学部の社会的な評判は主として3つの見地からきわめて重要な意味を持っている。この点を敷衍すると、大学それ自体が持っている社会的な評判はさらに大きな意味を持つことになる。

2.4 大学院の評判と教員の採用

米国の人文科学系と自然科学系の大学院の質の測定研究はヒューズ（Hughes, R. A., 1925）の研究以来、約50年の歴史があるが、学部とりわけ医学部の質や評判の研究はほとんどないといわれる（Cole, J. R. & J. A. Lipton, 1977, p. 662.）。過去、1970年代初期にマーギュリーズ（Margulies. 1973）とブラウ＆マーギュリーズ（Blau & Margulies, 1973）の研究がわずかにあるだけだといわれる。それではまず米国の大学院の評判の実態を考察してみよう。

ある研究（Lightfield, 1971）によれば、米国の大学院社会学研究科の評判

ランキングはその分散のわずか12%が教員の研究業績の質と量によって説明されるにすぎないが、彼らの出身（博士号を授与した）大学院社会学研究科の評判ランキングを追加すると、分散の46%を説明していた。

ところが、米国の大学院社会学研究科のうち上位48校を『1975 Guide to Graduate Department in Sociology』によって調べた研究（Sharp, J. M., Shin, E. H. & L. E. Smith, 1982）によれば、

(1) 大学院社会学研究科の評判にはヒエラルキーが存在している。

つまり米国の大学院社会学研究科の上位48校の評判には序列があるのだ。

(2) 多くの研究科で、ある特定の大学の研究科から教員を採用する傾向があった。

それは第1位シカゴ大学（48校のうち32校に提供）、第2位ハーバード大（22校に）、第3位ミシガン大とコロンビア大（13校に）、第4位ウィスコンシン大（マディソン）、カリフォルニア大（バークレー校）（11校に）などであった。

(3) 教員採用の主要な決定要因は、候補者を博士号取得者と規定しているから研究者の研究業績を与件とすれば、第1位は出身研究科の評判、第2位は候補者の専攻領域、採用希望研究科と同一地域内（地理的に近い）にある研究科であった。

要するに、大学や大学院の教職に就くには評判のよい（評判ランキングで高い）大学院を卒業した方がよい。このことは企業への就職の場合にも妥当するだろう。さらにこのような傾向は日本の場合にも当てはまるように思われる。

以上、米国の大学の威信や評判に関する研究の成果をまとめると、次のように主張できるだろう。

(1) 大学の威信が高い大学は6つの適応的目標（大学運営コストの抑制、先端的学問領域に対する社会のニーズの充足、学生の教育の充実、市民に対する教育サービスの充実、学生の資格取得支援、社会人教育の充実）をそれほど重視する必要はない。しかし威信が低い大学はこれらの適応的目標をもっと重視し、大学の財政基盤をもっと強化する必要がある。

威信が高い大学が追求すべき目標というのは、「社会的にきわめて重視され、かつその実現・達成が非常に強く求められている普遍的な価値（意義）にかかわる組織目標。しかもその達成を通じて大学が社会の発展の先駆的なリーダーや改革者になることができるような目標」のことかもしれない。

⑵　大学が高い社会的評判を作り上げるためには、少なくとも次のような活動が求められるだろう（図表2-4）。

図表2-4　大学の評判を高める方策（米国の大学の研究結果に基づく）

- 学生の募集や就職活動をきめ細かく積極的に支援する
- 教員の研究・教育活動を強く支援する（教育・研究環境の整備も含む）
- 社会や産業界の期待に応えるように、学生の学力を高める
- 入学志願者やその両親、社会に自大学の魅力を十分理解してもらう広報活動などを行う
- 教育・研究の両面で優秀な教員を獲得する
- 教員の研究・教育活動を十分支援できるように事務組織を改革する

→　大学の「高い評判」の構築

①　教員の研究・教育活動のみならず、学生の募集や就職活動などを積極的に支援する。

　学生が卒業後の進路・就職先により一層満足するように就職先の開拓などきめ細かな就職・進学の支援をする。

②　入学希望者（潜在的なものも含む）に自大学の魅力ある教育カリキュラムや講座などについて十分理解してもらう。同時に、学生の学力を高める（社会や産業界の期待に応え得る）。

③　大学の教育・研究の質が高まるように、教員の活動を積極的に支援する。

　たとえば、外部から導入する教育・研究費を積極的に取り込み、教育・研究環境の整備を積極的に図る。

④　優秀な教員を獲得する。

⑤　事務組織が教員の研究・教育を十分に支援できるように、事務組織を改革する。

(3) 「現在評判の高い大学は将来も高い評判を得る可能性が高い」という傾向が強いようだ。

もし現在評判がよくない大学は評判を高めるには非常な努力をしなければならないだろう。

(4) 大学院生は、大学や大学院の教職に就くには評判のよい（評判ランキングで高い）大学院を修了した方がよい。

このことは研究所や企業への就職の場合にも妥当するだろう。さらに敷衍すると、学部卒業生が就職先を探す場合も評判のよい大学を卒業した方がよいだろう。このような傾向は日本の場合にも当てはまるように思われる。

以上のような考察の結果が本稿で調べた、ある私立大学の改革戦略の中に生きている。詳細は後述するが、当大学はたとえば3つの専門職大学院の開設、新しい入試制度の導入、わが国大学初の株式会社形態の企業経営コンサルティンググループの創設、社会人特別講座の開設、「各国大使講演シリーズ」の開設、ベンチャーネットワーク組織の創設などに評判管理の見地が色濃く表れている。要するに、日本の私立大学はその生存・発展のために「評判管理」の視座を軽視することはできないのだ。

3. 米国の大学改革戦略

さて大学改革の基本である大学改革戦略の実態をまず米国の事例から考察してみよう。大学改革の戦略策定では、まず正しく外部評価を行えたかが第一歩である。その外部評価を正しく行うために必要なのは組織の環境精査活動（とりわけ大学経営者の）である。環境精査活動というのはBSA（境界結合活動：弾力性を要求する組織外部の力と、秩序と効率を要求する組織内部の力の間の矛盾を調整しようとする活動。つまり自組織とそれを取り巻く諸環境との間のバランスを取ろうとする活動のこと）の基本的な1つの要素のことだ。その善し悪しは組織の情報処理能力（認知的複雑さと曖昧さ非寛容によって測定）によって決まる（林伸二、1999年、165-169頁）。たとえば米国の食品とアパレル業界の中小企業の所有経営者82名（小売業38社、メーカー44社）

の研究によれば、環境精査活動に多くの時間を使っている経営者ほど、企業の売上高は高くなるが、その経営者は情報処理能力（認知的複雑さ）の高い人であった。つまり情報処理能力の低い経営者は、環境精査活動が強く求められるような環境状況のもとでは、組織業績を高めることができないのである。それでは組織業績を高めるために正しい戦略を策定していく上で、大学の経営者はどのような環境精査活動を行うべきなのだろうか。

米国の私立の文科系大学8校、私立総合病院6組織および生命保険会社6社の経営者195名についての研究がある（Hambrick, D. C., 1981）。これによると、

(1) 経営者の環境精査活動（収益、生産、規制、組織・管理の各セクターに対する）は産業間で顕著な違いがある。

① 大学や病院の経営者は、生命保険会社の経営者ほど、収益セクター（製品／市場の動向に関する外部情報：大学の場合は「社会や学生などのニーズの変化に関する外部情報」に相当）を重視していない。また環境精査活動も全体的に見て積極的ではない。

② 大学の経営者は、病院や生命保険会社の経営者ほど、生産セクター（製品／サービスの製造・提供の合理化に関する外部情報；大学の場合は「教育・研究の質の向上に関する外部情報」に相当する）を重視していない。つまり大学の経営者は生産セクターの精査も積極的ではない。

(2) 大学経営者の場合、その地位が高くなるほど、収益セクターを除くすべてのセクター（生産、規制、組織・管理）で精査活動が活発であった。

(3) 組織を取り巻く支配的な環境（の要求）は業界によって異なるから、経営者に求められる環境精査活動の対象も異なってきて、またそこからパワー発生の源泉も異なってくる。

病院経営者の間では、生産セクターの精査活動を積極的に行っている人だけが組織内部で強いパワーを持っていた。大学経営者の間でも、生産セクターの精査活動を積極的に行っている人ほど、学内で強いパワーを持っていた。ただし他の3つのセクター（収益、規制、組織・管理）に従事している人も割合強いパワーを持つ傾向にあった。

(4) 経営者のパワーとその組織が選択する経営戦略の間には強い相関関係があった。

　防衛型戦略（新製品開発よりも、低価格、よりよいサービス、高品質の製品を提供することによって市場での地位を維持・強化しようとする戦略、つまり新学部・学科の創設や新教育プログラムの開発よりも、授業料の引き下げや既存の教育プログラムや教育方法の改善を重視する戦略）を採用する大学の場合は、生産セクターの精査活動の強い経営者ほどパワーも強い。ということは生産セクターの精査活動を行う経営者が強いパワーを持っている大学は防衛型戦略を採用する傾向が強い。

　他方、探査型戦略（生産効率向上には余り関心がなく、主に新製品や新市場の開発・開拓によって他社と競争しようとする戦略、つまり既存の教育プログラムや教育方法の改善よりも、新学部・学科の創設や新教育プログラムの開発を重視する戦略）を採用する大学の場合は、収益セクターの精査活動の強い経営者ほどパワーが強い。ということは収益セクターの精査活動を行う経営者が強いパワーを持っている大学は探査型戦略を採用する傾向が強い。

　要するに、大学の経営戦略は大学を取り巻く環境の変化によって強く影響されるというよりも、大学の経営者の環境精査活動のタイプと強さによって、経営戦略が異なってくる（図表2-5）。ということは大学の組織業績に対して経営者の環境精査活動が大きい影響力を持っているのである。大学経営者の間では

図表2-5　経営者の環境精査活動タイプと経営戦略の関係

経営者が重視している環境情報	経営戦略
人材育成の効率化に関する外部情報　⟵⟶	防衛型戦略 （授業料の引き下げや現行の教育プログラムや教育方法の改善を重視する戦略）
新しいタイプの人材の育成や他大学・産業界の動向などに関する外部情報　⟵⟶	探査型戦略 （新学部・新学科の創設や新教育プログラムの開発を重視する戦略）

一般に、生産セクターの精査活動を積極的に行っている人ほど、学内で強いパワーを持つ傾向があった。しかも生産セクターの精査活動を行う経営者が強いパワーを持っている大学は防衛型戦略を採用するという傾向が強い。他方、収益セクターの精査活動を行う経営者が強いパワーを持っている大学は探査型戦略を採用する傾向が強かった。

しかしながら、高校卒業生人口の減少、つまり少子化傾向という環境変化に対して、大学がその変化をどのように知覚し、解釈し、対応策を取ろうとしているのかについて調べた興味深い研究がある。ミリケン（Milliken, F. J., 1990）は米国のリベラル・アーツ系の大学148校をランダムサンプリングして、大学管理者（学長、副学長（労務担当、財務担当、戦略策定担当、学生選抜担当）、他の主要な大学管理者）計589人から有効回答者211人（122大学）を1985年冬に調査して、いくつかの発見をした。その中でもとりわけ興味深い発見としては（図表2-6）、

(1) 大学の資源依存性は、大学管理者が環境変化（18-22歳の高校卒業生人口の減少、つまり少子化傾向）をどのように解釈するかを有意に決定する。しかしそれは大学管理者の環境不確実性知覚と環境変化への対応については有意に決定していなかった。

ちなみに大学の資源依存性というのは、資源（学生）の獲得可能性の低下に対する組織的弱さ（少子化に対する適応力の低さ）の程度を決定するキー要因だ。これは大学教育プログラムの魅力度への依存性と学生選抜方法の種類の多さへの依存性（特にこれは有名校でない場合は学生を引きつける力になる）の2つで測定された。

要するに、大学の資源依存性は、大学管理者が学生の獲得可能性の変化（環境状況の不確実性）に気づくかどうかに強い影響を与えていた。また大学管理者のそれへの対処能力（対応の不確実性）には影響を与えていないが、大学管理者が学生の獲得可能性の低下を脅威と解釈する傾向にも強い影響を与えていた。

(2) 大学組織の特徴（大学管理者が知覚した自己の大学の環境変化への適応力、自己の大学へのアイデンティティ、および自己の大学組織の分権化の程度）は環境の解釈プロセスに影響を与えていた。

図表 2-6　大学管理者の環境知覚傾向（とりわけ高校卒業生人口の減少に対する）

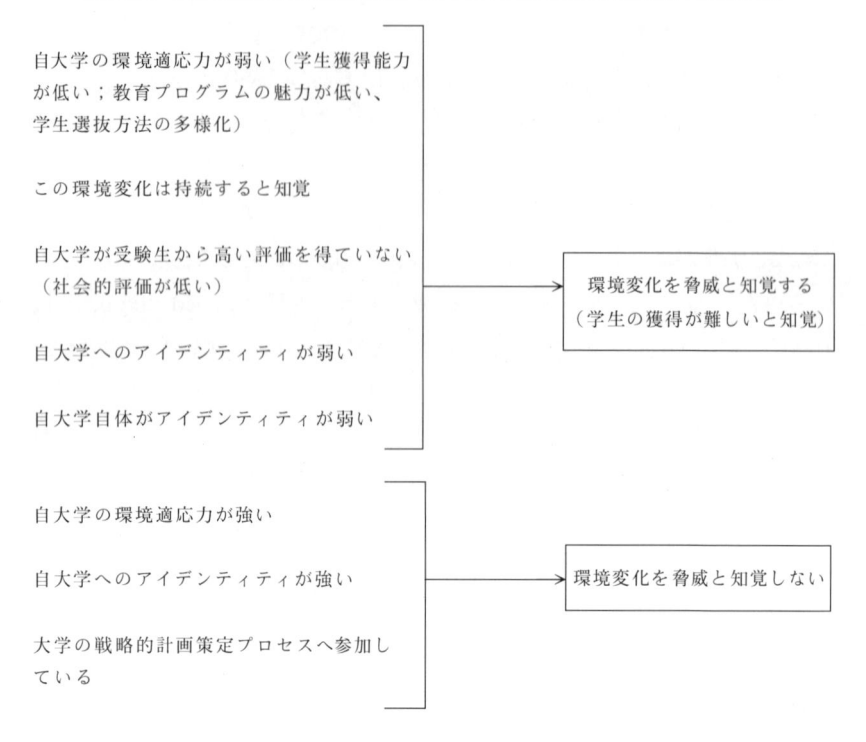

自大学の環境適応力が弱い（学生獲得能力が低い；教育プログラムの魅力が低い、学生選抜方法の多様化）

この環境変化は持続すると知覚

自大学が受験生から高い評価を得ていない（社会的評価が低い）　　　　　　　→　環境変化を脅威と知覚する（学生の獲得が難しいと知覚）

自大学へのアイデンティティが弱い

自大学自体がアイデンティティが弱い

自大学の環境適応力が強い

自大学へのアイデンティティが強い　　→　環境変化を脅威と知覚しない

大学の戦略的計画策定プロセスへ参加している

　たとえば、組織の有効性（環境変化への適応力）についての大学管理者の知覚は環境変化の解釈に最も強い影響力を与えていた。さらに、大学へのアイデンティティの強さが環境変化の解釈に影響を与えていたが、その影響力は小さかった。また大学管理者は大学の戦略的計画策定プロセスに参加するほど、環境変化を脅威だと見なす傾向が低くなった。

　要するに、大学管理者は大学がより有効だ（組織の環境適応力が高い）と知覚すればするほど、環境変化を脅威と見なす傾向が小さくなるのだ。また大学へのアイデンティティが強くなればなるほど、また戦略的計画策定プロセスに参加するほど、環境変化を脅威と見なす傾向が小さくなるのだ。

⑶　以下のような大学管理者は環境変化を脅威と見なす傾向が高い。
・大学管理者が、環境変化は今後もずっと続くだろうと確信した場合

- 大学管理者が、環境変化に影響されやすい（たとえば、少子化によって受験生が激減するといった）と予想される地域の大学に所属している場合
- 大学管理者が、環境変化に対する自大学の対応能力に確信が持てない場合
- 大学管理者が、市場支配力の小さな（受験生から高い評価を得ていない）大学に所属している場合
- 大学管理者が、自大学へのアイデンティティが弱い、あるいはまた自大学自体がアイデンティティが欠けていると知覚している場合

(4) 大学管理者が環境変化の重要性に気づかないとか軽視している場合、その環境に対する対応の仕方に強い確信を持つ傾向がある。

これはまさに愚かな自信家である。しかも大学の過去の有効性（過去に高い適応力を発揮したという経験、たとえば過去に高い社会的評価を得ていた、過去に幾多の優秀な学生を輩出した、など）は環境変化に対する自大学の対応能力に大学管理者の自信をいたずらに高めるといってよい。

以上の研究を総括すると以下のようにまとめることができる。つまり大学がどのような戦略を設定しているか、大学管理者たちの中のパワー構造がどのようになっているのか、さらには大学管理者たちの環境変化に対する知覚・解釈・対応の仕方が大学の教員組織と事務組織の活動や構造のあり方を決定するということができる。

(1) 大学がどんな経営戦略を設定しているかによって、その教育・研究、学生支援などの活動の性質が異なってくる。

たとえば、教育プログラムの改善や教育方法の改善に関する外部情報（生産セクターの精査活動）を重視する大学は、防衛型戦略を採用する傾向が強いから、たとえば授業料の適正な設定や既存の教育の質的高度化のための支援活動を重視すべきである。つまりそういう大学は戦略的色彩の行動よりも内向きの合理化が求められるのである。

(2) 環境変化ではなく、大学の経営者の環境精査活動のタイプと強さによって、経営戦略が異なってくる。

(3) 大学管理者は大学が有効性（環境変化への適応力）が高いと知覚すればす

るほど、環境変化を脅威と見なす傾向が小さくなるのだ。また大学へのアイデンティティが強くなればなるほど、また戦略的計画策定プロセスに参加するほど、環境変化を脅威と見なす傾向が小さくなるのだ。

つまり大学の資源依存性は、大学管理者が学生の獲得可能性の変化（環境状況の不確実性）に気づくかどうかに、また大学管理者のそれへの対処能力（対応の不確実性）には影響を与えていないが大学管理者が学生の獲得可能性の低下を脅威と解釈する傾向にも強い影響を与えていた。

(4) 大学組織の特徴は環境の解釈プロセスに強い影響を与えていた。

たとえば、組織の有効性（環境変化への適応力）についての大学管理者の知覚は環境変化の解釈に最も強い影響力を与えていた。

以上のような米国の大学の経営戦略に関する研究結果には意外に感じるものもあった。とりわけ、一個の組織である大学が環境の変化にあまり影響されずに、経営戦略を立案・選択しているのが意外であった。これはまさに戦略選択の「主体的選択の理論」を裏付けるものであった。しかしこの点については、理論的には理解しがたい。ここで考察した以外に、他の研究も探れば、おそらく環境変化の影響力が明らかになっているのではないかと考えられる。

それでは日本の大学はどのような状況なのだろうか。都内のある大手私立大学のケースを考察してみよう。

4. ある私立大学の大学改革戦略

4.1 日本の私立大学が抱えている問題点

現在の日本の私立大学はさまざまな問題点を抱えている。具体的には図表2-7のような問題である。

これらすべては何も現在の問題というよりも、私立大学にとってたえず解決の努力をし続けていかなければならない問題だ。しかしあえて現在、とりわけ重要な問題といえば、次の10項目だろう。これらはすべて私立大学の生存を左右する重要な問題だ。

図表 2-7　大学改革戦略の立案上重要な問題点（項目）

<u>教育関係</u>
学生の学力の向上
学生の勉学意欲の向上
カリキュラムの構成・内容と社会のニーズとの適合
教員の教育の質の向上
革新的な教育方法の実施
教育環境の整備
教員と学生の間の信頼関係の向上
学生のクラブ活動や社会奉仕活動を支援する制度の整備
学生の卒業後の進路支援
学生の生活の質の向上（健康管理も含む）
学外からの教育支援の獲得
図書館・情報センターの充実
社会人教育の充実
奨学金制度の充実
留学生の積極的な受け入れと適切な教育プログラムの開発

<u>教員の研究関係</u>
教員の研究の質の向上
革新的な研究の奨励・支援
産官学連携の研究の奨励・支援
研究環境の整備（研究費、研究機材、研究支援者などの充実）
学外からの研究支援の獲得（研究費、人材など）

<u>教職員の生活関係</u>
適正な人事考課システムの開発・実施（特に教員の場合は研究業績、教育業績、学内行政への貢献度を総合的に評価）
事務職員の就業時間の適正な管理
事務職員の業務遂行のための適切な教育
事務職員の業務改革（IT化、見直し、効率化など）
事務組織の改革（とくに脱官僚制化、規模の適正化）

> 大学の管理・運営関係
> 大学の管理者の管理能力の向上
> 大学の財政状況の改善
> 大学の管理・運営上の教職員間の対立の解消
> 大学改革への積極的な取り組み
> 入試制度の改善
> 適正かつ積極的な広報活動の展開
> 大学のイメージと評判の改善
> 個性のある大学の構築
> 他大学に対する競争優位の確立
> 大学の施設設備の効率的な管理・運営

① カリキュラムの構成・内容と社会のニーズとの適合
② 学生の卒業後の進路支援
③ 社会人教育の充実
④ 産官学連携の研究の奨励・支援
⑤ 適正な人事考課システムの開発・実施
⑥ 事務職員の業務改革
⑦ 事務組織の改革
⑧ 大学の財政状況の改善
⑨ 大学改革への積極的な取り組み
⑩ 個性のある大学の構築

　わが国の私立大学はこれらの問題の克服のために、たえざる努力をし続けていかなければならないのである。その努力の方向性と強さの適正さが大学改革戦略によって決まるのだ。

4.2　大学改革戦略の一般的なフレームワーク

　大学改革戦略といっても企業の改革戦略と基本的には変わらない。どちらも組織であり、ただそのタスクと顧客、環境、利用する諸資源に違いがあるだけだ。戦略論の見地から、大学改革戦略の策定とその成果の関係を一般的に表すと、図表2-8のようになるだろう。

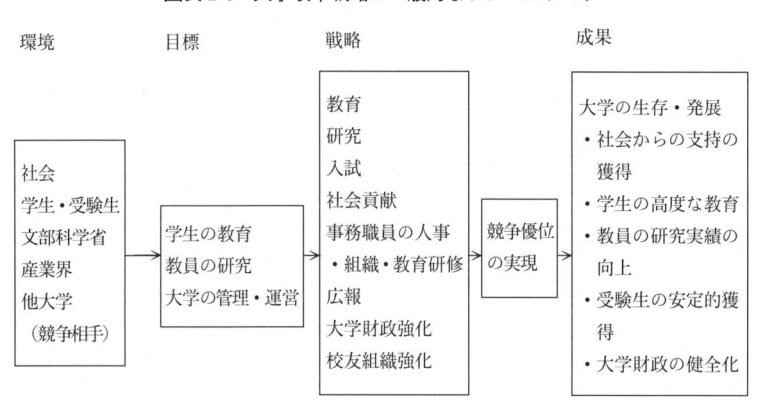

図表 2-8　大学改革戦略の一般的なフレームワーク

環境	目標	戦略		成果
社会 学生・受験生 文部科学省 産業界 他大学 （競争相手）	学生の教育 教員の研究 大学の管理・運営	教育 研究 入試 社会貢献 事務職員の人事 ・組織・教育研修 広報 大学財政強化 校友組織強化	競争優位 の実現	大学の生存・発展 ・社会からの支持の獲得 ・学生の高度な教育 ・教員の研究実績の向上 ・受験生の安定的獲得 ・大学財政の健全化

　大学改革戦略が直接的に求めるものは競争優位の実現である。その実現を通じて初めて大学は生き残りと発展可能性を獲得できるのである。

4.3　大学の戦略的経営計画の立案手続き

　では大学は具体的に戦略を立案するにはどうすればよいのだろうか。これにはさまざまな方法があるだろう。たとえば「経営者の主体的選択の理論」のアプローチの重視、「環境決定論」のアプローチの重視、両者の統合的アプローチがある。

　ここで統合的アプローチに基づいて戦略を立案しようとすると、本来以下のようなフローチャート（図表 2-9）をベースにするのが適切だと思われる。しかしながら、ほとんどの私立大学でこのような手続きは用いられていないようだ。その理由としては、法人側や大学執行部の中に戦略開発の専門家がいない、大学戦略によって大学組織を管理運営また改革していくという考え方が大学組織の中で浸透していないなどが考えられる。

　A大学（今回調べた都内のある私立大学）でも、この手続きを念頭に置いて改革戦略を立案したのは「第二部改革による新学部の創設」計画だけであった。とはいえ、改革戦略の重大性を考えると、そこにはやはり慎重かつ合理的な戦略立案手続きをまず確かめるべきだろう。

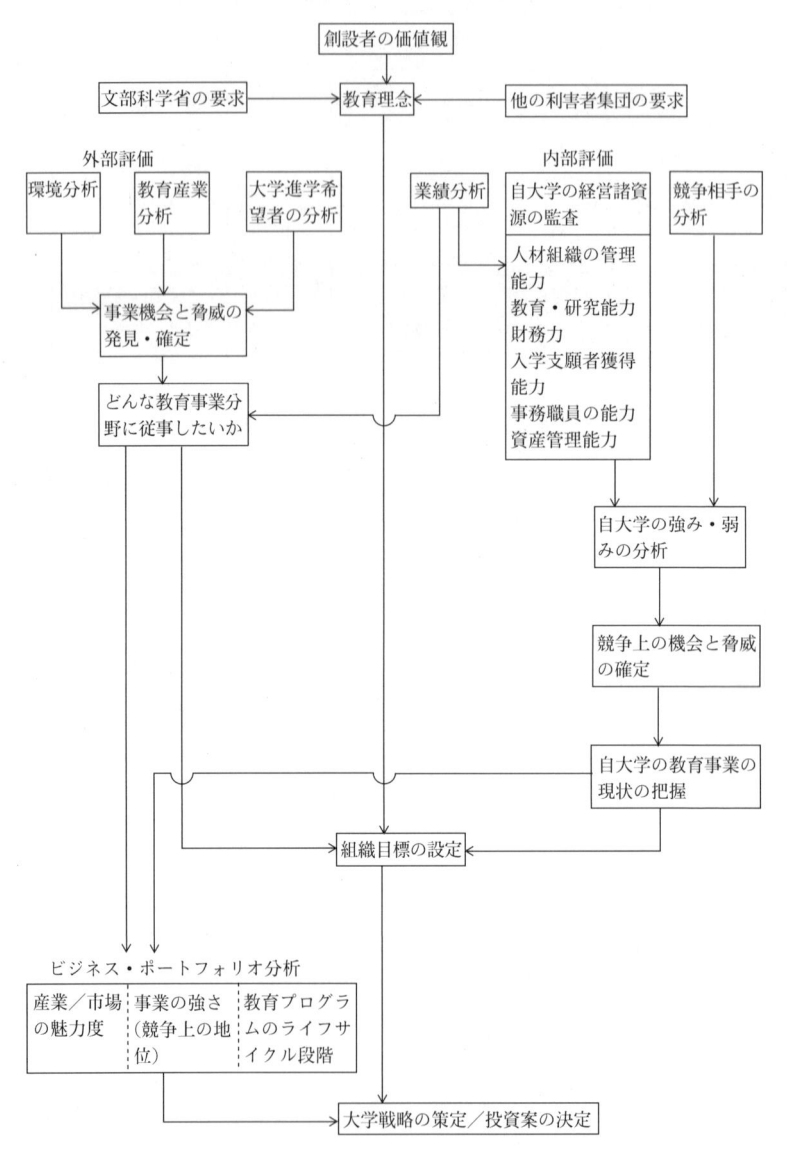

図表2-9　大学の長期ならびに中期の経営計画の立案プロセス

出典：林伸二『組織が活力を取りもどす』1997年、111頁を修正。

図表 2-10　大学プロジェクト策定のフローチャート

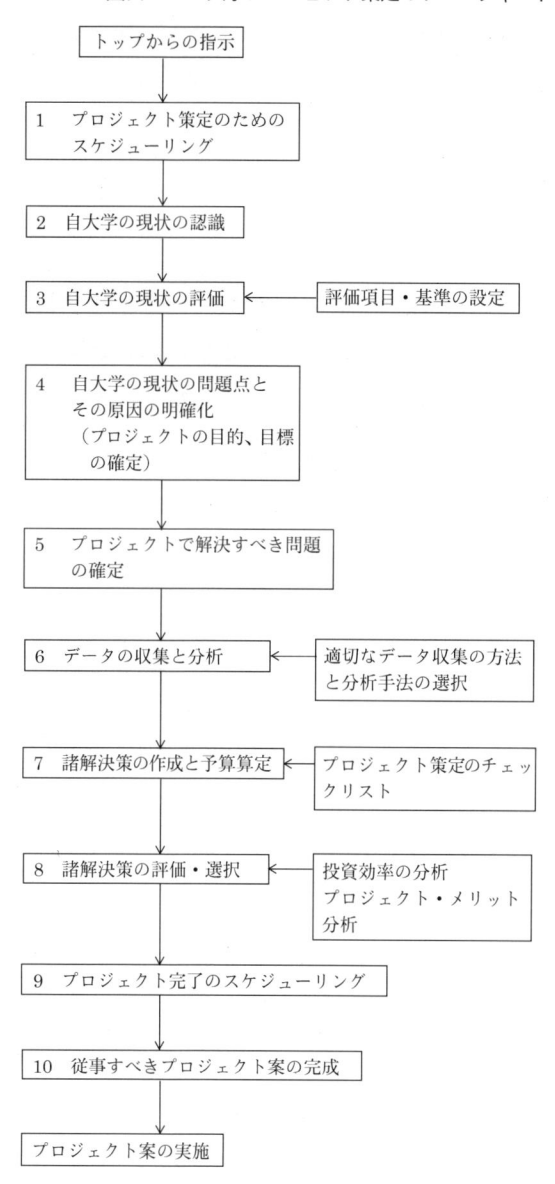

```
        ┌─────────────────┐
        │ トップからの指示 │
        └────────┬────────┘
                 ↓
 ┌───────────────────────────┐
 │ 1  プロジェクト策定のための │
 │     スケジューリング        │
 └────────┬──────────────────┘
          ↓
 ┌───────────────────────┐
 │ 2  自大学の現状の認識  │
 └────────┬──────────────┘
          ↓
 ┌───────────────────────┐      ┌─────────────────────┐
 │ 3  自大学の現状の評価  │←────│ 評価項目・基準の設定 │
 └────────┬──────────────┘      └─────────────────────┘
          ↓
 ┌──────────────────────────┐
 │ 4  自大学の現状の問題点と │
 │     その原因の明確化      │
 │    （プロジェクトの目的、目標│
 │     の確定）              │
 └────────┬─────────────────┘
          ↓
 ┌──────────────────────────┐
 │ 5  プロジェクトで解決すべき問題 │
 │     の確定                │
 └────────┬─────────────────┘
          ↓
 ┌───────────────────────┐      ┌──────────────────────┐
 │ 6  データの収集と分析  │←────│ 適切なデータ収集の方法 │
 └────────┬──────────────┘      │  と分析手法の選択     │
          ↓                      └──────────────────────┘
 ┌───────────────────────────┐   ┌──────────────────────┐
 │ 7  諸解決策の作成と予算算定 │←│ プロジェクト策定のチェッ│
 └────────┬──────────────────┘   │  クリスト            │
          ↓                       └──────────────────────┘
 ┌───────────────────────┐      ┌──────────────────┐
 │ 8  諸解決策の評価・選択│←────│ 投資効率の分析    │
 └────────┬──────────────┘      │ プロジェクト・メリット│
          ↓                      │ 分析              │
 ┌───────────────────────────────┐└──────────────────┘
 │ 9  プロジェクト完了のスケジューリング│
 └────────┬──────────────────────┘
          ↓
 ┌───────────────────────────────┐
 │ 10  従事すべきプロジェクト案の完成 │
 └────────┬──────────────────────┘
          ↓
 ┌─────────────────┐
 │ プロジェクト案の実施 │
 └─────────────────┘
```

出典：林伸二『組織が活力を取りもどす』1997年、97頁。

A大学の場合、多くの改革案の立案が基本的に「プロジェクト立案のフローチャート」（図表2-10）に基づいているようだ。ただし立案者がそれを正確に認識していたかどうかは分からない。

4.4　A大学の改革戦略の実態

それではA大学を取り巻く環境の特徴から明らかにしてみよう。
(1)　大学を取り巻く環境の特徴
①　すでに「はじめに」のところで述べたように、大学を取り巻く環境の中でも、近年とりわけ大きな影響要因は少子化と文部科学省の教育方針である。
　その教育方針を具体的に示すと、主として大学院教育の充実（専門職大学院の充実）と私学助成金の重点的配分および減額だ。
②　大学基準協会の指導
③　社会のニーズの変化
　とくに高学歴化と生涯教育への関心の高まりがあげられるだろう。
④　産業界のニーズの変化
　市場環境や技術革新の変化が激しくなり、また競争の激化により、企業は従来のように社内でじっくり学生を育てていくというよりも即戦力になる学生を求める傾向が強くなってきた。また市場における競争優位の確立のために大学で開発された新技術の迅速な導入や投資効率を高めるために、企業と大学の間で産学連携の傾向がますます強まってきた。加えて、2004年4月からの国立大学の独立法人化という大学側の事情もある。
⑤　大学間競争の激化
　これは主に少子化によってもたらされるが、具体的には各大学ともに受験生や在学生に魅力的な教育プログラムと教育環境の整備に腐心している。

　このような環境変化の中で、A大学は1999年末に新学長が出現した。
(2)　A大学のリーダーシップ行動
　1999年に選出された学長は在任中強い一貫したリーダーシップを発揮した。その実態を検討する前に、米国の大学で成功している管理者がどのようなリー

ダーシップ行動を実際に取っていたかに関する研究結果を考察してみよう。
1) 米国の大学管理者のリーダーシップ行動

近年非常に興味深い研究が現れた。それはルイスら（Louis, K. S. et al., 1989）の研究だ。これは米国のある研究大学（research university）の生命科学学部で企業家的学者（大学内企業家）がどのようにして生まれ、そしてそれが5つのタイプに分けられるというモデルを開発している。したがってこの研究結果によれば、そういった企業家の出現を予言でき、また育成可能である。さらに彼らが学内でリーダーシップを発揮し、大学を新しい姿に変えていくこともあるだろう。そうすれば、これらの企業家的学者は学内で実際にどのようなリーダーシップ・スタイルを取るのが、大学の発展にとっても有益なのかといった、新たな問題が出現するのだ。

リカート（Likert, R., 1961）はリーダーシップ研究で「連結ピン（linking-pin）は集団や組織の中の主要な役割であり、その役割占有者の態度や行動が部下達の職務態度や行動に強い影響を与え、集団や組織の内部およびその間の協力関係に強い影響を与え、それらの有効性（業績）を決定する」と指摘している。連結ピンというのは、大きなシステムを構成する下位システムのリーダー（代表者）で、基本的に部下に対する影響力（下方影響力）と自己の直属の上司に対する影響力（上方影響力）を行使する。彼には少なくとも対人関係能力と集団間の調整能力が求められる。連結ピンの役割の重要性について否定する研究者は誰もいないといってよい。しかしその経験的な研究は多くない（上方影響力のメカニズム、意義、問題点については、林、1999年、117-119頁、382-390頁を参照されたい）。そこでグレンら（Graen, G., Cashman J. F., Ginsburg & W. Schiemann, 1977）は連結ピンの態度や行動とその結果に関する過去のさまざまな研究をレビューして、「リーダーの上方影響力は部下たちの職務態度と行動に強い影響を与えるだろう」という研究仮説を立てた。サンプルは米国のある大規模大学の3つの学部の上司－部下の関係にある103組（全員管理職で、事務管理職も含む）。この研究結果によれば、次のとおりだ。
① 上方影響力の強いリーダー（連結ピン）は、その上司との間で、主として人間的な魅力や専門的に知識や技術に基づくパワーを重視し、強い人間的な

結びつきが確立していた。
② 上方影響力の強いリーダーには、次のような傾向があった。
a. その上司と自分の部下の双方から大きな支持、配慮、行動の自由を得ていた。
b. 組織の諸資源の使用のパワーが強かった。その結果、部下たちの職務行動を改善・促進できるという、よりよい状況を作ることができた。
c. 自分の部下に対する信頼、支持が強かった。
d. 自分の部下に対し、意思決定参加を強く期待した。
e. 部下監督上の問題が相対的に少なかった。
　　など
③ 上方影響力の強いリーダーの部下たちの職務満足、行動、業績は、その弱いリーダーの部下たちよりも高かった。彼らはとりわけ、
a. 直属の上司に対して高い支持と行動の自由を積極的に認めていた。
b. 直属の上司から大きな支持と意思決定参加の機会を得ていた。
④ 他方、上方影響力の弱いリーダーは、その上司との間で、主として職位の権限に基づく上下関係を構築していて、その部下たちの職務満足、行動、業績は、その強いリーダーの部下たちよりも低いものであった。

　要するに、仮説は支持された。さらにリーダー（連結ピン）の有効性（集団あるいは組織の業績の程度）は、そのリーダーの上方影響力の強さによって決まる。その強さはリーダーとその上司の間にどのようなタイプの結びつきができているかによって決定されるということが明らかになった。
　このような発見は日本の大学にも妥当するものなのだろうか。A大学の学長のリーダーシップ行動と何か相違があるのだろうか。
2) A大学の学長のリーダーシップ行動
① A大学の学長のリーダーシップ行動の基本的パターン
　じつにグレンらの研究結果がくしくもA大学の学長のリーダーシップ行動と一致しているのである。この一致が何を意味するかというと、結論的にいえば、A大学の改革を着実に成功に導いたことだ。彼のリーダーシップ行動の内

容そのものは以下で詳細に説明するが、彼は大学組織のトップだが、組織構造上は彼の上に院長（当学院の全教員の教育活動に対する監督権限を掌握）と理事長（教職員に関する人事権を掌握）がいる。そのもとで、

a. 学長の上方影響力は大学教職員たちの職務態度と行動に強い影響を与えていた。
b. 学長はその上司との間で、主として人間的な魅力や専門的な知識や技術に基づくパワーに基づいて、強い人間的な結びつきを確立していた。

　この証左は、この国立大学出身の学長が任期終了による退任後、ただちに学務担当の常務理事に選任されたことからも明らかだ。ちなみに教員出身の常務理事誕生（A学院出身者だけにより構成されている理事会の推薦・承認による）はA大学の歴史で希有のことであった。

c. 学長は上司と自分の部下の双方から大きな支持、配慮、行動の自由を得ていた。
d. 学長は組織の諸資源使用のパワーが強かった。その結果、部下たちの職務行動を改善・促進できるという、よりよい状況を作ることができた。
e. 学長は自分の部下に対する信頼、支持が強かった。
f. 学長は自分の部下に対し、意思決定参加を強く促した。
g. 部下監督上の問題が相対的に少なかった。
h. 大学教職員達は学長に対して高い支持と行動の自由を積極的に認めていた。
i. 大学教職員達は学長から大きな支持と意思決定参加の機会を得ていた。

② A大学の学長のリーダーシップ行動の実態

　彼は学長選挙に当たり次のような大学改革の3つの方針を表明した。そしてこのような明確な大学の将来像の実現に向けて、強力なリーダーシップを発揮していった。しかもそれらは学長任期4年間の間に、下記のような具体的な目標でもって実現が図られていった。

3) A大学が大学改革のために採用した戦略と戦術

　下記の20に及ぶ戦略と戦術は上記の方針と目標それぞれに相当するものばかりでなく、複数の方針と目標にかかわっているものが多い。これらをマイルズ＝スノーの戦略類型における防衛型戦略とか探査型戦略、分析型戦略、反応

図表 2-11　大学改革の3つの方針と具体的な目標

改革の3つの方針	具体的な目標
明るい大学	学部間格差の是正（教員一人当たりの学生数の学部間格差の改善） 職員人事を「ガラス張りにし適材適所に配置する」
社会に開かれた大学	産官学連携の強化 本学が本来備えている地の利と知名度を最大限に生かす ・学外との積極的な交流 ・大学の教育・研究の場を社会に広く開放する ・地域社会（とくに渋谷区、相模原地域）との連携強化
学生を大切にする大学	「学生あっての大学」との認識のもとに、学生の意見を尊重する ・学生と教員との間の密接なつながりを実現・強化する ・学生に対する職員の対応を改善する 学費に見合った中身の濃い教育の提供

型戦略（林、1999年、196-197頁）に分類するのは実際には難しい。しかしいずれにせよ、それらはすべて他大学に対して当大学の競争優位を直接に高めようとするものだ。

① 研究・教育関連
・国際マネジメント研究科の開設
　これは国際的なマネジメント養成を目的にした専門職大学院で、2001年4月開設。
・法科大学院の創設（2004年4月開学）
・会計専門職大学院の創設（2005年4月開学予定）
・WTO研究所の開設（2003年4月開設）
・新キャンパスの創設および理工学部・研究科の全面移転（2003年4月）
　これはA大学初の文理融合のキャンパスであり、法人主導ではなく学長のリーダーシップにより全学部の合意のもとに教員および事務職員の主導で行われた。

- 教養教育スタンダード（全学教育共通システム）の開発・実施（2003年4月）
- 理工学部学科改組による「情報融合系3学科」の開設（2000年4月）
- 「ガウチャー・メモリアル・ホール」の完成（2001年9月）
- 心理学科（昼夜開校制）の創設
- 転部転学科制度の導入
- 第二部改革による新学部の創設（現在検討中）
- 学生による授業評価制度の実施
- （株）コンサルティンググループの創設

　これは大学院生と学部生に対して企業経営の実践教育を行う場であるとともに、教員の研究成果の社会還元と実践的研究の場を提供することを目的にしたものだ。ちなみにこれは日本の大学で唯一の大学設置のコンサルティング会社である。

- 国連大学との間での研究・教育に関する一般協定の締結（2003年12月）
- 大規模なオープン・ユニバーシティの創設（現在検討中）

② 入試制度関連
- 新しい推薦制度の導入

　社会や校友に対して本学のイメージを高め、教職員や在校生などの大学アイデンティティを高めるために体育特別入試制度を採用した。当面の主たる目的は箱根駅伝への参加である。また校友組織の強化のために校友子弟の特別入試制度の導入も検討中だ。

③ 事務職員の人事・組織・教育・研修関連
- 職員の人事考課制度の導入

　これは法人主導で行われた。

- 事務組織の大幅改革

　これについては次の3つが実施された（法人主導）。
　本部事務組織の改革・強化
　学長事務室の権限強化・職員増加
　事務職員の採用抑制・若手登用

④ 広報・校友組織の強化関連

・ベンチャーネットワーク組織の創設

　これは本学出身のベンチャー経営者やその立ち上げに関心がある者達によって作られ、本学出身のベンチャー企業の輩出を狙うものだ。
・広報活動に対する大幅なてこ入れ
⑤　社会貢献関連
・社会人特別講座の開設

　現在、東京国税局、日本弁理士会、警視庁などを対象に行っている。
・「各国大使講演シリーズ」の開設
⑥　大学財政の強化関連
・学外からの研究助成の大幅獲得を指示

(4)　成果

　成果はこれから具体的に現われてくるだろうが、以上の改革戦略・戦術の中で、A大学が最低限期待しているのは次の4つだ。

a.　社会からの支持の獲得・強化
b.　学生の高度な教育
c.　受験生の安定的獲得
d.　大学財政の健全化

　とりわけ当学長の指揮のもとに実施された改革戦略・戦術の中で、彼が重視したのは次の10項目だ。これらはまさに改革によって実現を期待した競争優位の強化、そして上記4つの目標に明らかに貢献するものだ。

①　「学生を大切にする大学」の実現
・教養教育スタンダード（全学共通教育システム）の開発・実施

　これは21世紀の社会で活躍する大学生として「これだけは身に付けて欲しい」という教養・素養を習得させる画期的なプログラムだ。
・国際マネジメント研究科の開設

　これは専門職大学院としてバックグラウンドの異なる人々に対して高度専門職業人に特化した先進的な教育を展開している。
・法科大学院の創設
・会計専門職大学院の創設

以上、3つの専門職大学院が互いに連携しながら、世界的に通用する高度なプロフェッショナル養成のトライアングルを形成する構想が実現できる。
・理工学部物理学科の研究室による高温超伝導体 Mg B$_2$ の発見
　これは文部科学省の助成による研究施設から生まれた。この結果、理工学部で数々の発明・発見が相次ぎ、A大学の文理融合型の新しい教育研究環境の構築が大いに刺激された。またこれによって本学の研究レベルの高さを広く社会に理解してもらうことになった。
　さらに2002年秋には文部科学省「21世紀COEプログラム」において『エネルギー効率化のための機能性材料の創製』が研究教育拠点として採択された。
② 「社会に開かれた大学」の実現
・新キャンパスの開学および理工学部・研究科の全面移転
　これは「社会に開かれた大学」としても大きな役割を果たしている。理工学部・研究科を中心に産官学連携を積極的に推進していくとともに、大学も市民の一人としての自覚を持ち、地域住民と力を合わせながら歩んでいくための機会と場を提供している。
・社会人特別講座の開設
・「各国大使講演シリーズ」の開設
・「ガウチャー・メモリアル・ホール」の完成
　これはA大学の記念事業の一環として建設されたもので、キリスト教を基盤とするA大学の新しいシンボルとして、日々の礼拝や大学行事、またコンサート、美術展などのイベントを通して、学生や近隣地域住民の方々にも開放している。これを通じてキリスト教文化に触れる場を提供している。
③ 「明るい大学」の実現
・新キャンパスの開学
　これのみならず、教養教育スタンダードの開始も主に若手教員間の活発なコミュニケーションがこの難しい問題を解決させた。これによって学部間の垣根がかなり低くなったと考えられる。

　A大学の以上の大学改革プロセスをまとめたものが図表2-12である。

図表 2-12　A大学の大学改革戦略（1999年-2003年）

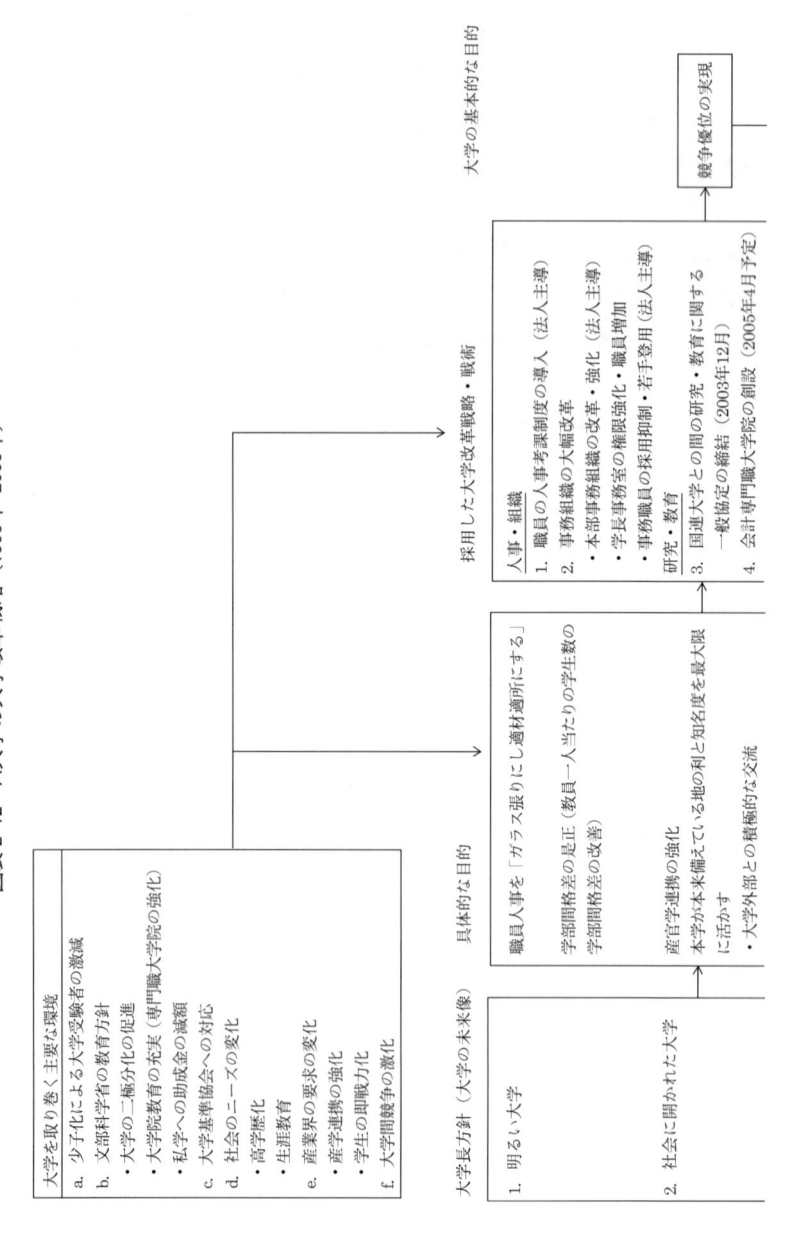

大学を取り巻く主要な環境
a. 少子化による大学受験者の激減
b. 文部科学省の教育方針
 ・大学の二極分化の促進
 ・大学院教育の充実（専門職大学院の強化）
 ・私学への助成金の減額
c. 大学基準協会への対応
d. 社会のニーズの変化
 ・高学歴化
 ・生涯教育
e. 産業界の要求の変化
 ・産学連携の強化
 ・学生の即戦力化
f. 大学間競争の激化

大学長方針（大学の未来像）
1. 明るい大学
2. 社会に開かれた大学

具体的な目的

職員人事を「ガラス張りにし適材適所にする」

学部間格差の是正（教員一人当たりの学生数の学部間格差の改善）

産官学連携の強化

本学が未整備している地の利と知名度を最大限に活かす
・大学外部との積極的な交流

採用した大学改革戦略・戦術

人事・組織
1. 職員の人事考課制度の導入（法人主導）
2. 事務組織の大幅改革
 ・本部事務組織の改革・強化（法人主導）
 ・学長事務室の権限強化・職員増加
 ・事務職員の採用抑制・若手登用（法人主導）

研究・教育
3. 国連大学との間の研究・教育に関する一般協定の締結（2003年12月）
4. 会計専門職大学院の創設（2005年4月予定）

大学の基本的な目的

競争優位の実現

第2章　大学改革戦略

大学の生存・発展
- 社会からの支持の獲得
- 学生の高度な安定的教育
- 受験生の安定的獲得
- 大学財政の健全化

3. 学生を大切にする大学

- 大学の教育・研究の場を社会に広く開放する
- 地域社会との連携強化

- 「学生あっての学生」との認識のもとに、学生の意見を大事にする
- 学生と教員との間の密接なつながりの実現
- 職員の学生に対する対応の改善

- 学費に見合った中身の濃い教育の提供

5. 大規模なオープン・ユニバーシティの創設（検討中）
6. 法科大学院の創設（2004年4月開学）
7. 国際マネジメント研究科の開設（2001年4月開学）
8. WTO研究所の開設（2003年4月）
9. 新キャンパスの開学・理工学部および研究科の全面移転（法人主導ではなく、大学教職員主導による）
10. 教養教育スタンダード（全学教育共通システム）の開発・実施
11. 心理学科の開設（昼夜開講制）
12. 転学部転学科制度の導入
13. （株）当大学コンサルティンググループの創設（日本で唯一の大学設置のコンサルティング会社）
14. 学生による授業評価制度の実施
15. 第二部改革による新学部の創設（検討中）

入試制度
16. 新しい推薦制度の導入
    - 体育特別入試制度
    - 校友子弟の特別入試制度

広報・校友組織強化
17. 当大学ベンチャーネットワークの創設
18. 広報活動の強化
19. 社会貢献・大学財政強化
    - 社会人特別講座の開設（現在、東京国税局、日本弁理士会、警視庁を対象）
20. 「各国大使講演シリーズ」の創設

5. 検討－急進的な大学改革のプロセス・モデルに基づいて－

　さて以上、A大学の改革戦略の実態とその主たるドライバー（駆動力、推進力）について明らかにしてきた。結論的にいえば、そのドライバーの主たるものは学長のリーダーシップと組織文化の変革にあるようだ。

　企業の組織を変えると一言でいっても実際は大きな混乱と苦痛を伴う。大学組織を変える、つまり大学組織を変革するというのもじつはきわめて難しいことだ。企業の変革よりも難しいといえるかもしれない。というのも大学が以下のように企業と非常に異なっていることからも明らかだ。

① 組織の目的が「教育の質」にかかわるだけに、定量化が難しいし、その成果をどの時点で評価すべきかの判断も難しい。

　したがって日常の教育・研究活動についても、その善し悪しの判断基準が曖昧になる。

② 大学の設置・管理運営などが文部科学省に厳しく監督されている。

　たとえば教育・研究事業以外は原則として禁止されている。学生数によって教員数や図書の数、敷地面積なども細かく決められている。

③ 組織メンバーが仕事内容とライフスタイル（仕事生活の仕方）で明確に2つのタイプに分かれている。

　1つは教員で、他は事務職員だ。両者の間では価値観や生活様式の違いからしばしばコンフリクトが発生する。また私立大学の教員にはしばしば教育、研究、大学行政の3つの仕事に従事することが要求される。ここから事務組織と教員組織の間で、また教員間でのコンフリクトが起こりやすい。

④ 教職員の身分保証や処遇が国家公務員法や国・地方自治体の慣行に準じている。

　教職員の雇用は原則として終身雇用で、年功による報酬・昇進管理が行われている。したがって企業で有効なモティベーション策が活用できない。

⑤ 大学の管理運営が基本的に官僚制的やり方で行われている。

⑥ 大学の総コストのうち人件費が最大の割合を占めるから、予算の有効活用（大学改革に必要なさまざまな企画や改善策を講じる上で）が制約される。

通常、人件費支出が大学の総コストの約7割未満であれば、その大学は健全財政だといわれる。

ところで組織変革論の見地に立つと、大学改革には基本的に2つのアプローチがある。それは逐次的な（incremental）ものと急進的な（drastic）ものである。前者は環境が連続的に徐々に少しずつ変化していく状況を前提としている。後者は環境が不連続的に急激に大規模に変化していく状況を前提としている。A大学を取り巻いている環境の変化をA大学の学長は急激な大規模な変化と判断したようだ。

5.1 急進的な組織変革モデル

ニューマン＆ノレン（1998）は急進的な組織変革モデルを開発した。彼らは企業を想定しているが、ここではそれを私立大学に置き換えて考察する。それによれば、大学が急激に組織を変革しようとすると、その成否に重大な影響を及ぼす要因が3つある。それは、実際の組織変革活動の促進あるいは制約要因である。

(1) 実際の組織変革活動の促進あるいは制約要因

この主要なものとして、次の①‐③の3つがあるだろう。

① 保有している資源と能力の質と量

私立大学としては、この代表的な要因に次の6つが考えられるだろう。

・競争環境における経験

たとえば比較的長い間、高いあるいは有力なポジションを占めてきた大規模大学は、環境が急激に大規模に変化すると、また教育内容の根本的な見直しが必要になると、短期的には組織変革に失敗する可能性が高い。

・資源と能力の多様性

一般的にいって、単科大学よりも総合大学の方が教育市場で競争できる多様な資源と能力を多く持っているから急激な環境変化に耐性が強いだろう。しか

し単科大学も特定の分野に焦点を絞って資源と能力を持っているから、その意味では環境適応能力があるということができる。
・制度との調和

制度（主に文部科学省の教育指針や法・規則、財政支援制度など）の急激な変化や大規模な変化のもとでは、旧来の制度に余り縛られていない大学の方が組織変革に成功する可能性が高い。これはまさに独立法人化後の国立大学ではなく私立大学に妥当する。
・組織間ネットワーク

急進的に組織変革を実行しなければならない大学は、当面の制度のもとで強いパワーや既得権を持っていた官公庁やその外郭団体などと強い結びつきを持っているほど、有形・無形の資源の獲得可能性が高い。
・組織構造の弾力性

大学を取り巻く環境の変化が急激な場合は、大学はより一層の学生志向、分権的かつ弾力的な組織構造を必要とする。弾力的で変わりやすい組織構造を持った大学ほど革新性とリスクテイキング傾向が強く、急進的な大学改革を迅速に行いやすい。しかし実態はまったく逆のようだ。つまり大学組織は総じて官僚制的性格が強く、硬直的な組織構造を持っている（林、2001年3月、9月）。

② 他の大学や教育機関との間の競争の激しさ
・教育業界

教育業界の競争構造が大学の組織変革能力に強い影響を与える。たとえば優勢なパワーやポジションを持っている大学は確かにそうでない大学に比べ、豊かなスラック資源を持っている。この結果、組織変革も行いやすい。しかしそのような大学はしばしば組織変革の経験が不足しているために競争力が弱い。
・受験生市場の変化

社会や親、高校生の価値観の変化により、大学よりも専門学校への志願者が増えたり、高校生自体の絶対数が減少してくると、大学は社会人や留学生の獲得のために、新しい教育プログラムの開発や教育機関の新設などを考えなけれ

ばならない。また当然ダウンサイジングも考慮しなければならない。
・資源の獲得可能性

　十分な資源（受験生、教職員、教育・研究費など）を獲得できない大学は教育システムや事務システムなどの改革のために組織変革を迅速に行う必要がある。

③　経営者のリーダーシップ能力

　組織変革にさいしてリーダーに求められるリーダーシップ能力は大別すると次の3つだ。

・戦略的思考

　これは次の3つを意味している。

＊受験生や産業界などのニーズの特徴を正確に認識し、その変化を精確に予測し、自大学の現有の資源と能力をそれに適正に適応させること

＊自大学の現有の資源と能力のタイプとレベルを正確に認識し、それらが受験生や産業界などのニーズの変化とどのように関連しているのかを理解すること

＊自大学の現在の受験生や産業界などのニーズ、現有の資源と能力の正確な評価に基づいて、将来に向けて新たなビジョンを描き、有効な戦略的経営計画を策定すること

・決断力とイニシャティブ

　組織変革にさいして、リーダーには夢のあるビジョンを描き、適正なリスク・テイカーとなり、果敢な決断力を発揮し、自ら先頭に立って組織メンバーを引っ張っていくことが求められる。

・効率的な事業運営への関心

　大学を効率的に運営していくためには、リーダーはコスト削減（人件費や教育・研究費、施設設備費、広報費用などの）、受験生の獲得・創出、適正規模の人員の雇用、教育・研究プロセスの合理化・有効化などさまざまな改善を図らなければならない。

(2)　急進的組織変革の4つの主要要素の改革

　上記の3つの要因のもとで、実際に大学改革をする場合のキー・ファクターは次の4つだ。

① 経営戦略の変革

　自大学の競争優位の源泉を識別・確定し、競争優位の強化・実現のための戦略を開発しなければならない。

② 組織構造の変革

　大学組織の中央集権的な官僚制的構造を少なくとも抑制し、より自由な分権化した構造へと変質させることが重要だ。

③ 大学運営にかかわるシステムと手続きの変革

　入試、教務、学生、就職、広報、図書館、施設設備などの管理にかかわるシステムと手続きを迅速に簡素化し、効率化することが必要だ。

④ 大学のコア価値の変革

　そもそも組織のコア価値というのは「組織が何を目的とし、その実現に向かってどのように行動すべきか」について組織メンバーの大半が抱いている基本的な仮定と規範のことだ。もう少し具体的にいえば、次の3点を明確に定義したものだ。

・組織の目的は何か（組織の存在意義）
・組織はそれをどのようにして実現しようとするのか（実現の方法）
・組織メンバーは組織目的の達成のためにどのように行動すべきなのか

　つまり組織のコア価値とは、組織メンバーの行動を導く「見えざる手」のようなものだ。たとえば大学にとってのコア価値としては「優秀な学生を育成すること」とか「社会発展に寄与する優れた研究を行うこと」だ。

　したがってこれは組織文化やコア・コンピテンスを作り上げる上での土台もしくは中核であり、それらに具現化されるものだ。またその価値は組織の管理方式や組織構造の構築・改革の基礎にもなっている。

　要するに、大学のコア価値の変革なくしては真の組織変革はあり得ない。コア価値というのはコア・コンピテンスに具現化されているということもでき、大学の生存を意味付けるものであり、競争優位確立の鍵である。大学のコア・コンピテンスの例としては、たとえば「優秀な学生を作り上げる教育システム」「国際的に活躍できる社会人を育成する教育システム」「優秀な研究者を育成するシステム」「IT社会をリードできる学生を育成するシステム」「語学力に優れ

高度な専門知識を持った学生を育成するシステム」「産業界が求める、即戦力になれる高度なスキルを持った学生を養成するシステム」など。

(3) 急進的な大学改革モデル

以上のニューマンらの主張を体系化すると下記のようになるだろう。

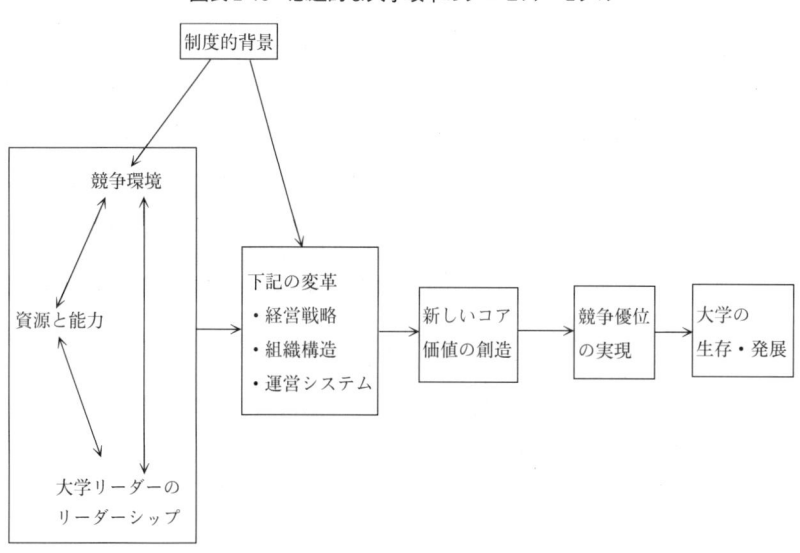

図表2-13　急進的な大学改革のプロセス・モデル

```
                    ┌─────────┐
                    │ 制度的背景 │
                    └────┬────┘
                         ↓
┌──────────────┐    ┌──────────┐   ┌────────┐   ┌────────┐   ┌────────┐
│    競争環境    │    │ 下記の変革 │   │新しいコア│   │競争優位│   │ 大学の │
│      ↕        │→   │・経営戦略 │ → │価値の創造│ → │ の実現 │ → │生存・発展│
│   資源と能力   │    │・組織構造 │   └────────┘   └────────┘   └────────┘
│      ↕        │    │・運営システム│
│ 大学リーダーの │    └──────────┘
│  リーダーシップ │
└──────────────┘
```

Newman, K. L. & S. D. Nollen, 1998, p. 181 を大幅修正。

5.2　A大学の改革の検討

　当私立大学の改革をニューマンらのモデルに基づいて検討すると、次の点でA大学の改革には問題があるように思われる。結論的にいえば、問題は当大学はさまざまな改革を実施してきたが、それらが本当に機能し得るのか、また中・長期的に成果を上げ続けることができるのだろうかということである。

(1) まず第一に、資源と能力に関わる問題

　上述したが、一般的にいって単科大学よりも総合大学の方が教育市場で競争できる多様な資源と能力を多く持っているから急激な環境変化に耐性が強いだろう。しかし問題はA大学では競争優位を持っている教育・研究スタッフが学

部間や研究科間でかなり差異があるように思われる。

　また、文部科学省は近年専門職業人の養成に力点を置き、大学そのものを学部教育重点型と大学院教育重点型に分けようとしている。このような変化に対して、A大学は二股をかけているようで、文部科学省の方針に明確に対応していないようだ。それでよいのかどうかという問題がある。

　次にA大学の組織に問題があるようだが、この点については後述する。

(2)　大学の管理と組織にかかわる問題

　上述したが、弾力的で変わりやすい組織構造を持った大学ほど革新性とリスクテイキング傾向が強く、急進的な大学改革を迅速に行いやすい。しかしA大学の管理方式は中央集権的な色合いが見られる。教員組織の活動や管理もさまざまな規則・手続きに縛られている。しかも事務組織は総じて官僚制的性格が強く、硬直的な組織構造を持っている。国公立、私立を問わず、大学運営は文部科学省によって厳しく指導されているだけにやむ得ないことかもしれないが、A大学の大学規則集は膨大なページ数からなっている。

　大学組織の中央集権的な官僚制化を少なくとも抑制し、より自由な分権化した構造へと変質させることが重要だろう。

(3)　大学運営にかかわるシステムと手続きにかかわる問題

　A大学も他の多くの国公私立大学同様に、入試、教務、学生、就職、広報、図書館、施設設備などの管理・運営が上記(2)からも明らかなように、非常に細かい規則や手続きに基づいて行われている。それらの管理・運営にかかわるシステムと手続きを迅速に簡素化し、効率化することが必要だ。同時に、職員により多くの、より大きな自由裁量の権限を与えて、彼らの仕事上の意欲を高め創意工夫を発揮させることが大事だ。

(4)　大学のコア価値にかかわる問題

　A大学のコア価値はその教育理念に明記されている。つまり「キリスト教信仰に基づく教育を目指し、すべての人と社会に対する責任を進んで果たす人間を形成すること」だ。これがA大学の組織文化やコア・コンピテンスを作り上げる上での土台もしくは中核になり、またそれらに具現化されるものだ。またその価値は組織の管理方式や組織構造の構築・改革の基礎にもなる。A大学の

コア価値に変化はない。ただしそれを実現していく上で、大学を取り巻く諸環境の変化に適応していくためにコア・コンピテンスと組織文化、そして大学組織の管理方式と構造に変化が求められるのだ。

しかし官僚制的な組織においてこれらを実現していくのは難しい面がある。官僚制的な組織構造というのは組織メンバーが自分の判断で積極的に、自由闊達に行動するのを嫌う性格のもので、そもそも変化自体を嫌うものだからだ。

またA大学は社会のニーズもしくは学生のニーズに合った教育プログラムを非常に積極的に展開しようとしている。その結果、授業科目の多様化や少人数教育などが積極的に推進されている。たとえばA大学が開発しすでに実践している全学共通の高度教養教育プログラム（1、2年生対象の画期的な新教育システム）を運営するに当たり、相当数の学外非常勤講師を招いている。しかし彼らがA大学のコア価値に基づいて、またそれを体現しようとする教育を行っているのだろうか。

次に、A大学は自己のコア価値をすべての学生と教職員、教員・事務職員の組織全体に植え付け、コア価値を中核にした組織文化をより強く形成しなければならない。そのような文化形成のためのたえざる一貫した活動（そのコア価値に基づくあるいはその強化のための人材の採用・教育研修、学生の教育プログラムの開発、学生の生活やサークル活動の支援、教員の教育・研究活動支援、学生や社会に対する教職員の態度・対応の改善、教職員に対する報酬管理、大学予算の配分・管理など）をさらに一層強化することが少なくとも求められる。

最後に、組織文化と組織風土の間には組織文化から組織風土が生まれ、また組織風土によって組織文化が変わっていくという関係がある。組織風土の改革によって組織文化も改革される。そこでA大学はコア価値の実現のためには教職員それぞれの組織を統制的、家族的、温情的また閉鎖的といった組織風土よりも、開放的で自律的な組織風土に作り変える、あるいはこの方向を強く推し進めることの方が望ましいだろう。そのためには、大学は基本的に民主的管理方式を採用しなければならない。というのは、一般的にいって「管理方式が民主的で組織構造が高度に分権化しているほど、メンバーは誰でも組織風土を開

放的、健全、メンバー間に真の相互作用があると感じる傾向が高い」と知覚するからだ。このような知覚が強まっていけば、結果として教職員ならびにそのそれぞれの組織はさらに活性化し、教育・研究や事務活動の効率化・有効化が一層高まっていくだろう。

6. まとめ

　本章で考察・検討した私立大学のケースでは、過去4年間の発展傾向、たとえば入学志願者の激増は当大学の伝統を礎として、学長の強いリーダーシップに基づく急進的な大学改革、およびそれに対する法人側の強力な支援によるものだと考えられる。とはいえ学長の任期終了直後の入試では志願者数の激減という事態が突然発生した。しかしこの急進的な大学改革をA大学は持続させなければならない。大学を取り巻く環境がますます急速に変化しているからだ。たとえば2004年度、A大学の入学志願者は前年比約15%激減した。A大学は入学者の大きな割合が関東圏出身者だ。その関東圏の大学受験者の絶対数自体が前年比で約5-6%減少している。また大学入試制度がますます多様化してきていて、高校生はセンター入試をはや当然のものと受け止めてきているから、その導入が遅れている大学は当然受験者数が激減する。A大学はその導入が遅れている。さらにはA大学は過去3年間の受験者数の激増によって偏差値が高まり、合格が難しいと判断して敬遠した受験者が多く発生したと考えられる。またA大学の新キャンパスの志願者獲得効果が早や薄れてきたのかもしれない。このような状況にあっては、A大学は逐次的に改革を推し進めていくというような時間的余裕はないようだ。

　そもそも大学改革のプロセスとその成果は改革を逐次的アプローチあるいは急進的アプローチのいずれによって推し進めるかに依存する。前者のアプローチを取れば、大学改革は割合穏便で組織に大きな変化は生まれない。しかし後者のアプローチを取れば、大学はコア価値の変化に基づくさまざまな変革が組織の主要局面に生まれる。たとえコア価値を変えなくても、それを具現化するコア・コンピテンスや組織文化、組織の管理や構造に大きな変化が生まれ

る。

　Ａ大学の場合はコア価値を変えずに、それを具現化するコア・コンピテンスや組織文化、組織の管理や構造の変革を試みるものであった。この大学における大学改革を期待通りに進めていくには少なくとも上述のような問題点を克服していかなければならないだろう。しかしそこにおける最大の障害は組織の官僚制化と統制的、家族的、温情的また閉鎖的な組織文化であろう。組織文化を意図的に変える努力はできても、じつのところは組織メンバー達が主体的に価値観やものの考え方、主義を中心に自然に変わっていかなければならないのだ。意図的な組織変革の結果が割合分かりやすいのは組織文化よりも組織の管理や構造だ。

　組織の官僚制化を抑える、あるいはそこから脱出するには民主的で参加的な管理方式を採用していくことが有効だろう。官僚制的な管理方式というのは中央集権的で専制的で権威主義的スタイルだ。これは教職員の仕事意欲のみならず、創造性をも抑え込んでしまう。一見公正な手続きにしたがって意思決定がなされているようだが、これはあくまで形式主義に立ち先例踏襲、慣例重視にすぎない。組織メンバーたちの間に、大学にとって解決すべき重大な問題のみならず周囲のささいな問題に対してさえも無関心主義を生んでしまう。

　たとえば大学管理で最も重要な問題の１つは大学予算案の作成だ。国公私立大学のほとんどで予算案は戦略的経営計画に基づいて作成されていないようだ。これは、たとえば予算策定のプロセスがしばしば「積上げ方式」に基づいていることからも明らかだ。しかも教職員の予算執行のスタイルに「予算があるから消化しよう」といった「親方日の丸」的な姿勢がしばしば見られる。教育・研究などに必要な資機材の購入にしても、合理的な競争入札が採用されていない場合も見られる。そこにはそもそも組織の生き残り、そしてさらなる発展に貢献しようという気持ちがないのだ。組織的合理性・有効性といった判断基準が消失してしまっているのだ。人事管理の方式に至っては、適正な人事考課システムを採用している大学がきわめて少なく、しばしばそれすらもない。また給与システムや昇進昇格システムにも当然ながら明確な基準がなく、しばしば年功序列で、終身雇用制が通常だ。さらには、業務規定があっても現実に

合っていないといった状況がしばしば見られる。また事務職員の採用プロセスにしばしば問題が見られる。このような事態がA大学で発生しているならば、それは一刻も早く改める必要がある。

このような管理方式と連動しているのが組織構造だ。この大学の組織構造は中央集権的で官僚主義的傾向が強い。つまり組織全体が厳格で画一的で細かな規則や規定に基づいて運営される。それだけに、情報の流れも適正・効率的でなく（情報が必要な時に必要なところに必要なだけ迅速に正確に流れていかず）、教職員とりわけ事務職員の仕事行動も硬直的・画一的にならざるを得ず、彼らの仕事意欲も乏しくなってしまうのだ。したがってこの大学の組織構造は民主的かつ分権的な構造に移行しなければならない。

A大学の改革戦略の開発上、以上のような問題点そしてその基本的な解決方向を念頭に置くことは有効であろう。しかしもっと根源的なことはA大学が大学としてのコア価値（高等教育機関としての存在意義）の実現のために、具体的にどんな戦略を策定し実行していくかだ。つまり学生の真のニーズ（卒業後、自分の夢ー就職先にせよ進学先や資格取得にせよーをかなえたい）をどれだけ充足させることができるのかという点だ。これからの大学は顧客志向、つまり学生志向を徹底することが求められるだろう。その方向に沿った改革戦略でなければ意味がない。大学改革というのは大学経営や教職員のために行われるものではない。

引用・参考文献

1. Abbott, W. F., Prestige and Goals in American Universities, Social Forces, 1974, 52, pp. 401-407.
2. 朝日新聞社「大学」編集室『2004年度版　大学ランキング』朝日新聞社、2003年。
3. Asher, H. & J. Z. Shapiro, Measuring Centrality: A Note on Hackman's Resource-Allocation Theory, Administrative Science Quarterly, 1988, 33, pp. 275-283.
4. Blau, P. M., A Formal Theory of Differentiation in Organizations, American Sociological Review, 1970, 35, pp. 201-218.
5. Blau, P. M., Interdependence and Hierarchy in Organizations, Social Science Research, 1972, 1, pp. 323-349.

6. Cole, J. R. & J. A. Lipton, The Reputatins of American Medical Schools, Social Forces, 1977, 55, 3, pp. 662-684.
7. 大学基準協会事務局「大学改革を探る（続）」財団法人大学基準協会、1997 年。
8. Graen, G., Cashman J. F., Ginsburg & W. Schiemann, Effects of Linking-Pin Quality on the Quality of Working Life of Lower Participants, Administrative Science Quarterly, 1977, 22, pp. 491-504.
9. Hall, J. W., A Comparison of Halpin and Croft's Organizational Climates and Likert's Organizational Systems, Administrative Science Quarterly, 1972, 17, pp. 586-590.
10. Hambrick, D. C., Specialization of Environmental Scanning Activities among Upper Level Executives, Journal of Management Studies, 1981, 18, 3, pp. 299-319.
11. 林伸二『組織が活力を取りもどす』同友館、1997 年。
12. 林伸二『管理者行動論』白桃書房、1999 年。
13. 林伸二『組織心理学』白桃書房、2000 年。
14. 林伸二「大学事務組織の改革」青山経営論集、第 35 巻第 4 号、2001 年 3 月、37-56 頁。
15. 林伸二「大学事務組織の改革の鍵」青山経営論集、第 36 巻第 2 号、2001 年 9 月、1-31 頁。
16. House, R. J., Filley, A. C. & D. N. Gujarati, Leadership Style, Hierarchical Influence and the Satisfaction of Subordinate Role Expectations, Journal of Applied Psychology, 1971, 55, 5, pp. 422-432.
17. Lightfield, E. T., Output and Recognition of Sociologists, American Sociologist, 1971, 6, pp. 128-133.
18. Likert, R., New Patterns of Management, McGraw-Hill, 1961（三隅二不二訳『経営の行動科学』ダイヤモンド社、1964 年）。
19. Louis, K. S. et al., Entrepreneurs in Academy: An Exploration of Behaviors among Life Scientists, Administrative Science Quarterly, 1989, 34, pp. 110-131.
20. Milliken, F. J., Perceiving and Interpreting Environmental Change: An Examination of College Administrators' Interpretation of Changing Demographics, Academy of Management Journal, 1990, 33, 1, pp. 42-63.
21. 文部省大学審議会答申『21 世紀の大学像と今後の改革方策について』（1998 年 10 月 26 日）。
22. 文部科学省編『文部科学白書（平成 13 年度）』財務省印刷局、平成 14 年 1 月。
23. Newman, K. L. & S. D. Nollen, Managing Radical Organizational Change, SAGE Publications, 1998.
24. 日本私立大学連盟『大学時報』第 50 巻 277 号、2001 年 3 月。

25. 日本私立大学連盟編『大学の教育・授業の未来像』東海大学出版会、2001年3月。
26.（社）私立大学情報教育協会・情報教育研究委員会『1996年版　私立大学の授業を変える』（社）私立大学情報教育協会、平成8年11月。
27. 齊藤毅憲他監修『外国人が見たニッポンの大学教育』中央経済社、平成15年9月。
28. Sharp, J. M., Shin, E. H. & L. E. Smith, A Network Analysis of Departmental Prestige Based on the Origins of Faculty Degrees, Behavioral Science, 1982, 27, pp. 12-25.

第3章　大学事務組織の改革

　『21世紀の大学像と今後の改革方策について』（1998年10月26日）という大学審議会の答申の中で、大学が生き残り、さらに発展していくために、大学改革の基本理念として「個性が輝く大学」の実現を求めている。この実現のために、大きく4つの改革方策が提言されている。その中に、この理念実現に向かって責任ある意思決定と実行を約束する「組織運営体制の整備」が求められている。この整備の要点として、「学内の機能分担の明確化」の対象として5つがあげられ、その中に「大学の事務組織」の改革が指摘されている。この指摘の要点は次のとおりだ（図表3-1）。

⑴　大学の事務組織は、大学の主体的・機動的な改革の推進や教育研究機能の一層の充実に貢献できるように、教学組織との連携協力の関係を適正に確立し、業務の専門性や効率性を向上させなければならない。そのためには、
① 　事務系職員の資質向上を図る必要がある。
② 　事務組織は学長、学部長等の行う大学運営業務について十分な支援体制を構築しなければならない。

⑵　大学の事務組織と教学組織との機能分担と連携協力を一層推し進めていくために、事務処理の業務の高度化が必要である。そのために必要な条件整備としては、
① 　全学的な見地から職員の適正な配置を行うこと
② 　職員は採用後、比較的早い段階から学部や大学の枠を越えた人事交流を行い各種の業務経験を積ませること
③ 　職員には民間企業などでの研修の機会を充実させること
④ 　業務の効率性を高め必要な業務を充実していくために、人事、会計、財務

図表 3-1 大学事務組織の改革と「個性が輝く大学」の関係（文部科学省の方針）

大学事務組織の改革の要点
1. 共学組織との連携協力の関係を適正に確立し、次を通じて、業務の専門性や効率性の向上
 ・事務系職員の資質向上
 ・大学の教育・研究業務に対する十分な支援体制の構築
2. 次の条件整備を通じて事務処理業務の高度化を図ることにより、事務組織と共学組織との機能分担と連携協力の一層の推進
 ・全学的な見地からの職員の適正な配置
 ・職員に早い段階から多様な業務経験を積ませること
 ・職員の教育研修を充実させること
 ・事務処理業務の弾力的な職務設計、コンピュータ化および外部委託を強く推し進めること
3. 専門的素養のある人材の選抜・育成や外部からの登用、専門分野ごとの研修の充実、適切な人事考課制度に基づく処遇制度の構築に基づいて、事務組織が大学の情報化・国際化や専門業務の高度化に適正に対応できる能力を高めること
4. 優れた技術職員の確保や資質の向上などを通じて、大学の技術教育研究の質的充実を図ること

→ 責任ある意思決定と実行を可能にする「大学の組織運営体制の整備」

→ 大学改革の基本理念：「個性が輝く大学」の実現

の柔軟性の向上や事務処理の電算化や業務の外部委託を必要なかぎり推し進めること
(3) 大学の各種業務の情報化・国際化への対応、広報・入試などの専門業務の高度化に対応していくために、専門的素養のある人材の育成も含め、専門分野ごとの研修を充実するとともに、適切な処遇制度を構築する必要がある。また外部から優れた人材の登用も心掛けるべきである。
(4) 科学技術基本計画の指摘のとおり、大学における教育研究の質的充実を推し進めていくために、優れた技術職員の確保、資質の向上等が必要である。

　大学はこの答申に積極的に応え、大学の将来の発展を確たるものとしなければならない。それではどうすればよいのだろうか。上記の諸点はそれぞれ大きな問題であり、大学改革の目的でもある。しかしこれらの改革を実現していくうえで、肝要なことが1つある。それは大学事務組織自体が自らを改革しようと強い意欲をまず持つことである。そのためには大学事務職員全員が強い改革意欲を持たねばならない。
　それでは事務職員に強い改革意欲を持ってもらうにはどうすればよいのだろうか。そもそも改革への意欲というのは将来の目標を実現するために現状を改革しようとする意欲のことだ。この意欲は、現実の仕事で強い不満を抱いている人には期待できない。現実の仕事で強い不満を抱いている人は現実に発生している不満の除去、あるいはそれからの逃避に気持が集中し、将来のことにまで目が向かない。つまり将来の改革意欲は、現実の仕事におおむね満足はしているが、将来その満足をさらに高めたいと思っている人が強く持つことができるだろう。
　このように意欲と満足は密接な因果関係がある。一般的にいって、仕事上不満が強いと、仕事をやろうとする気が起こらない。仕事満足－仕事意欲－仕事行動の間には次のような理論的背景がある。「仕事の内容や仕事環境（組織構造、業務のやり方、給与体系、昇進・昇格システム、職場の人間関係、上司の管理方式、職場の物理的環境など）に対して満足が高まれば、仕事意欲も高まり、その結果として仕事への努力は質的にも量的にも高まるるだろう」。そこ

で、もし仕事の満足度が低ければ、その改善策を検討する必要がある。

そこで本研究は、事務職員の職務満足の向上という見地から、現在事務組織・人事制度改革を企てている、ある学園を対象に、大学の事務組織が現在どのような問題を抱えているかについて、まず明らかにする。次に、その原因は何なのか、そしてそれを解決するにはどうすればよいかを検討する。

I. 問題の発見－現状の認識－

1. 研究方法
1.1 調査対象と被験者

本調査は 2000 年 4 月 28 日に、大学構内のある会議室で実施した。本研究の調査対象は都内にある総合的な学園（大学、短大などから成る）の事務組織で、本学園の教育機関の中で最大規模なのは大学（学生数 2 万名強、事務職員数約 400 名）である。本学園全体の組織機構、管理システムの中心に大学がある。学園全体にかかわる事務業務は法人本部が管理・運営し、各教育機関がそれぞれ独立した形で管理・運営しているが、実態としては全教育機関の事務組織は法人本部の管理・運営のもとに統一的な活動をしているようだ。つまり事務業務上は、大学と法人本部はきわめて密接な関係にあるばかりでなく、一体となって機能しているようだ。

次に、本研究上の被験者（法人本部、大学、その他の教育機関に所属）は学園の事務組織改革委員会メンバーとして各部署（学務、学生、就職などの）の長から任意に選ばれた、管理職員（課長以上、部長まで）14 名と一般事務職員（係長以下）27 名、計 41 名。ちなみに大学からの回答者は管理職 10 名、一般事務職員 15 名であった。

1.2 調査方法

調査は、被験者ではない女性職員に下記のスケールの計 194 項目を口頭で読み上げてもらい、被験者にただちに回答してもらった。この方式は、被験者に対して各設問項目について個人的見地から検討・判断する時間を与えないため

であった。さらに回答者の特定を避けるために、所属機関（大学、短大など）を除いて、氏名、職位、担当業務、年齢などは明記してもらわなかった。

(1) 測定スケールおよび信頼性

次の2つのスケールを使用する。スケールの詳細は紙面の制約上割愛する。

① 職員の「大学への満足度」測定スケール

職員の「大学への満足度」はどういう次元（局面）で測ればよいのだろうか。全体としての職務満足を測定するにはすでに5局面（給料、昇進、上司の監督方式、同僚との人間関係、仕事自体）の満足の測定の重要性が指摘され、そのスケールも開発されている（Smith, P. C. et al., 1969）。この5局面は組織メンバー、主として企業従業員を対象に開発されたものだ。そこで大学事務職員の「大学への満足度」を測定するうえで、単純にそれらを使うことはできない。こういうことから、筆者は大学事務職員の「大学への満足度」が主に何によって決まるかについて経験的に検討した。その結果、下記の8局面だろうと考えた。まだほかにも重要な要因があるだろうが、今回の調査ではこれら8局面を測定する。

このスケールは筆者が開発したもので、下記の8次元を71項目で測定する。回答方式は5ポイント・リカート・スケール（5：「非常に満足している」〜1：「非常に不満だ」）を使用。ただし各次元の最後の括弧の中の記号は、後述の共分散構造分析（図表3-3、3-4）の結果に用いた記号に相当する。

1. 教育・授業の内容（11項目）（m1）
2. 教育・学生生活の支援（7項目）（m2）
3. 学生（8項目）（m3）
4. 教授陣・研究（5項目）（m4）
5. 大学の管理運営（8項目）（m5）
6. 事務職員の人事制度・管理方式（13項目）（m6）
7. 事務組織（6項目）（m7）
8. 大学一般（13項目）（m8）

上記8次元の各スケールの信頼性は、クロンバッハのα係数が最高.8679（教育・授業の内容に関する満足）、最低.6077（教授陣・研究に関する満足）で、

全スケールが信頼できるということができるだろう。

② 「事務組織の総合診断」スケール

上記8つの満足局面に対して直接あるいは間接に重要な影響を与える要因がある。それは組織の管理方式、組織構造、組織風土、組織コンフリクト、パーソナリティなどである（林、1999年、38-57頁も参照）。そこで筆者は大学事務職員の大学への満足に重要な影響を与えると考えられる諸要因について測定するためのスケールを作成した。

このスケールは Litwin & Stringer の組織風土質問票（Form B）、Stern の The 24 BOIC スケール、Johannesson の組織風土質問票および Collins らの仕事風土質問票に基づいて、筆者が日本企業の実態に合うように作成したもので、下記の9次元を123項目（有効項目103項目、埋め草20項目から成る）で測定する。回答方式は5ポイント・リカート・スケール（5:「まったくそのとおり。非常に強く妥当している」～1:「まったく違う。決してそんなことはない」）を使用。ただし各次元の最後の括弧の中の記号は、共分散構造分析の結果（図表3-3、3-4）に用いた記号に相当する。

1. 組織構造（20項目）（s1）
2. 仕事に対する責任感（管理体制）（9項目）（s2）
3. 報酬管理（9項目）（s3）
4. 組織の革新志向（リスク・テイキング傾向）（7項目）（s4）
5. 人間関係（14項目）（s5）
6. 上司の管理方式（支持・信頼・参加の傾向）（7項目）（s6）
7. 仕事に対する意欲・能力・主義（14項目）（s7）
8. 組織内部の対立・不和の傾向（部門間、職場内部のコンフリクト）（7項目）（s8）
9. 組織に対する忠誠心と認識（10項目）（s9）

しかしスケールの信頼性について、若干問題が発生した。組織構造、上司の管理方式、仕事に対する意欲・能力・主義および組織に対する忠誠心と認識の各スケールはクロンバッハのα係数が大体.600以上で信頼性が認められるものであったが、他のスケールはそれよりも低いものであった。その原因として

は、次の3点が考えられる。
① 今回の調査におけるサンプル数が小さい。
② 今回の調査におけるサンプルに質的相違が強く予想される。

　上記のサンプル属性からも明らかなように、事務組織の改革に本来保守的と考えられる管理職や、事務組織の改革に余り関心がないと考えられるセクションの人達も入っているようだ。
③ スケールの測定項目に一貫性が欠けている。

　この点について、さらに各スケールで得たデータについて因子分析をかけた結果によれば、各スケールがさらに複数の下位スケールに分かれているようだ。しかしながら、各スケールの設問項目を概念的に検討するかぎりにおいて、設問項目には整合性があるように考えられる。

　したがってこの「事務組織の総合診断」スケールは少なくとも、もっと大規模なサンプルでその信頼性について検証してみる必要がある。しかしながら今回の調査では、上記の(2)がスケールの信頼性の低さの最大の原因のようだ。この点については最後の「結び」のところで再度検討する。この信頼性が低いという点は実証研究上きわめて重大な問題だが、後述するように、この点は実は今回の研究で非常に大きな意味を持っていることが分かった。以上のような問題はあるが、本研究では、これらのスケールによって得られたデータから可能なかぎり正しい結果を得られるようにさまざまな分析手法を駆使して慎重に分析してみる。

(2) 回答上の注意点

　上記の2つのスケールに対する回答上、全部で5つの注意点を被験者に指示した。たとえば、

① 事務組織にかかわる設問については、大学職員は大学を、法人職員は法人組織を、その他の教育機関所属職員はそれぞれの教育機関を対象に、回答してください。
② 大学への満足度にかかわる設問については、大学職員は大学を対象に回答してください。法人職員も大学を対象に回答してください。その他の教育機関所属職員はそれぞれの教育機関を対象に、回答してください。

2. 分析方法

2.1 分析の次元と対象

まず分析の次元としては、上記の測定スケールのところからも明らかなように、「事務組織の総合診断」スケールでは9次元（変数）、「大学への満足度」測定スケールでは8次元（変数）を設定し、各次元ごとに調べた。

分析対象としては、サンプル数が少ないため、学園全体（全サンプル、41名）と大学（大学職員のみ、25名）についてのみ分析する。

2.2 分析方法

記述統計を用いて、平均値を算出し、レーダーチャートを作成する。しかしこのレーダーチャートも紙面の制約上割愛する。

3. 分析結果－事務組織の問題の確定－

まずレーダーチャートを使って、本学園および大学の事務組織が現在どのような状態にあると、事務職員が知覚しているのかを明らかにする。

3.1 事務組織の総合診断

(1) 学園全体

図表3-2から、学園全体の組織的特徴として、次の指摘ができる。

- 組織特徴の9次元すべてについて、5ポイント・スケールの中位点3よりも低い。つまり回答者は組織特徴の9次元すべてについて「望ましくない」と判断している。
- この9次元の平均点にはほとんど差異がない。あえてあげるとすれば、最高点は人間関係で、最低点は組織内部の対立・不和であった。

問題は、回答者達が9次元すべてになぜこれほど低い評価をしているのだろうかということだ。一体なぜこのような傾向が見られるのだろうか。何が原因なのだろうか。

もう少し詳細に説明すると、下記のとおり。

第3章　大学事務組織の改革　167

図表3-2　学園全体と大学の「組織特徴」知覚と「大学への満足度」の平均得点

	学園全体	大学
組織特徴知覚		
組織構造	2.60	2.58
仕事に対する責任	2.65	2.61
報酬管理	2.66	2.66
組織の革新志向	2.57	2.56
人間関係	2.81	2.77
上司の管理方式	2.58	2.59
仕事に対する意欲・能力・主義	2.54	2.53
組織内部の対立・不和	2.53	2.51
組織に対する忠誠心・認識	2.54	2.54
大学への満足度		
教育・授業の内容	2.84	2.77
教育・学生生活の支援	2.46	2.40
学生	2.71	2.71
教授陣・研究	2.66	2.60
大学の管理運営	2.43	2.38
事務職員の人事制度・管理方式	2.38	2.35
事務組織	2.26	2.21
大学一般	2.87	2.86

1)　かなり「望ましい」評価（そうだ、合致している；平均点4.00以上）が見られる項目としては、下記の次元だけであった。
「報酬管理」次元（9項目）のうち2項目
・本学では、事務職員は仕事上ミスを犯しても、何ら処罰を受けない。（4.32）
・本学の事務組織の管理者は、飴ではなく、鞭（昇進・昇格といった報酬や、精神的あるいは肉体的苦痛、もしくはそれへの不安・恐れ）を使って、部下を働かせようとすることがよくある。（4.49）＊
2)　かなり「望ましくない」という評価（合致していない；平均点2.00以下）が見られる項目としては、たとえば下記の次元の他に、「組織の革新志向」

「人間関係」「上司の管理方式」「仕事に対する意欲・能力・主義」「組織内部の対立・不和」「組織に対する忠誠心・認識」の次元にも見られた。

① 「組織構造」次元（20項目）のうち2項目
- 本学の事務組織では、職務は明確に定義され、職務内容の重複や過少といった問題はない。(1.76)
- 本学の主要な政策課題や、本学の管理方針や組織構造について、事務職員のほとんどが正しく認識している。(1.85)

② 「仕事に対する責任」次元（9項目）のうち2項目
- 本学の事務職員の多くは、全学的に共同責任が敷かれているかのように、職場の誰かがミスを犯すと、自分もその責任を取ろうとする。(1.88)
- 大学では、事務職員はたとえリスクを冒しても、自己責任で自ら何かを始めなければ、昇進のチャンスなどは到底ない。(1.63)

③ 「報酬管理」次元（9項目）のうち3項目
- 本学には、えこひいきのようなことはまったくなく、事務職員全員が公平に平等に処遇されている。(1.88)
- 本学の報酬システムは、能力主義だから、仕事がよくできる人ほど、よい処遇や大きな報酬をもらっている。(1.22)
- 本学の事務組織は、年功序列ではなく、能力主義の昇進システムを採用している。(1.32)

(2) 大学

図表3-2から、大学の組織的特徴として、(1)の学園全体のところで指摘したことがほぼそのまま妥当する。詳細は紙面の制約上割愛する。

3.2 大学への満足度

(1) 学園全体

図表3-2から、大学への満足度として、次の指摘ができる。

① 大学への満足度の8次元すべてについて、平均値が5ポイント・スケールの中位点3よりも低い。つまり回答者はこの8次元すべてについて「不満」と表明している。

② この8次元の平均点にはほとんど差異がない。あえて挙げるとすれば、最高点は大学一般についての満足と教育・授業の内容についての満足で、最低点は事務組織についての満足であった。

問題は、回答者たちが8次元すべてになぜこれほど低い評価をしているのだろうかということだ。一体なぜこのような傾向が見られるのだろうか。何が原因なのだろうか。

もう少し詳細に説明すると、下記のとおり。
1) 大学への満足度の8次元すべてにおいて、かなり「満足」と評価（平均点4.00以上）されたものは1つもない。
2) かなり「不満足」という評価（平均得点2.00以下）が見られる項目として、
① 教育・授業の内容（11項目）のうち1項目
・教育内容や方法の改善のために学生の意見を積極的に聴取し役立てようとする大学側の姿勢。たとえば、カリキュラムや授業の進め方・内容などについての、学生の満足度を定期的に調べ、たえず改善を試みようとしている。（1.88）
② 事務職員の人事制度・管理方式（13項目）のうち3項目
・本学の事務職員の、昇進・昇格制度の適正さ（1.83）
・本学の事務職員の、配属・配置転換のやり方の適正さ（1.63）
・本学の事務職員が仕事をしていく上での、職場の広さやレイアウトの快適さ（1.66）
③ 事務組織（6項目）のうち1項目
・学園全体の事務組織（法人、大学、短大、高中等部などの）の間の、事務職員の移動の適正さ（1.88）

他の5次元、つまり教育・学生生活の支援（7項目）、学生（8項目）、教授陣・研究（5項目）、大学の管理運営（8項目）、大学一般（13項目）には、平均得点2.00以下の項目はまったく見られなかった。

(2) 大学

図表3-2から、大学への満足度として、(1)の学園全体のところで指摘したことがほぼそのまま妥当する。

II. 問題解決のための分析

1. 問題解決のための分析方法

本研究では、問題の原因を探るために、つまり「低い満足の原因は何か」をつきとめるために、まず重回帰分析を使用してみた。たとえば学園全体サンプルで「教育・学生生活の支援への満足」は「職場の人間関係」（p = .009）だけに有意に規定されている（調整済み R 二乗＝ .141）。経験的に考えると、「組織構造知覚」や「仕事に対する責任感」「仕事に対する意欲・能力主義」なども重要な影響を与えていると考えられる。さらには「事務組織への満足」は、「組織構造知覚」（p＜ .001）と「仕事に対する責任感」（p = .004）によってのみ有意に規定されていた。しかし「事務組織への満足」の内容（たとえば各部署間の業務上の協力関係、各部署の業務遂行効率、事務職員の配置転換の適正さなどへの満足）からすると、経験的に考えてみて、上記 2 つの変数だけが有意な決定要因とは考えられない。まだ他にも有意な決定要因が考えられる。まして調整済み決定係数が .468 である。したがってこのモデルで発見されていない他の原因変数の存在が考えられる。

さらに重回帰分析には次のような基本的な問題があるだけに、この手法の使用に当たっては、われわれは慎重を期す必要がある。つまり重回帰分析における偏回帰係数の符号や大きさは他の独立変数の性質を考慮しないと、正しい解釈ができない。従って独立変数が多い場合、そのモデルの予測の精度が高くても、個々の偏回帰係数の値の解釈は難しくなる。一般に多くの独立変数を用いて重回帰分析を行う場合は、個々の偏回帰係数を解釈して因果関係を明らかにするよりも、その重回帰方程式の予測力を把握する、つまり多くの独立変数が全体として従属変数（基準変数）をどのくらい正確に予測しているかを調べるために用いた方がよい。ただしこれらの独立変数が何で、それらの偏回帰係数の符号と相対的な大きさは十分参考とすべきものだ。

要するに、本研究の調査データに関しては重回帰分析だけでは原因解明が難しいように思われる。そこで次に共分散構造分析を使用してみた。ちなみに共

分散構造分析というのは、データの中に潜む重要かつ適切な潜在変数を明らかにして、その潜在変数の妥当性と、潜在変数間の因果関係を検証することだ。つまり豊田等（1992）によれば、共分散構造分析には次の3つのメリットがある。

(1) 潜在変数を導入することによって、類似した傾向を示す観測変数をまとめることができる。
(2) 潜在変数の間で因果関係を検討すれば、多くの変数間の関係を直接扱うよりも効率がよく、また解釈しやすい。
(3) 共分散構造分析における多重指標モデルは単回帰モデルの集まりだから、重回帰方程式よりも解釈が容易となる。

ちなみに、内容がよく似た（類似した傾向を示す）2つ以上の変数（観測変数）の間に高い相関関係が観測される場合、それらの変数に強い影響を与えている何か共通の原因があると考えられる。それを潜在変数と規定する。

2. 分析結果
2.1 学園全体

図表3-3の多重指標モデルでは GFI = .79、AGFI = .69、AIC = 222.88 であった。またこの図表中のパス係数はすべて有意である（t値 > 1.96 なら、有意水準 0.05 で有意）。この図表によれば、以下のことが明らかになる。

(1) 潜在変数 y1 から、「管理体制（仕事に対する責任感）」「人間関係」「仕事に対する意欲・能力・主義」「組織内部の対立・不和の傾向」の4つの観測変数が有意な影響を受けている。そこで y1 を「組織管理のやり方」（管理システムの傾向）と名づける。「組織管理のやり方」を相対的に強く特徴づけているのは、「管理体制（仕事に対する責任感）」と「仕事に対する意欲・能力・主義」だ。つまり「管理体制」を強化するほど（管理体制の強化、自己責任の重視、共同責任意識の強化など）、「仕事に対する意欲・能力・主義」を強化するほど（仕事志向の強化、仕事能力の向上、高い仕事目標の付与など）、「組織管理のやり方」が適切になる。

172

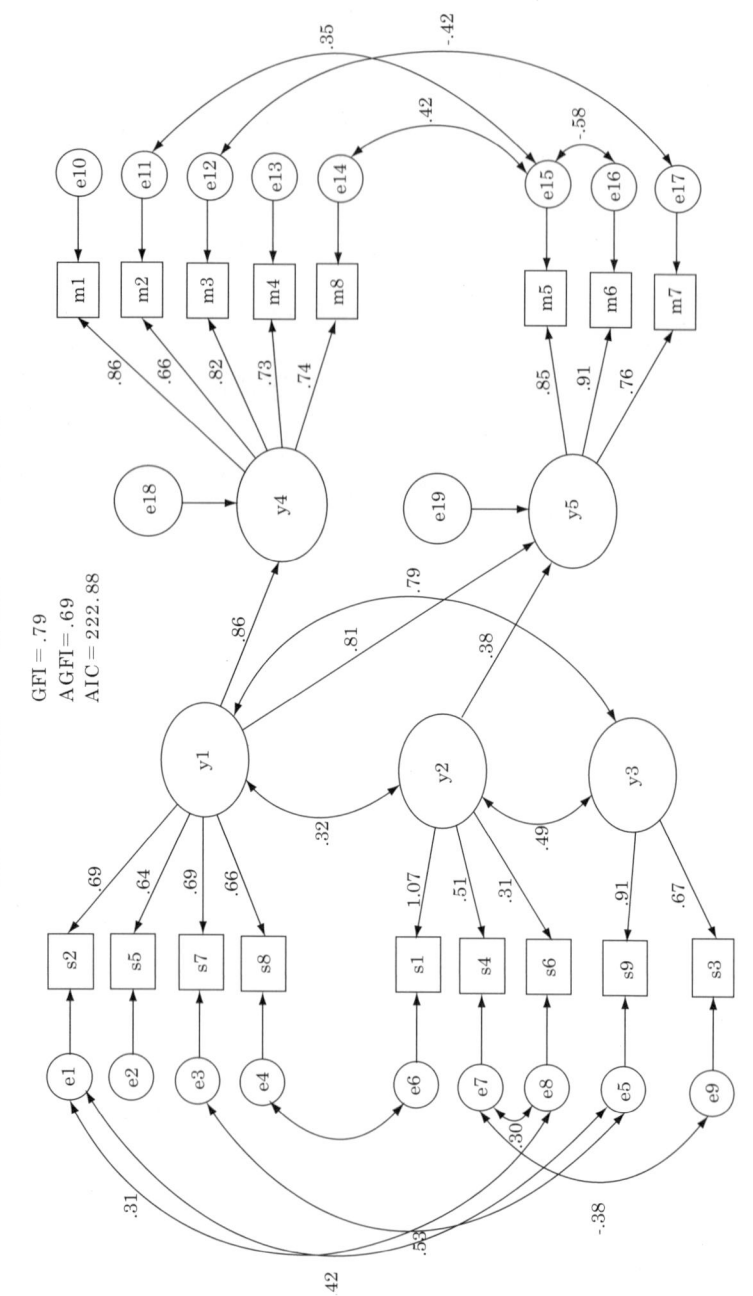

図表3-3 多重指標モデル(学園全サンプルに基づく)

GFI＝.79
AGFI＝.69
AIC＝222.88

第3章 大学事務組織の改革　173

図表3-4　多重指標モデル（大学サンプルのみに基づく）

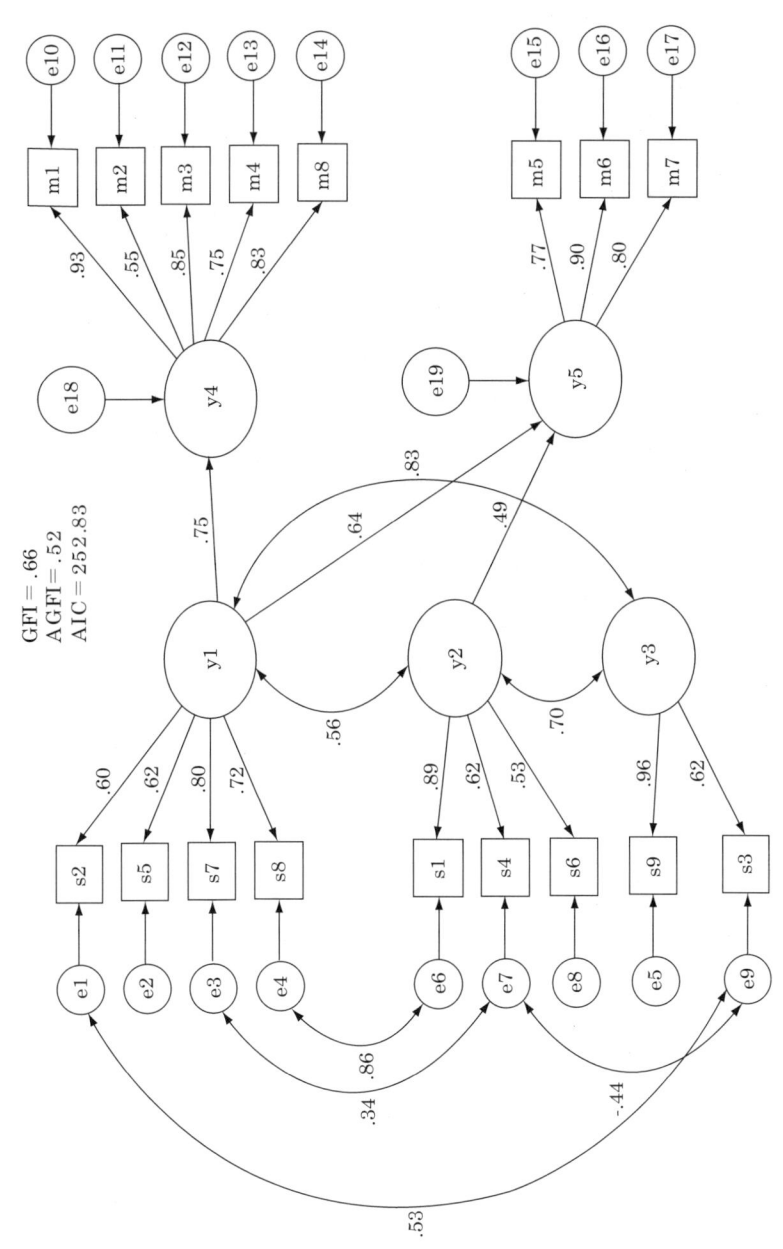

GFI = .66
AGFI = .52
AIC = 252.83

本学園の場合、「仕事に対する責任感」「人間関係」「仕事に対する意欲・能力・主義」および「組織内部の対立・不和の傾向」の平均得点が 2.65、2.81、2.54、2.53 でかなり低いから、「組織管理のやり方」が不適切だと指摘することができる。ということは、「組織管理のやり方」をより適正なものにすることができれば、「仕事に対する責任感」「人間関係」および「仕事に対する意欲・能力・主義」が高まり、「組織内部の対立・不和の傾向」が低下するのだ。

　他方、潜在変数 y2 から、「組織構造」「組織の革新志向（リスク・テイキング傾向）」「上司の管理方式」の 3 つの観測変数が有意な影響を受けている。そこで y2 を「民主的で創造的な組織」と名づける。「民主的で創造的な組織」を非常に強く特徴づけているのは、「組織構造」だ。本学園の場合、「組織構造」は平均得点が 2.60 でかなり低いから、現在の組織構造は「民主的で創造的な組織」とはいえない。ということは、現在の事務組織構造を一層民主的参加的なものにするほど、現在の事務組織は「民主的で創造的な組織」へと変っていくだろう。

　最後に、潜在変数 y3 から、「組織に対する忠誠心と認識」と「報酬管理」という 2 つの観測変数が有意な影響を受けている。そこで y3 を「自己にとっての大学の意義」と名づける。「自己にとっての大学の意義」を非常に強く特徴づけているのは、「組織に対する忠誠心と認識」だ。ということは、事務職員の大学への誇り・忠誠心・一体感を強め、大学が抱えている諸問題を正しく認識させ、また職場が活性化してくると、「自己にとっての大学の意義」がさらに強くなっていくだろう。

(2)　大学への満足に関する観測変数は、「教育・授業の内容」「教育・学生生活の支援」「学生」「教授陣・研究」「大学一般」の 5 つだ。そこでこれらに関係する潜在変数 y4 を「大学教育への満足」と呼ぼう。そうすると、「大学教育への満足」から「教育・授業の内容」と「学生」の 2 つの観測変数が相対的に有意な強い影響を受けている。「大学教育への満足」を相対的に強く特徴づけているのは、「教育・授業の内容」の満足と「学生」の満足ということができる。そこで、本学園の場合、「教育・授業の内容」の満足と「学生」の

満足の平均得点が 2.84、2.71 でかなり低いから、「大学教育への満足」が不十分だと指摘することができる。ということは、「大学教育への満足」をより適正なものにすることができれば、「教育・授業の内容」の満足と「学生」の満足が高まるのだ。

他方、潜在変数 y5 から、「大学の管理・運営」「事務職員の人事制度・管理方式」「事務組織」の3つの観測変数が有意な影響を受けている。そこでこれらに関係する潜在変数を「事務組織・管理への満足」と呼ぼう。そうすると、「事務組織・管理への満足」から「大学の管理・運営」「事務職員の人事制度・管理方式」「事務組織」の3つの観測変数が相対的に有意な強い影響を受けている。要するに、「大学の管理・運営」「事務職員の人事制度・管理方式」「事務組織」の満足を高めるには、「事務組織・管理への満足」を高める必要がある。

(3) 潜在変数間の関係については、「組織管理のやり方」が「大学教育への満足」と「事務組織・管理への満足」に対して、それぞれパス係数 .86、.81 で、「民主的で創造的な組織」が「事務組織・管理への満足」に対して、パス係数 .38 で因果的な影響を与えている。

そこで「大学教育への満足」および「事務組織・管理への満足」を高める最大の要因は「組織管理のやり方」であり、「民主的で創造的な組織」はそれほど強い影響力は持っていなかった。つまり「大学教育への満足」と「事務組織・管理への満足」の両者を高めようとするなら、まず「組織管理のやり方」を改善する必要がある。

ただし「自己にとっての大学の意義」は「大学教育への満足」と「事務組織・管理への満足」のどちらにも有意な影響を与えていない。しかし「自己にとっての大学の意義」は「組織管理のやり方」と「民主的で創造的な組織」に対して共分散の値が、それぞれ .79、.49 である。したがって「自己にとっての大学の意義」は「大学教育への満足」と「事務組織・管理への満足」とかなり密接な関係があるということができる。

2.2 大学

図表 3-4 の多重指標モデルでは GFI = .66、AGFI = .52、AIC = 252.83 で

あった。またこの図表中のパス係数はすべて有意である（t値＞1.96なら、有意水準0.05で有意）。この図表によれば、パス図は学園全体のそれとほぼ同様である。ただ大きな違いとしては、大学サンプルでは、学園全体サンプルと異なり、

(1) 「大学教育への満足」から「教育・授業の内容」、「学生」および「大学一般」の３つの観測変数が有意な非常に強い影響を受けている。「大学教育への満足」を非常に強く特徴づけているのは、「教育・授業の内容」「学生」「大学一般」の満足ということができる。

(2) 「事務組織・管理への満足」から「事務職員の人事制度・管理方式」「事務組織」の２つの観測変数が相対的に有意な強い影響を受けている。要するに、「事務職員の人事制度・管理方式」「事務組織」の満足を高めるには、「事務組織・管理への満足」を高める必要がある。

(3) 潜在変数間の関係について、「組織管理のやり方」が「大学教育への満足」と「事務組織・管理への満足」に対して、それぞれパス係数.75、.64で、「組織管理のやり方」の「大学教育への満足」と「事務組織・管理への満足」に対する影響力の強さの傾向は学園全体サンプルの場合と同様だ。

他の潜在変数間の関係も学園全体サンプルの場合と同様だ。したがって、大学サンプルでも、「大学教育への満足」と「事務組織・管理への満足」は主に「組織管理のやり方」によって、次に「民主的で創造的な組織」によって強い影響を受けていると考えられる。

Ⅲ. 問題解決のための提言

上述の分析結果に基づくと、次のような提言をすることができるだろう。

1. 学園全体

それでは、実際に「大学教育への満足」と「事務組織・管理への満足」を高め、事務職員の仕事意欲を高め、努力を高めるためには、どうすればよいだろ

うか。そのために基本的には「組織管理のやり方」をより適正なものにしなければならない。そうするには、特に、「仕事に対する責任感」「仕事に対する意欲・能力・主義」を改善しなければならない。とりわけ、以下の点が重要である。

(1) 「仕事に対する責任感」局面
① 仕事上での自己責任意識を徹底させる。つまり管理職も事務職員も自分の仕事は自ら行う、また仕事上ミスや何らかの失態を犯した場合、責任を自ら進んで取るように意識改革をする。
② 事務職員がその場の状況で自分なりに判断して仕事を進めていくというのではなく、管理体制や業務システムを明確に構築する。
③ 上司と部下の間で、職務の内容と権限を明確に区別・規定する。
④ 適正な人事考課システムを構築する。つまり昇進・昇格、報酬付与のやり方を合理的かつ納得性の高いものにする。
⑤ 自分の仕事能力や過去の実績ではなく、人間関係に頼り、自分の仕事を進めていくような職員の意識を変える。
   など

(2) 「仕事に対する意欲・能力・主義」局面
① 事務職員の採用、昇進・昇格、配置転換を考える場合、有能か、能率的かという点を重視すべきだ。
② 職員の間に蔓延している「一生懸命働かなくても、職場でそれなりに楽しくやっていける」という意識・風潮を根絶する。
③ 事務職員に仕事上、必死に努力して何とか達成できるような非常に高い目標を与える。
④ 学園全体において、事務職員に仕事をさせていく上で、論理の一貫性や明確さ、慎重な検討や推論を高く評価する。
⑤ 事務職員の仕事の内容を根本的に変える。つまり各自みずから積極的に挑戦し解決していかなければならないような性質の仕事を与える。
⑥ 事務職員が自分の仕事にプライドを持てるようにする。
⑦ 職務遂行能力の高い可能性を持った人材の採用、またその能力向上のため

の適切な研修を行う。
⑧ 目先の仕事に追われるのではなく、中・長期的な視野に立って仕事を企画・立案していくことを奨励する。
など

次に「民主的で創造的な組織」の実現を通じて「事務組織・管理への満足」を高めるためには、つまり「組織構造」局面にかかわる改善提案としては、
① 管理職だけでなく、一般事務職員にも自分の仕事にかかわる問題の解決に積極的に関与させる。
② 事務職員の職務を明確に定義し、職務内容の重複や過少をなくす。
③ 事務組織の風通しをよくする。つまり事務業務にかかわる情報が、上下、横、斜めに流れるようにする。
④ 各職場のリーダーの存在感が薄いので、公式にも非公式にもリーダーシップを確立させる。
⑤ 本学の主要な政策課題や管理方針や組織構造について、事務職員に正しく理解させる。
⑥ 事務組織で発生する問題の解決のさい、場当たり的に人材を集め、取りあえず解決を図るのではなく、計画的に組織的に解決を図る。
⑦ 官僚主義を払拭する。つまり公式な手続きや規則、先例を過度に重視しない。
⑧ 事務組織の指示・命令系統を明確化し、担当者の業務上の混乱を避ける。
⑨ 事務職員に対して適正な業務計画と業務手続きを示し、適正に仕事配分をする。
などがある。

以上のさまざまな改善策を実現しようとすれば、さまざまな具体的な処置が考えられるが、それらを基本的にまとめ上げるとすれば、次の方策が考えられる（図表3-5）。

図表3-5 本研究に基づく、学園および大学の最も重要な改革策

学園および大学の最も重要な改革策	具体的な方策
管理者の意識改革と管理方式の改善	・管理者の部下管理方式を民主的参加型の管理方式へと改善する ・部下にやりがいのある仕事と高い仕事目標を与え、仕事を完全にやり遂げることを求める ・部下の人事考課のさいは、人間関係を重視するのではなく、仕事の成果や企画・立案能力を重視する
適正な人事考課システムを構築・採用する	・学園全体に能力主義や成果主義に基づく人事考課システムを導入し、その結果を事務職員の処遇に適正に反映させる
一般事務職員の意識改革	・適正な人事考課システムの導入により、リスクを恐れず現状を改革しようという意欲を作り出す
学園全体の業務規定を見直し、官僚主義を払拭する	・仕事上の規則・手続き・慣例を大幅に見直して減らし、事務職員の仕事上の自由裁量範囲を権限以上に拡大する ・業務内容を見直し、業務内容をやりがいのある内容に作り変える
事務組織の再構築	・現在の組織構造をよりフラットな構造にする ・現在の事務部署を統廃合し、その数を大幅に減らす ・管理職の責任と権限の規定を見直すと同時に、明確化する ・事務組織の支持・命令系統を明確に規定する

(1) 最も重要な改善策としては、以下の点である。
① 管理者の意識改革と管理方式の改善
　とりわけ管理者の部下管理の方式を民主的参加的な管理方式へと改善する。そのさい目標管理も採用する。つまり部下に挑戦的な仕事および高い仕事目標を与え、仕事を完全にやり遂げることを求め、部下の評価のさいには人間関係ではなく、仕事の成果や企画・立案能力を重視する。
② 適正な人事考課システムの導入
　能力主義や成果主義に基づく人事考課システム、より望ましいのはコンピテンシー・システムを構築する。
③ 事務職員の意識改革
　①、⑧にも関連するが、事務職員に、リスクを恐れない気持ち、現状を革新しようという意欲を作り上げる。このためには、人事考課システムが重要な役割を果たす。
④ 業務規定を見直し、官僚主義を払拭する。
　仕事上の規則・手続き・先例が繁雑すぎるので、大幅に減らし事務職員の自由裁量の範囲を権限規定の上から拡大する。同時に業務をやりがいのある内容に作り変える。
⑤ 事務組織の再構築
　現在の組織構造を低い階層の構造に変え、部署を統廃合し、その数を大幅に減らす。同時に管理職の責任と権限の規定を明確にする。また事務組織の指示・命令系統を明確に規定する。
(2) 次に重要な改善策としては、
① 職員採用方法の見直し
　とりわけ本学園に対して強いコミットメントを持ち、仕事に強い意欲と高い能力を持った人材の積極的採用が必要だ。
② 配置転換戦略の見直し
　職場の配置転換を積極的に行う。事務組織の効率化のためにも、適材適所を行う必要がある。それには適正な人事考課システムの採用が最低限求められる。

③　職員研修内容の見直し

　職員の研修内容を再検討する。職員に、一生懸命働くことが自分や同僚や学園にとってどんな意味があるのかについて理解を高め、仕事上の自己責任意識を徹底させ、他の大学などに対する競争意識を駆り立て、企画・立案能力の向上と、学園の生存・発展にとって重要な外部環境の変化や、学園が現在抱えている問題の理解に焦点を置く。

2.　大学

　「組織管理のやり方」の改善策については、学園全体サンプルのパス図と大学サンプルのそれが基本的に同様のものだから、上記1.での改善策が大学サンプルにおいても基本的に妥当すると主張できる。

　大学サンプルでも、「大学教育への満足」と「事務組織・管理への満足」は主に「組織管理のやり方」によってのみ強い影響を受けていると考えられる。つまり大学サンプルでは、「組織管理のやり方」を改善すれば、それが「事務組織・管理への満足」を強く高めるといってよい。

3.　まとめ

　本学園および大学の事務組織の改革にとって最も重要な改善策として5つ（上記①〜⑤）明らかになった。これらはすべて事務組織の根幹をなすものである。それだけに、この学園の事務組織にとり、きわめて根本的かつ大規模な組織改革が求められる。これからの問題は、このような徹底的な改革をどの程度実行できるかという点だ。もし中途半端な段階で改革が頓挫してしまえば、意に反して事務業務の現場で大混乱が発生するか、深刻な機能麻痺が発生するか、さらには事務組織そのものが崩壊してしまう危険すら想定される。それだけに慎重の上にも慎重に改革を推し進めていく必要があるだろう。

　最後に、本調査の2つのスケールで測定した計17次元の平均得点はすべて中央値3を下回っていた。このような結果が生まれた原因の1つとして、本調査の被験者に問題があるかもしれない。本調査の被験者が果たして学園全体、また大学全体の事務職員の気持ちや意見を代表しているのかどうかが問題であ

る。被験者は各部署の長が選抜した人達で、被験者達はそもそも大学の管理・運営に不満を強く持っていた人達かもしれないし、事務組織の改革の必要性を従来から強く感じていたか、また改革プロジェクト・メンバーとして選抜された後にその使命感を強く感じてきたのかもしれない。しかしこれらの点については確認することができない。本調査の質問票調査の方法がきわめて公正に慎重に行われたことから推測すれば、17次元にかかわるデータすべてが信頼の置けるものと考えたい。

しかしながら、本文で指摘したように、今回の調査研究では組織の総合診断スケールの信頼性にかかわる問題が発生した。この点は実証研究の見地からすれば、きわめて重大な問題である。つまり今回の研究は共分散構造分析によって分析結果は出たが、上述のような改善策を強く主張できなくなる可能性がある。しかしこの点をよく考えてみると、きわめて興味深いことが推測できる。今回の調査ではサンプルを管理職と非管理職に分けてデータ収集しなかった。したがって管理職と非管理職の間で非常に大きな知覚の差があると予想される。管理職は現体制維持の見地から設問項目に対してかなり好意的な判断をしている傾向が予想され、他方非管理職はかなり非好意的な判断をしている傾向が予想される。もしそうであれば、α 係数は当然低い値になる。このような解釈が成り立つとすれば、本学園の事務組織改革委員会が作成する改革案は玉虫色の性格のものか、管理職主導の性格のものにならざるを得ない。そうであれば、事務組織の抜本的な改革は困難であろう。

引用・参考文献

1) Chatterjee, S. & B. Price, Regression Analysis by Example, John Wiley & Sons, Inc., 1977.（佐和隆光・加納悟訳『回帰分析の実際』新曜社、昭和56年）。
2) Collins, D., Hatcher, L. & T. Ross, The Decision to Implement Gainsharing: The Role of Work Climate, Expected Outcomes, and Union Status, Personnel Psychology, 1993, 46, p. 104.
3) 林伸二『組織心理学』白桃書房、2000年、263-264頁。
4) Johannesson, R. E., Some Problems in the Measurement of Organizational Climate, Organizational Behavior and Human Performance, 1973, 10, pp. 130-132.

5) 文部省大学審議会答申『21世紀の大学像と今後の改革方針について』1998年10月26日。
6) Muchinsky, P. M., An Assessment of The Litwin & Stringer Organization Climate Questionaire: An Empirical and Theoretical Extention of The Sims and Lafollette Study, Personnel Psychology, 1976, 29, pp. 388-391.
7) Payne, R. L. & D. C. Pheysey, G. G. Stern's Organizational Climate Index: A Reconceptualization and Application to Business Organizations, Organizational Behavior and Human Performance, 1971, 6. pp. 97-98.
8) Smith, F. J. et al., The Measurement of Satisfaction in Work and Retirement, Rand-McNally, 1969.
9) 豊田秀樹、他著『原因をさぐる統計学』講談社、1992年。

第4章　大学事務組織の改革の鍵

　第3章の冒頭のところで述べたが、「大学の事務組織」の改革の要点を実現していくには、どうすればよいのだろうか。それを実現していくためには、経営管理方式、リーダーシップ、人的資源管理、組織構造、組織風土といった主要な組織局面の改革がまず求められる。しかし大学事務組織が教学組織を支援し、大学組織という全体組織を構成しているという事実を考えれば、大学組織全体の経営戦略や、大学にとってきわめて重要な評判管理のあり方や実態が事務組織の活動を規定し、またその有効性と効率性に大きな影響を与えている。したがって本稿では、経営戦略や評判管理にも言及する。しかもこの経営戦略や評判管理の問題は大学組織の研究において従来余り重視されてこなかった。ただし本章では、大学事務組織の人的資源管理のあり方そのものは割愛する。というのも教育機関における人的資源管理問題についての研究はその重要性からしても研究数がきわめて多く、したがってそれに触れるとすれば非常に多くの紙面を必要とするからだ。しかも教員や研究者さらには教学組織に関する研究の数は多いが、大学事務組織や事務職員に関する研究が少ないのが実状だ（日本での実証研究として林、前掲書）。
　そこで本章は大学事務組織を改革していく上で重要な問題領域にかかわる過去の研究成果を検討して、大学事務組織の有効性と効率性を高めるために、どのような点をどのように改革していけばよいのかを考えてみたい。
　しかし、ある特定の大学事務組織の有効性と効率性を高めるためにはどうすればよいのかという問いかけに対しては、本来は個々の研究対象（大学事務組織）が実際どのような問題を抱えているのかをまず明らかにしなければならない。その上でまず、大学事務組織の有効性と効率性を高めるために過去にどの

ような研究がなされ、それぞれにおいてどんな改善策が提案されてきたかについて一般的に考察・検討する必要がある。それによって、以下の点が可能となるだろう。

(1) 大学事務組織の有効性と効率性を高めるために、どのような切り口があるのかを明らかにする。
(2) 過去の研究成果を通じて、大学事務組織の有効性と効率性を本当に高めることができるのかどうかを明らかにする。
(3) 大学事務組織の有効性と効率性を本当に高めることができる基本的かつ具体的な方策というのがあるのか。もしあるとすればそれは何か。それは国、地域、大学のタイプ（医学系、理工系、社会科学系、芸術系など）などにかかわらず活用することができるのだろうか。

さて、本章では大学事務組織の有効性と効率性を高めることができる方策の主要なものを探り、その効果を調べるために、以下では大学を含むさまざまな教育機関を対象にした研究を考察・検討する。そして本章の最後に、文献サーベイの結果として「大学事務組織の有効化・効率化のメカニズム」を明らかにし、次に「日本の私立大学の事務組織の有効性と効率性」を高める上で何が障害になっているのかについて若干検討してみたい。

1. 経営戦略

大学の経営戦略は予算案に反映されている。この予算案が確定されると、大学の教育・研究、事務活動がそれに基づいてそれぞれ展開していく。予算案の立案プロセスは国公立大学を除き、私立大学の場合しばしば理事者（法人）、大学執行部（学長以下の教育・研究者の代表者）および事務組織の代表者間のパワー闘争の実態をさらけ出す。それでは予算案に具現化されている経営戦略はそもそもどのようにして策定されているのだろうか。それは企業とはどのように違うのだろうか。

さて、組織の業績を基本的に決定するものは経営戦略である。組織は企業であれ病院であれ大学であれ、どんな組織でも経営戦略に基づいて行動してい

く。したがって大学の場合も、その生存と発展を決めるのは大学の経営戦略だ。経営戦略を正しく策定していくには、大学組織の外部評価（環境分析、教育産業分析、顧客（大学進学希望者）分析）と内部評価（自大学の組織業績分析、自大学の経営諸資源の監査（教員の教育・研究、教育プログラムの開発、事務職員の事務処理、組織、財務、マーケティングなどの能力）、自大学の競争力評価）を正しく行うことが出発点だ。

戦略策定では、まず正しく外部評価を行えたかが第一歩である。その外部評価を正しく行うために必要なのは組織の環境精査活動（とりわけ経営者の）である。環境精査活動というのはBSA（境界結合活動；弾力性を要求する組織外部の力と、秩序と効率を要求する組織内部の力の間の矛盾を調整しようとする活動。つまり自組織とそれを取り巻く諸環境との間のバランスを取ろうとする活動のこと）の基本的な1つの要素のことだ。その善し悪しは組織の情報処理能力（認知的複雑さと曖昧さ非寛容によって測定）によって決まる（林、1999年、165-169頁）。たとえば米国の食品とアパレル業界の中小企業の所有経営者82名（小売業38社、メーカー44社）の研究によれば、環境精査活動に多くの時間を使っている経営者ほど、企業の売上高は高くなる。しかもその経営者は情報処理能力（認知的複雑さ）の高い人であった。つまり情報処理能力の低い経営者は、環境精査活動が強く求められるような環境状況のもとでは、組織業績を高めることができないのである。それでは組織業績を高めるために正しい戦略を策定していく上で、大学の経営者はどのような環境精査活動を行うべきなのだろうか。

米国の私立の文科系大学8校、私立総合病院6組織および生命保険会社6社の経営陣（トップ・マネジメント）195名（私立大学74名、総合病院60名、生命保険会社61名）についての研究がある（Hambrick, D. C., 1981）。

以下、第2章3「米国の大学改革戦略」を参照されたい。

2. 管理方式

大学の管理の基本的な目的は教育と研究の業績向上である。しかし教育機

関の管理に関する研究には、管理システム内部の支配構造のあり方（Peterson, K. D., 1984. 他）、管理者の数と組織規模の関係（Cullen. J. B. & D. D. Baker, 1984. 他）、各学部への資源配分のメカニズム（Asher. H, & J. Z. Shapiro, 1988. 他）の解明などと、さまざまな見地からさまざまな研究がある。ここでは、管理方式そのものに焦点を置く。

経営管理論の見地からは、一般的に「分権的管理方式は集権的管理方式よりも高い組織業績を生む」と主張される。果たしてこれは正しいのだろうか。また教育機関の場ではどうなのだろうか。

初めに、大学運営の基本はその管理方式にあるのではなく、学部間のパワーの不均衡と大学経営者側のパワー志向にあると主張する研究を考察してみよう。これは教育・研究の場のみならず、事務組織の場においてもきわめて示唆に富むものだ。フェッファー＆サランシック（Pfeffer, J. & G. R. Salancik, 1977）は米国のある大規模大学の人文系の多くの学部を対象に、大学管理者の意思決定プロセスについて研究した。この研究は事務組織の管理そのものの有効性を研究してはいないが、大学事務組織の最高責任者である大学経営者側（大学経営専従者からなる）は、それがどのような管理方式を採用していようが、重要な問題に関しては、自己のパワーの維持・強化の見地から意思決定する傾向があることを明らかにしている。この大学は資源配分（大学院生へのフェローシップの授与、学内での研究補助金配分、先端研究センターの研究員の任命、夏期講座担当教員へのフェローシップの授与）を学部代表者からなるさまざまな委員会を通じて行っていた。研究結果によると、

(1) 有力な（パワーの強い；ただしパワーは、研究者の業績の質、博士学位取得者数、学外からの補助金や研究依頼数などで測定）学部の場合、自学部の資源獲得能力を高めようとして、自学部に都合のよい判断基準の採用を主張し他学部にそれを認めさせようとした。とりわけ余りクリティカルでも稀少でもない資源の場合、この傾向が強く見られた。

(2) 有力でない（パワーの小さい）学部の場合、自学部の資源獲得能力は主に大学全体の政治構造に関する知識とそれに基づく行動であった。

(3) 大学全体の見地からの追加的な資源配分の場合は、パワーの強い学部の方がしばしば資源獲得能力が弱くなる傾向がある。有力な学部の主張や戦略が有効に働かなくなるのだ。つまり、大学経営者側と学部の間には、通常支配力をめぐって対立関係にある。だから経営者側はパワーの弱い学部の要求に積極的に対応して、パワーの強い学部を牽制することによって、学部間のパワー・バランスを平準化し安定化させようとする。こうして経営者側は自己の支配力を維持しようと努める。

この研究結果を敷衍すれば、事務組織が大学内部で強いパワーを持っていれば、自らにとって有利な結果を拡大することができ、また大学経営者側が学部と対立関係が強ければ強いほど、漁夫の利を得る可能性が高くなるのだ。こういったことは事務組織の効率化・有効化と直接結びつかないが、そのために必要な資金や人材の獲得にはきわめて重要なことだ。つまり事務組織の管理方式の改革をしなくても、事務組織はその効率化・有効化を図ることが可能なのだ。

ところが、教育機関の使命を実現するうえで必要不可欠な教員の職務態度を改善するには、管理方式そのものをどのように改革すべきなのかを明らかにしようとする研究がある。ニューヨーク州西部の2つの学区(農村部と都市部)の小・中学校教師454名を対象に、参加的管理方式という民主的・分権的管理方式(学校におけるさまざまな決定問題への教師の参加感の程度で把握)が教師の職務態度にどのような影響を及ぼしているのかを調べた研究がある(Alutto, J. A. & J. A. Belasco, 1972)。これによると、たとえば、

(1) 性別、年齢、勤続年数は意思決定への参加感と相関関係が見られた。とくに強いのは、男性は若い人ほど、参加感が低く、女性は高齢になるほど、参加感が大きくなった。また男女問わず、勤続年数が長いほど、参加感が大きくなっていった。
(2) 意思決定への参加感に不満を持つ人は、校長や教育長のコントロール権が強すぎるという不満を持つ傾向があった。
(3) 参加感の低い人ほど、役割コンフリクトを強く感じていた。
(4) 参加感の低い人ほど、職場で闘争的な態度や行動(ストライキ、労働組合活動、団体交渉に非常に好意的)を示す傾向があった。

この研究は、企業経営の場では「参加的管理方式の促進（上司の意思決定への部下の参加の程度を高める）は組織業績改善の見地から望ましい」と一般に考えられてきたが、教育の場では必ずしもそうはいえないようだ。参加感（＝参加すべきと思う程度－実際に参加している程度）には過少、適度、過大の3レベルがあるが、参加感の過少（低い）の人には参加的管理方式をもっと促進すべきだが、過大と感じている人には参加の機会を削減ないしは縮小した方がよく、適度と感じている人に対しては管理方式に変化を加えない方がよい。通常参加的管理は上司と部下たちの間で高いコスト（努力と時間の見地から）を必要とするので、決定問題の性質に応じて部下に意思決定参加の機会を与えた方がよい。

　要するに、これらの研究成果は大学事務組織の管理方式の在り方について直接解明していないが、きわめて重要な示唆を与えてくれる。特に後者の参加的管理に関する研究成果は、今日企業経営の場において強く支持されている。それだけに大学事務組織の場においても妥当性が高いのではないかと考えられる。

3. リーダーシップ・スタイル

　以下191頁までは第2章4.4(2-1)と重複しているが、この部分は本章にとって、きわめて重要な箇所なので、あえて記す。詳細は前述の箇所を参照されたい。

　グレンら（Graen, G. et al.1977）は連結ピンの態度や行動とその結果に関する過去のさまざまな研究をレビューして、「リーダーの上方影響力は部下たちの職務態度と行動に強い影響を与えるだろう」という研究仮説を立てた。サンプルはある大規模大学の3つの学部の上司－部下の関係にある103組（全員管理職で、事務管理職も含む）。この研究結果によれば（図表4-1）、

(1) 上方影響力の強いリーダー（連結ピン）は、その上司との間で、主として人間的な魅力や専門的な知識や技術に基づくパワーを重視し、強い人間的な結びつきが確立していた。

図表 4-1　上方影響力の強いリーダーの特徴

上司との間の人間関係
上司との間で主に人間的な魅力や専門的知識・技術に基づくパワーにより、強い人間的な結びつきが確立していた

リーダーシップ状況
a. 上司と部下の双方から強い支持を得ていた
b. 組織の諸資源（研究費などの予算、人材の獲得、物理的な諸施設など）の獲得・利用可能性が高かった
c. 部下を強く信頼し支持していた
d. 自己の意思決定問題の解決にも部下を積極的に参加させた
e. 部下監督上の問題が相対的に少なかった

部下の職務満足や行動、業績
部下たちの職務満足や行動、業績が、その弱いリーダーの部下たちよりも高かった

---

(2) 上方影響力の強いリーダーには、次のような傾向があった。
① その上司と自分の部下の双方から大きな支持、配慮、行動の自由を得ていた。
② 組織の諸資源の使用可能性が高かった。したがって、部下たちの職務行動を改善・促進できるという、よりよい状況を作ることができた。
③ 自分の部下に対する信頼、支持が強かった。
④ 自分の部下に対し、意思決定参加を強く期待した。
⑤ 部下監督上の問題が相対的に少なかった。
など
(3) 上方影響力の強いリーダーの部下たちの職務満足、行動、業績は、その弱いリーダーの部下たちよりも高かった。彼らはとりわけ、
① 直属の上司に対して高い支持と行動の自由を積極的に認めていた。
② 直属の上司から大きな支持と意思決定参加の機会を得ていた。
(4) 他方、上方影響力の弱いリーダーは、その上司との間で、主として職位の権限に基づく上下関係を構築していて、その部下たちの職務満足、行動、業

績は、上方影響力の強いリーダーの部下たちよりも低いものであった。

　要するに、仮説は支持された。さらにリーダー（連結ピン）の有効性（集団あるいは組織の業績の程度）は、そのリーダーの上方影響力の強さによって決まる。その強さはリーダーとその上司の間にどのようなタイプの結びつきができているかによって決定されるということが明らかになった。しかもこの研究結果はサンプルからも推測できるように、大学事務組織にも妥当すると考えられる。上記(1)、(2)のようなリーダーが事務組織のリーダーであれば、事務組織の効率化・有効化の実現も強く期待できるだろう。

4. 組織構造の改革

　組織構造のあり方は、組織メンバーの仕事への態度（満足、ストレス、コミットメントなど）・意欲、仕事上の権限・責任、情報の流れの正確さ・スピード、他の組織との間や下位組織単位間の協働関係やコンフリクトなどにさまざまな影響を与える。

　それでは、事務組織の効率化・有効化の実現のためには、組織構造はどのようであれば望ましいのだろうか。ここでは、管理コストと組織のコミュニケーション・パターンの見地から検討する。

4.1　管理コストの削減

　組織規模と組織構造の間の関係の解明に大きな理論的貢献をし、組織理論の発展に寄与した著名な理論にブラウ（Blau, P.M., 1970、1972）の構造分化理論(theory of structural differentiation)というのがある。この理論は次の5つの命題からなる。これらは図示すると、図表4-2のとおりである。

(1) 組織規模（組織構成メンバーの数）の増大は管理的スタッフ（組織活動に対して支援サービスを提供するスタッフ要員）の相対的な数を減少させる。
(2) 組織規模の増大は組織分化（これは部門や課などの組織下位単位の数で把握）を高める。ただし組織分化には水平的なタイプ（組織下位単位の数で把握）と垂直的なタイプ（組織階層の数で把握）に分けられる。
(3) 組織分化の高度化は管理的スタッフの相対的な規模を増加させる。

⑷　組織規模が増大している組織では、管理スタッフと組織分化の絶対的な規模が組織規模の増加よりも小さい割合で比例して増加する。
⑸　組織規模が減少している組織では、管理スタッフと組織分化の絶対的な規模が組織規模の減少よりも小さい割合で比例して減少する。

この構造分化理論が組織間の規模の差異や組織内部の構造変化をどの程度解明できるかを教育機関の場において検証しようとした研究がある（Cullen, J. B. et al., 1986）。この研究は博士号授与を認可された4年制大学134校（1973年時点で全米251大学）を1975-83年の9年間にわたって調べたものだ。ちなみに以下で管理者あるいは管理スタッフというのは、大学における研究・教育活動ではなく主にビジネス・財務・人事・教務などにかかわる管理者のこと、つまり学長、学部長、役員、事務部門長など。この研究によれば、
⑴　ほとんどの大学において、組織規模の増減にかかわらず、組織規模が増加すると管理スタッフも増え、また組織規模が増加すると組織分化も高まる傾向が見られた。ただし組織分化の高度化は組織規模の増加よりも小さい割合

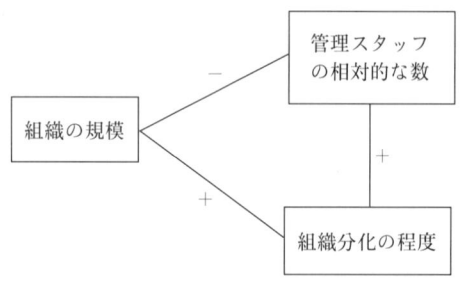

図表4-2　構造分化理論の基本モデル

Cullen, J. B. et al., 1986, p.205.

で比例していた。しかも組織規模が減少している大学の場合、そのうち60.5％が水平的組織分化が低下した（組織下位単位が減少した）。また134校のうちほぼ40％が組織規模の増加期間に学部ないしは学科の数を減らすか、組織規模の減少期間に組織下位単位を増やすか、あるいはまた組織規模の増減に関係なく組織分化の程度を変えなかった。これらの傾向は上記のBlauの理論に基づく予想に必ずしも一致していない。

⑵　管理スタッフが組織規模の増加率よりも低く比例的に増加している組織規模増加大学のわずか 31.3％が規模の経済を実現していた。
⑶　組織規模の増加にかかわらず管理スタッフの数が減少している組織規模増加大学の 44.7％が管理スタッフの絶対的な減少により、管理的経費の減少を実現していた。
⑷　組織規模減少大学のうちわずか 26.4％が、組織規模の減少につれて、管理スタッフの数を組織規模の減少率よりも低い割合で減らしていた。他方、組織規模減少大学の 57.9％が割合として管理スタッフを増やしていた。この理由は管理者の絶対数が増えたためだ。
⑸　134 校のうち、69.4％で組織分化が高まり（組織下位単位が増加）、残りは低下した。組織分化が高まった大学の 50％未満に、組織分化の高度化につれて管理スタッフの数も増加していた。しかも管理スタッフの数の増加率は組織分化増加率よりも小さかった。他方、組織分化が低下した大学のほとんどが、学部ないしは学科の数が減少しているにもかかわらず、割合として管理者が増えていた。

　以上の研究結果は大筋としてブラウの理論が指し示す方向を支持していた。ただしブラウの理論の組織規模の増減にかかわる構造化理論は、支配形態の相違（私的所有か公的所有か）、組織規模の相違（大規模組織か小規模組織か）、また組織規模の成長のスピードの相違などもモデレータとすれば、さらにブラウの理論は説得力が高まると考えられる。
　さて、この研究成果とブラウの理論を大学事務組織の改革に生かすとすれば、たとえば、次の点が主張できるだろう（図表 4-3）。
1)　管理的経費を減少させるには、管理的スタッフ（一般事務職員も含む）の数を減らさなければならない。そのためには組織分化の高度化を避けなければならない。つまり組織の下位単位を減らし（学部・学科や事務部署を削減し）、管理者を減らせば、管理的経費が削減できる。特に管理の効率化を図るとすれば、管理スタッフの数の増加率は組織規模の増加率よりも低く抑えなければならない。
2)　管理的スタッフの数を減らすためには、組織分化のタイプが何であれ（水

平型、垂直型)、その高度化は避けなければならない。つまり学部・学科や事務部署を新設したり、組織階層を複雑化(管理職位の新設など)してはならない。そのためには組織規模そのものを増加してはならない。事務業務の処理の合理化、コンピュータ化を促進すべきだ。

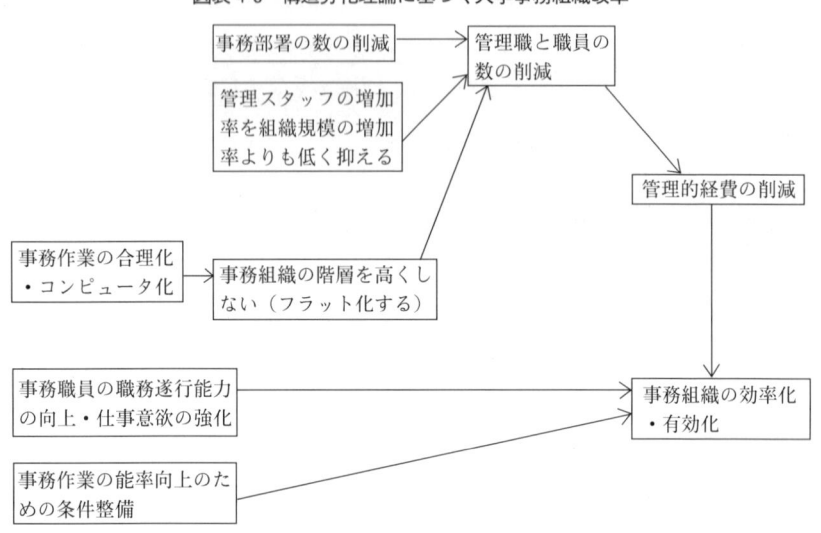

図表4-3 構造分化理論に基づく大学事務組織改革

```
事務部署の数の削減 ─────→ 管理職と職員の
                      数の削減
管理スタッフの増加
率を組織規模の増加
率よりも低く抑える
                      管理的経費の削減

事務作業の合理化
・コンピュータ化    事務組織の階層を高くし
                   ない(フラット化する)

事務職員の職務遂行能力 ─────→ 事務組織の効率化
の向上・仕事意欲の強化              ・有効化

事務作業の能率向上のた
めの条件整備
```

3) 大学事務組織の効率化・有効化の実現は、あくまでも組織規模の増大(職員数の増加)によるものであってはならない。大学そのものの発展のために、たとえ学部・学科や事務部署を新設しなければならない場合でも、組織規模の増大は避け、職員の職務遂行能力の向上や仕事意欲の強化、仕事能率向上のための条件整備(合理的な業務規定の作成、事務業務の処理の合理化・コンピュータ化、仕事環境の快適化など)を通じて、事務組織の効率化・有効化を図るべきである。

4.2 組織のコミュニケーション・パターンと組織有効性の関係

組織構造や管理方式は組織内部のコミュニケーション・パターンを規定し、結果として組織活動の有効性を規定する。しかもそのコミュニケーション・プ

ロセスにおいて情報のフィードバックがきわめて重要な役割を果たしている。つまりこの情報のフィードバックが組織を取り巻く環境不確実性を緩和し、組織活動の有効性を高める。そもそも組織というのはその有効性を高めるには環境変化によって引き起こされた、組織に対するニーズの変化に対応していかなければならない。そのためには環境変化についての情報のみならず自組織の活動やその結果についての評価情報をフィードバック情報として組織内部に取り込まなければならないのだ。このような情報フィードバックのパターンが組織の有効性とどのような関係にあるのかを明らかにした研究がある（Morrow, P. C., 1982）。それは米国中西部のある州の 90 の非営利の教育機関（連邦政府からの指導、市民のボランティア活動や寄付などの支援を受けている）を対象にした研究だ。これによれば、

(1) 水平的な業績フィードバックが高まれば、組織の有効性の 3 つの基準（組織目標の達成度、市民からの承認、監督機関からの承認）も向上していった。とくに組織目標の達成度に顕著な影響が見られた。ちなみに、

　　水平的な業績フィードバック：自組織の教育サービスの結果の評価を聞き、教育プログラム改善の提案を得るために、各組織の責任者たちが諮問委員会（市民から成る）から情報を得ること

　　組織目標の達成度：教育サービスの質と量が当初の計画（組織目標に関する）をどの程度達成しているかなどを 7 項目で測定。

　　市民からの承認：教育サービスの質と量が人々のニーズにどの程度マッチしているかなどを 9 項目で測定。

　　監督機関からの承認：自組織がよりよい教育プログラムの開発にどの程度努力しているかなどについて監督機関が 6 項目で測定。

(2) 垂直的な業績フィードバックが高まれば、組織目標の達成度のみが高まった。ちなみに、

　　垂直的な業績フィードバック：自組織の教育サービスの結果の評価を聞き、教育プログラム改善の提案を得るた

めに、各組織の責任者たちが連邦政府の
監督官から情報を得ること

要するに、組織の有効性にとって業績情報のフィードバックが重要な働きをしている。とりわけ水平的な業績フィードバックが強い影響力を持っていた。したがって大学事務組織としては、大学側が学生やその父母、学生の就職先である主要な産業界や官公庁などから、自大学の教育サービスの質についての情報獲得のために教員側を支援するとともに、積極的に自ら情報収集にかかわるべきである。またそれをよりよく実行するために組織を創設したり強化しなければならない。

5. 組織風土の改革

リカートらの研究以来、経営管理論や組織論の分野では、組織風土をそのメンバーにとってより望ましいものにするには、専制的ではなく民主的な管理方式、集権的ではなく分権的な組織構造を採用する必要があると考える。つまり「組織風土がメンバーにとってより望ましいものになれば、組織の生産性も向上していく」と一般に考えられてきた。はたしてこの一般命題は正しいのだろうか。

以下、管理方式が組織風土にどのような影響を与えているのかを明らかにし、次に組織風土のメカニズムを、教育機関の場において、全体的に考察する。

5.1 管理方式と組織風土の関係

管理方式と組織風土の関係について、米国の43の小学校をサンプルに調べた研究がある(Hall, J. W. 1972)。サンプルの所在地はセント・ローレンス(St. Lawrence)大学(New York)の半径200マイル内にあり、人口密度、産業特性、地理的特徴などの類似性が高く、各校の教員数は50-400名。この研究結果によると、

(1) 民主的管理方式（相談型と参加型）は開放的、自律的あるいは統制的な組織風土を生む傾向が強かった。とりわけ相談型の民主的管理方式の小学校

は開放的な組織風土を強く持っていた。

(2) 専制的管理方式（独裁型と温情型）は閉鎖的、温情的あるいは家族的な組織風土を生む傾向が強かった。とりわけ温情型の専制的管理方式の小学校は閉鎖的な組織風土を強く持っていた。

(3) 民主的管理方式の小学校には、次のような傾向が見られた。
・校長と教員や、教員と生徒の間には支持的なリーダーシップ関係が強く見られた。
・教員や生徒はそれぞれ教育や勉強に強い意欲を示していた。
・小学校の中で、上下、横のコミュニケーションが緊密に行われていた。
・小学校の運営に関する重要な問題の解決には教職員全員が参加していた。
・小学校の組織目標設定には、校長のみならず生徒や教職員も積極的に関与していた。
・校長は教職員や生徒にセルフ・コントロールを強く奨励し促進していた。
・生徒の学業成績は相対的に高い傾向にあった。

(4) 専制的管理方式の小学校には、次のような傾向が見られた。
・校長と教職員や、教員と生徒の間には専制的なリーダーシップ関係が強く見られた。
・教員や生徒はそれぞれ教育や勉強に強い意欲を持っていなかった。
・小学校の中で、主に上から下への一方的なコミュニケーションが行われていた。
・小学校の運営に関する重要な問題の解決にある一部の教職員だけが参加していた。
・小学校の組織目標設定には、主に校長だけが関与していた。
・校長は教職員や生徒を一方的にコントロールしていた。
・生徒の学業成績は相対的に低い傾向にあった。

(5) 組織風土の特徴については、次のような傾向が見られた。
・開放的な風土が強い場合は、メンバー間に、物事に積極的に取り組み、才気活発、思いやりにあふれているといった雰囲気が強い。
・自律的な風土が強い場合は、メンバー間に、物事に積極的に取り組み、親密、

才気活発、しかし個人主義（ある意味では冷淡）といった雰囲気が強い。
- 統制的な風土が強い場合は、メンバー間に、義務や束縛から逃れようとする、他人の行動を干渉・妨害しようとし、かつ成果を重視するといった雰囲気が強い。
- 家族的な風土が強い場合は、メンバー間に、お互いに親密で、思いやりにあふれているが、干渉し合わないといった雰囲気が強い。
- 温情的な風土が強い場合は、メンバー間に、お互い干渉し合わず、成果重視といった雰囲気が強い。
- 閉鎖的な風土が強い場合は、メンバー間に、個人主義（ある意味では冷淡）、原則としてお互い干渉し合わないが、場合によっては他人の行動を妨害しようとし、かつ成果重視といった雰囲気が強い。

以上の研究結果は、同じ教育機関という見地からは、大学の場にも適用できるのではないだろうか。もしそうだとすれば、少なくとも次のような主張ができるだろう。

① 大学が開放的、自律的な組織風土を持つためには、民主的管理方式（相談型と参加型）を採用すべきである。
② 大学の教員や事務職員、学生の間に、物事に積極的に取り組み、才気活発、親密、思いやりにあふれているといった雰囲気を高めるには、大学組織は少なくとも開放的で自律的な風土を強く作り上げなければならない。

要するに、大学事務組織の効率化・有効化を実現しようとするならば、その事務組織には統制的、家族的、温情的また閉鎖的といった組織風土よりも、開放的で自律的な組織風土の方が望ましいだろう（図表4-4）。そうなるには、事務組織は少なくとも民主的管理方式を採用しなければならない。

5.2 組織風土知覚のメカニズム

ジョージ＆ビショップ（George & Bishop, 1971）は過去のさまざまな研究成果を検討して、

「組織構造特徴とそのメンバーのパーソナリティ特性の間に調和（一致）があれば、組織メンバーは望ましい組織風土を知覚するだろう」と仮定した。つ

まり次のような関係を証明しようとしたのだ。

　　組織風土知覚＝f（組織構造特徴に関するメンバーの知覚
　　　　　　　　　　　　× メンバーのパーソナリティ特性）

図表 4-4　大学の組織風土－有効性の関係（高い可能性）

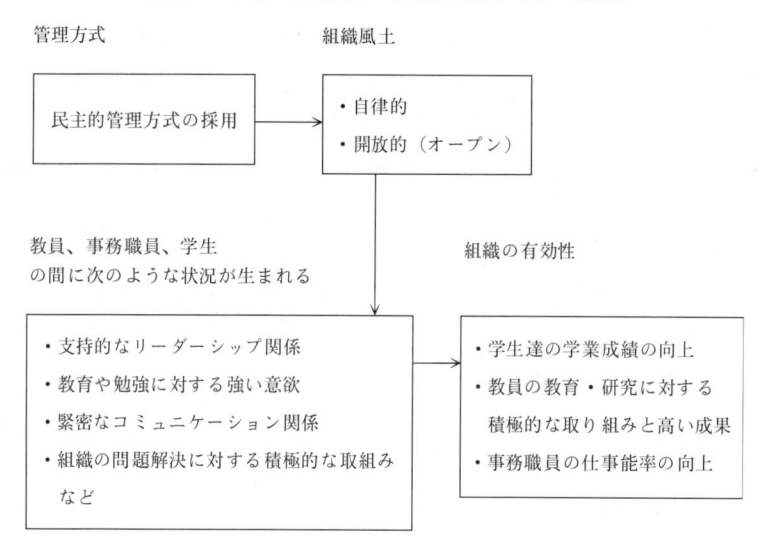

管理方式　　　　　　　　　組織風土

┌─────────────┐　　┌─────────────┐
│民主的管理方式の採用│→│・自律的　　　　　│
└─────────────┘　　│・開放的（オープン）│
　　　　　　　　　　　　　　└─────────────┘

教員、事務職員、学生　　　　　　　組織の有効性
の間に次のような状況が生まれる

┌─────────────────────┐　　┌─────────────────────┐
│・支持的なリーダーシップ関係　│　│・学生達の学業成績の向上　　│
│・教育や勉強に対する強い意欲　│　│・教員の教育・研究に対する　│
│・緊密なコミュニケーション関係│　│　積極的な取り組みと高い成果│
│・組織の問題解決に対する積極的│　│・事務職員の仕事能率の向上　│
│　な取組み　　　　　　　　　　│　└─────────────────────┘
│　など　　　　　　　　　　　　│
└─────────────────────┘

　研究の場は、米国のある2つの学区（第一のA学区は裕福な人達が住む新興住宅地にあり、今回の研究対象の7つの学校が属し、各学校は小規模で、官僚制化が進んでなく、革新的な教育プログラムの開発・使用が推し進められている。教師は113名；第二のB学区は都市部にある伝統校8校、各学校は大規模で、官僚制化が進んでいて、いわゆる旧来の教育プログラムが用いられている。教師は185名）にある計15の小学校に勤務する教師298名であった。

　研究結果によると、上記の仮説は強く支持された。つまり「メンバーのパーソナリティは、組織構造知覚と相互に作用し合って、組織風土知覚に密接に関連している」というのだ。もう少し詳細に述べると、

(1) 組織風土というのは、管理方式が民主的で組織構造が高度に分権化しているから、メンバーはだれでも組織の風土を開放的、健全、メンバー間に真の

相互作用があると感じるのではない。そう感じるには、その管理方式や組織構造とメンバーのパーソナリティの一致が必要なのだ。したがって、非常に強い官僚制組織でも、人によっては開放的、健全といった風土を知覚するのだ。つまり、

① メンバーのパーソナリティ特性（不安性向、活発な活動傾向、猜疑心、独立性、頑固）と組織構造特徴（形式化、集権化、複雑さ、職務遂行上の自立性（自由度）の程度）の知覚が調和している場合、メンバーは自己の組織を開放的、健全、メンバー間に真の相互作用があると感じている。

　たとえば、依頼心が強く、従順で、規則順守傾向の強いメンバーは、自己の組織を構造化が高く官僚制的傾向が強いと知覚すれば、自己の組織を上述のように望ましく知覚する。

② メンバーのパーソナリティ特性と組織構造特徴の知覚が不調和な場合、メンバーは自己の組織を閉鎖的、不健全、メンバー間に真の相互作用がないと感じている。

(2) 組織風土の知覚に対して、組織構造特徴の中でも形式化が最も強い影響力を持っていた。ちなみに組織の形式化 (formalization) というのは、仕事遂行上の公式の規則・規制の程度（メンバーの仕事のやり方や内容を縛る仕事手続きの多さと強さ）、仕事の標準化の程度を指す。

(3) 学校のタイプの違いによって、教師のパーソナリティと役割行動に違いが見られる。

　このことは組織風土とメンバーのパーソナリティが密接な相互作用関係にあることを示している。

　要するに、この研究成果によると、大学事務組織の風土をより望ましいものに作り変える上で、管理方式や組織構造の民主化や分権化を図る必要はないといえる。しかしどんな組織風土であっても、それがメンバーにとってより望ましい風土の方が、メンバーも働きやすく、生産性も向上していくはずである（林、2000年、259-263頁）。そうであれば、理論的にも経験的にも、一般的にいって、「管理方式が民主的で組織構造が高度に分権化しているほど、メンバーはだれでも組織の風土を開放的、健全、メンバー間に真の相互作用がある

と感じる傾向が高い」ということができるだろう。

6. 威信、評判、イメージ

　大学の学部や大学院の威信、評判、イメージは大学の存続や発展にとってきわめて重要なものである。その重要性やメカニズムを以下で考察するが、じつはこれは事務組織にとっても重大な意味を持つ。というのは、事務組織は大学学部や大学院における教育サービスの提供という基本的役割を円滑に促進させるための支援業務を行うという役割を担っているからだ。つまり事務組織は大学の威信、評判、イメージの向上をバックアップしているのだ。

　しかし大学事務組織が大学の評判管理にどのような働きをしているかを直接研究したものはないようだ。そこで以下において、まず大学学部や大学院の威信、評判、イメージが大学におけるさまざまな活動とどのような関係にあるのかを考察してみる必要があるが、これらについてはすでに本書第2章で記述しているので、本章では割愛する。

6.1　学部の評判が持つ意味

　次に、学部も視野に入れて、高等教育機関の質とその評判について考察してみよう。研究結果によれば、高等教育機関の質はその評判と必ずしも一致しないが、非常に密接な関係があるようだ。とくに大学の学部の評判は以下の点から重要な問題である（Cole, J. R. & J. A. Lipton, 1977, pp.662-663）。

(1)　母校や出身学部の評判が卒業生の就職先や転職先、職歴選択・開発に大きな影響を及ぼす可能性がある。

(2)　母校や出身学部の評判が学生や卒業生の自己価値形成に影響を与え、また自分にとって重要な準拠集団内部での自分のポジションに影響を与える可能性がある。

(3)　たとえば医学の世界では、出身医学部の評判が自分の研究者としての能力評価と将来可能性に影響を与える可能性がある。

(4)　母校や出身学部の評判が優秀な教員や学生の獲得のみならず、教育・研究

に必要な資源（企業からの寄付、共同研究の申し込み、公的機関からの助成金など）の獲得に影響を与える。

以上の関係をまとめると図表 4-5 のとおりだ。

図表 4-5　大学や学部の評判とその効果（コール＆リプトンの研究成果）

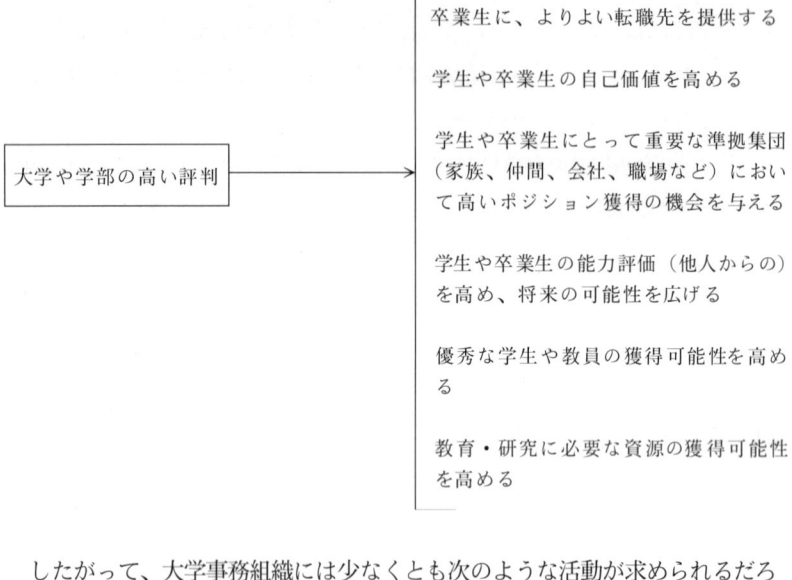

大学や学部の高い評判 →
- 学生に、よりよい就職先を提供する
- 卒業生に、よりよい転職先を提供する
- 学生や卒業生の自己価値を高める
- 学生や卒業生にとって重要な準拠集団（家族、仲間、会社、職場など）において高いポジション獲得の機会を与える
- 学生や卒業生の能力評価（他人からの）を高め、将来の可能性を広げる
- 優秀な学生や教員の獲得可能性を高める
- 教育・研究に必要な資源の獲得可能性を高める

したがって、大学事務組織には少なくとも次のような活動が求められるだろう。

① 適正な広報活動を積極的に展開する。

たとえば、入学希望者（潜在的な者も含む）に卒業後の進路・就職先、卒業後社会で活躍している人達、自大学の魅力ある教育カリキュラムや講座などについて。

② 大学の教育・研究の質が高まるように、教員の活動を積極的に支援する。

たとえば、外部から導入する教育・研究費の積極取り込みを事務的にきめ細かに支援する、教育・研究環境の整備を積極的に図るなど。

6.2 医学部の評判形成のメカニズム

とりわけ医学部の場合、その評判は実際の教育・研究の質と非常に密接な関係があるようだ。つまり教員の研究業績のレベルとその学会における評価が医学部の評判を強く決定しているといわれる。

そこで Cole, J. R. & J. A. Lipton (1977) は米国では医学部の評判の源泉は何かについて研究した。サンプルは全米の医学部94校(全教員数2,049名)のうち87校、教員583名(教授29％、助教授36％、専任講師35％)。この研究結果は一言でいうと、医学部の評判形成で最も重要な要因は教員の研究業績だが、それだけではなく、他の要因(スター教員の高名さ、研究・教育資金、専任教員の数、学生数など)も重要な影響を与えている。しかも現在評判の高い医学部は将来も高い評判を得る可能性が高いといえる。研究結果をもう少し詳細に考察すると、

(1) 医学部の評判は教員の研究業績(主要な科学ジャーナルへの発表論文数)によって決定されるが、それは学部全体の業績の数によるものではなく、少数のスター教員の業績の関数であった。つまり医学部の評判形成で重要な要因は少数のスター教員なのである。

(2) 医学部の評判はその研究資金の潤沢さと強い相関があった。

(3) 医学部の評判にはハロー効果が強い影響を与えていた。つまり全国的に著名な(評判の高い)大学に所属する医学部は、その医学部自体の研究・教育業績による評判よりも高い評判を得ていた(ただしハーバード大とUCLAは除く)。しかし全国的な名声が低い大学の医学部は逆に評判が割り引かれていた。

(4) 医学部の所在地とその評判は有意に関係していた。つまり米国では北東部と西部にある医学部は、他の地域にあるそれらよりも、評判が高い傾向にあった。

(5) 医学部の評判は、伝統(創設以来の年数)、私立か州立か、学生の性別構成などと無関係であった。

要するに、医学部の場合上記のような研究結果が明らかになっているが、興味深い点は「現在評判の高い医学部は将来も高い評判を得る可能性が高い」と

いう点だ。これが医学部以外の学部にも妥当するとすれば、現在評判がよくない大学や学部は評判を高めるには非常な努力をしなければならない。

しかも大学事務組織はどのように活動すべきかという見地からすれば、自大学あるいは学部の現在の評判がよいのか、悪いのかによって事務組織の活動は大きく異なるだろう。たとえば評判がよい大学の場合、事務組織はその維持にまず努めなければならない。しかし評判が悪い大学の場合、事務組織はその払拭にまず努めなければならない。しかしながら、大学の評判は、上記のように、教員の研究業績によって決定されるとするならば、事務組織は評判改善に直接に寄与することはできない。しかしその場合でも、前述の「学部の評判が持つ意味」のところで述べたような、事務組織に求められる活動を展開していかなければならないだろう。ただしとくに広報活動の場においては、困難を伴うだろう。

6.3 大学院の評判と教員の採用

本節も第2章2.4を参照されたい。

要するに、大学や大学院の教職に就くには評判のよい（評判ランキングで高い）大学院を卒業した方がよい。このことは企業への就職の場合にも妥当するだろう。さらにこのような傾向は日本の場合にも当てはまるように思われる。

したがって大学事務組織としては、自大学の大学院生の就職活動を支援する上で、他大学に対して、自大学院の評判を高めるための広報活画を積極的に展開し、他大学が求める専攻領域などについて積極的に情報を収集し、教授個人や大学院教授会などの活動を支援していく必要がある。

7. まとめ－要約と検討－

7.1 大学の事務組織の有効化・効率化のメカニズム

本稿は大学事務組織の有効化・効率化のメカニズムを明らかにするために、教育機関を研究の場としたさまざまな研究を考察・検討してきたが、取り扱った要因も研究量もかぎられたものであった。さらに取り扱った研究のうち、大学を研究の場としたものはごくかぎられている。しかもわれわれの研究目的

「大学事務組織の有効性と効率の改善」のための具体的な研究上の示唆を直接与えてくれるものはさらに少ない。しかしわれわれの研究目的の見地に立って、上述のレビューから再度要点を取り上げると、以下のような具体的な主張を抽出することができるだろう。

(1) 経営戦略

　大学がどのような戦略を設定しているか、大学管理者たちの中のパワー構造がどのようになっているのか、さらには大学管理者たちの環境変化に対する知覚・解釈・対応の仕方が大学事務組織の活動や構造のあり方を決定するということができる。

1) 大学事務組織としては、大学がどんな経営戦略を設定しているかによって、その活動の性質が異なってくる。

　たとえば、教育プログラムの改善や教育方法の改善に関する外部情報（生産セクターの精査活動）を重視する大学は、防衛型戦略を採用する傾向が強いから、事務組織としては授業料の適正な設定や既存の教育の質的高度化のための支援活動を重視すべきである。つまり事務組織には戦略的色彩の行動よりも内向きの合理化が求められるのである。

2) 大学の経営者の環境精査活動のタイプと強さによって、経営戦略が異なってくる。ということは大学の組織業績に対して経営者の環境精査活動が大きな影響力を持っているのである。

　大学経営者の間では一般に、生産セクターの精査活動を積極的に行っている人ほど、学内で強いパワーを持つ傾向があった。しかも生産セクターの精査活動を行う経営者が強いパワーを持っている大学は防衛型戦略を採用する傾向が強い。他方、収益セクターの精査活動を行う経営者が強いパワーを持っている大学は探査型戦略を採用する傾向が強い傾向があった。つまり大学事務組織のトップが経営陣の一員で強いパワーを持っていれば、かつ生産セクターの精査活動を重視していれば、当然としてその事務組織も防衛型戦略を採用する傾向が強いのである。

3) 大学管理者は大学が有効性（環境変化への適応力）が高いと知覚すればするほど、環境変化を脅威と見なす傾向が小さくなる。また大学へのアイデン

ティティが強くなればなるほど、また戦略的計画策定プロセスに参加するほど、環境変化を脅威と見なす傾向が小さくなる。

つまり大学の資源依存性は、大学管理者が学生の獲得可能性の変化（環境状況の不確実性）に気づくかどうか、また大学管理者のそれへの対処能力（対応の不確実性）には影響を与えていないが、大学管理者が学生の獲得可能性の低下を脅威と解釈する傾向に強い影響を与えていた。ちなみに大学の資源依存性というのは、資源（学生）の獲得可能性の低下に対する組織的弱さ（適応力の低さ）の程度を決定するキー要因だ。それは大学教育プログラムの魅力度への依存性、と学生選抜方法の種類の多様性への依存性（特にこれは有名校でない場合は学生を引きつける力になる）の2つで測定される。

4) 大学組織の特徴（大学管理者が知覚した自己の大学の環境変化への適応力、自己の大学へのアイデンティティ、および自己の大学組織の分権化の程度）は環境の解釈プロセスに強い影響を与える。

たとえば、組織の有効性（環境変化への適応力）についての大学管理者の知覚は環境変化の解釈に最も強い影響力を与えていた。

さらに、大学へのアイデンティティの強さが環境変化の解釈に影響を与えていたが、その影響力は小さかった。また大学管理者は大学の戦略的計画策定プロセスに参加するほど、環境変化を脅威だと見なす傾向が小さくなった。

(2) 経営管理

1) 大学事務組織の有効化・効率化を図るためには、参加的管理を採用した方がよいだろう。

参加的管理は一般的に言って部下達の仕事意欲を高めたり、彼らの上司に対する好意的態度を高めるが、上司と部下たちの間で高いコスト（努力と時間の見地から）を必要とするので、決定問題の性質に応じて部下に意思決定参加の機会を与えた方がよい。

2) 大学運営の基本としてはその管理方式のみならず、学部間のパワーの不均衡と大学経営者側のパワー志向が重要である。しかも事務組織が大学内部で強いパワーを持っていれば、自らにとって有利な結果を拡大することができ、また大学経営者側が学部と対立関係が強ければ強いほど、漁夫の利を得る可能性が高くなる。

こういったことは事務組織の効率化・有効化と直接結びつかないが、そのために必要な資金や人材の獲得にはきわめて重要なことだ。つまり事務組織の管理方式の改革をしなくても、事務組織はその効率化・有効化を図ることが可能なのだ。

(3) リーダーシップ

事務組織のリーダーが強い上方影響力を持っていればいるほど、事務組織の効率化・有効化の実現も強く期待できるだろう。

(4) 組織構造

1) 管理的経費の削減

① 管理的経費を減少させるには、管理的スタッフ（一般事務職員も含む）の数を減らさなければならない。そのためには組織分化の高度化を避けなければならない。

つまり組織の下位単位を減らし（学部・学科や事務部署を削減し）、管理スタッフを減らせば、管理的経費が削減できる。とくに管理の効率化を図るとすれば、管理スタッフの数の増加率は組織規模の増加率よりも低く抑えなければならない。

② 管理的スタッフの数を減らすためには、組織分化のタイプが何であれ（水平型、垂直型）、その高度化は避けなければならない。

つまり学部・学科や事務部署を新設したり、組織階層を複雑化（管理職位の新設など）してはならない。そのためには組織規模そのものを増加してはならない。事務業務の処理の合理化、コンピュータ化を促進すべきだ。

③ 大学事務組織の効率化・有効化の実現は、決して組織規模の増大（職員数の増加）によるものであってはならない。

大学そのものの発展のために、たとえ学部・学科や事務部署を新設しなければならない場合でも、組織規模の増大は避け、職員の職務遂行能力の向上や仕事意欲の強化、仕事能率向上のための条件整備（合理的な業務規定の作成、事務業務の処理の合理化・コンピュータ化、仕事環境の快適化など）を通じて、事務組織の効率化・有効化を図るべきである。

2) 組織のコミュニケーション・パターン

組織の有効性にとって業績情報のフィードバックが重要な働きをしている。とりわけ水平的な業績フィードバックが強い影響力を持っていた。したがって大学事務組織としては、大学側が学生やその父母、学生の就職先である主要な産業界や官公庁などから、自大学の教育サービスの質についての情報獲得のために教員側を支援するとともに、積極的に自ら情報収集にかかわるべきである。またそのための組織の強化・新設が必要だ。

(5) 組織風土の改革

大学事務組織の効率化・有効化を実現しようとするならば、その事務組織には統制的、家族的、温情的また閉鎖的といった組織風土よりも、開放的で自律的な組織風土の方が望ましいだろう。そうなるには、事務組織は基本的に民主的管理方式を採用しなければならない。というのは、一般的にいって「管理方式が民主的で組織構造が高度に分権化しているほど、メンバーは誰でも組織の風土を開放的、健全、メンバー間に真の相互作用があると感じる傾向が高い」ということができるからだ。

(6) 威信、評判、イメージ

1) 大学の威信が高い大学は前述の6つの適応的目標(学生の教育の充実、市民に対する教育サービスの充実、社会人教育の充実など)をそれほど重視する必要はない。しかし威信が低い大学はこれらの適応的目標をもっと重視し、大学の財政基盤をもっと強化する必要がある。

威信が高い大学が追求すべき目標というのは、「社会的にきわめて重視され、かつその実現・達成が非常に強く求められている普遍的な価値(意義)にかかわる組織目標。しかもその達成を通じて大学が社会の発展の先駆的なリーダーや改革者になることができるような目標」のことかもしれない。

2) 大学の威信や評判、イメージを高めるには、大学事務組織には、少なくとも次のような活動が求められるだろう。

・適正な広報活動を積極的に展開する。

たとえば入学希望者(潜在的なものも含む)に卒業後の進路・就職先や卒業後社会で活躍している人達、自大学の魅力ある教育カリキュラムや講座などについて。

第4章　大学事務組織の改革の鍵　209

図表 4-6　大学事務組織の有効化・効率化のメカニズム

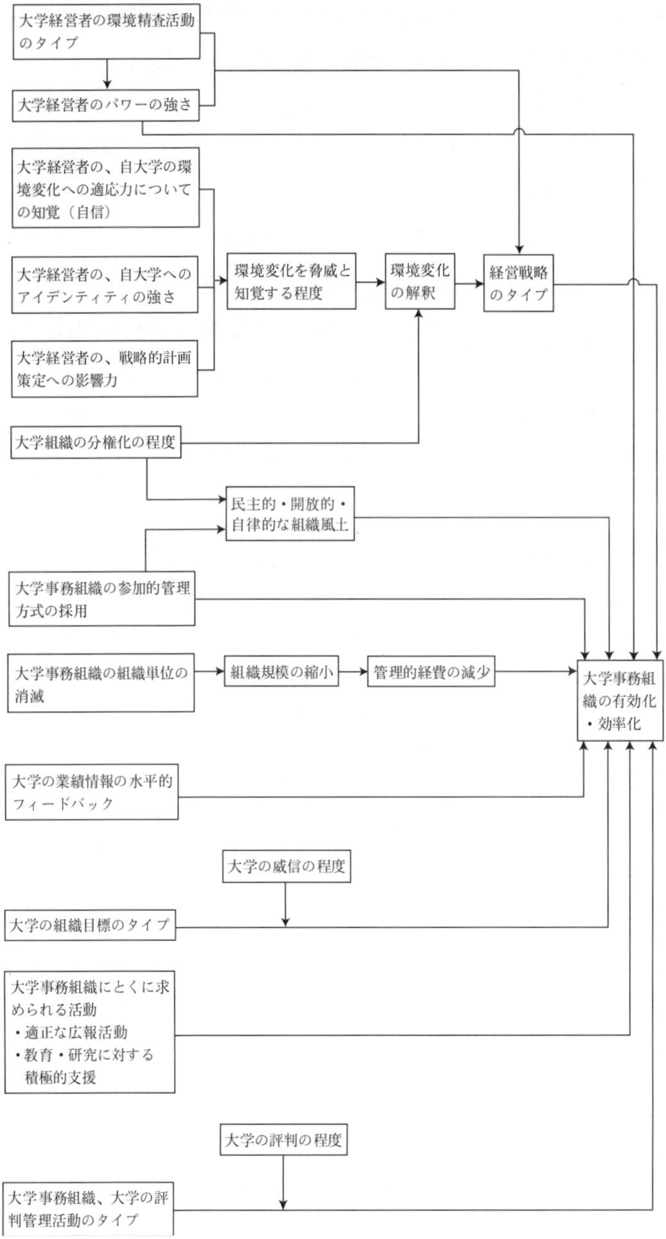

・大学の教育・研究の質が高まるように、教員の活動を積極的に支援する。
　たとえば、外部から導入する教育・研究費の積極取り込みを事務的にきめ細かに支援する、教育・研究環境の整備を積極的に図るなど。
3)「現在評判の高い大学は将来も高い評判を得る可能性が高い」という傾向が強いようだ。もし現在評判がよくない大学は評判を高めるには非常な努力をしなければならないだろう。しかも大学事務組織はどのように活動すべきかという見地からすれば、自大学あるいは学部の現在の評判がよいのか、悪いのかによって事務組織の活動は大きく異なるだろう。たとえば評判がよい大学の場合、事務組織はその維持にまず努めなければならない。しかし評判が悪い大学の場合、事務組織はその払拭にまず努めなければならない。
4)　大学院修了生は、大学や大学院の教職に就くには評判のよい（評判ランキングで高い）大学院を卒業した方がよい。このことは研究所や企業への就職の場合にも妥当するだろう。さらに敷衍すると、学部卒業生が就職先を探す場合も評判のよい大学を卒業した方がよいだろう。このような傾向は日本の場合にも当てはまるように思われる。
　したがって大学事務組織としては、自大学や大学院の評判を高めるための広報活動を積極的に展開し、他大学や企業などが求める専攻領域などについて積極的に情報を収集し、教授個人や大学院教授会などの就職支援活動を、また学生自身の就職活動をサポートしていく必要がある。
　以上の要点は図表4-6のように表すことができるだろう。
　ただし大学経営者（陣）の中で事務組織の最高責任者が強いパワーを持っていればいるほど、上記の諸関係は強い因果関係を持ってくるだろう。

　以上、大学事務組織の有効化・効率化にとって重要と考えられるさまざまな要因について本文の中で各章ごとに検討を加えてきたので、最後に上述の検討結果も踏まえて日本の私立大学の事務組織の有効化・効率化のために若干提言をしてみたい。

7.2　日本の私立大学の事務組織の有効性と効率性

　日本の私立大学の事務組織は一口でいうと、きわめて非有効で非効率なようだ。もちろんこれは筆者がいくつかの大学に触れて得た情報に基づく判断にすぎないが、大勢としては大きく誤っていないと思われる。非有効・非効率という理由は、大きく分けると、

(1)　大学自体がしばしば大学経営の戦略的計画に基づいて運営されていない。したがって事務組織も同様だ。これは、たとえば予算策定のプロセスもしばしば「積上げ方式」に基づいていることからも明らかだ。しかも職員の予算執行のスタイルは「予算があるから消化しよう」といった「親方日の丸」的な姿勢がしばしば見られる。そこには組織的合理性・有効性といった判断基準が消失してしまっている。

(2)　組織構造が中央集権的で官僚主義的傾向が強い。つまり組織全体が厳格で細かな規則や規定に基づいて運営される。それだけに、情報の流れも適正・効率的でなく、職員の仕事も硬直的・画一的で、彼らの仕事意欲も乏しくなってしまうのだ。

(3)　管理方式も(2)と連動するだけに、中央集権的で専制的で権威主義的スタイルだ。これは職員の仕事意欲のみならず、創造性も抑え込んでしまう。

(4)　人事管理の方式に至っては、適正な人事考課システムを採用している大学がきわめて少なく、しばしばそれすらもない。また給与システムや昇進昇格システムにも当然ながら明確な基準がなく、しばしば年功序列で、終身雇用制が通常だ。さらには、業務規定があっても、現実に合っていないとか、職員がそれにしたがって仕事をしていないといった状況がしばしば見られる。また職員の採用プロセスにしばしば問題が見られる。

(5)　大学の教育・研究などに必要な資機材の購入にしても、合理的な競争入札が採用されていない場合が多い。

(6)　事務組織と教員組織の間にしばしば対立が見られ、大学組織全体としての調和の取れた行動の実現が難しい。そのために、事務組織は大学内でのパワー獲得・強化の活動に走り、自己の活動の正当化と自己統制力、教員組織に対する影響力を高めようとする。その結果、事務組織はその本来の役割を十分実行することができなくなる。

このようにいってしまうと、日本の私立大学の事務組織は、もうどうにもならないようだが、現実には上記の指摘とは逆に、きわめて有効かつ効率的と推測される事務組織も実際に存在していると考えられる（筆者が得た情報はごくかぎられたものだけだが）。これから少子化の時代を迎え、大学存在の意義を厳しく問われる状況に入っていく上で、大学事務組織の果たす役割は従来にも増して重要となってくる。そうすると、大学事務組織自体が有効化・効率化を求めて自らを改革し変身していかなければならないだろう。本論考がそれに少しでも役に立つことがあれば、幸いである。

引用・参考文献

1. Abbott. W. F., Prestige and Goals in American Universities, Social Forces, 1974, 52, pp.401-407.
2. Alutto, J. A. & J. A. Belasco, A Typology for Participation in Organizational Decision Making, Administrative Science Quarterly, 1972, 17, pp.117-125.
3. Asher, H. & J. Z. Shapiro, Measuring Centrality : A Note on Hackman's Resource -Allocation Theory, Administrative Science Quarterly, 1988, 33, pp.275-283.
4. Blau, P. M., A Formal Theory of Differentiation in Organizations, American Sociological Review, 1970, 35, pp.201-218.
5. Blau, P. M., Interdependence and Hierarchy in Organizations, Social Science Research, 1972, 1, pp.323-349.
6. Cole, J. R. & J. A. Lipton, The Reputatins of American Medical Schools, Social Forces. 1977, 55, 3, pp.662-684.
7. Cullen, J. B. & D. D. Baker, Administration Size and Organization Size: An Examination of the Lag Structure, Academy of Management Journal, 1984, 27, pp.644-653.
8. Cullen, J. B. et al., Blau's Theory of Structural Differentiation Revisited : A Theory of Structural Change or Scale, Academy of Management Journal, 1986, 29, 2, pp.203 -229.
9. George, J, R. & L. K. Bishop, Relationship of Organizational Structure and Teacher Personality Characteristics to Organizational Climate, Administrative Science Quarterly, 1971, 16, pp.467-475.
10. Graen, G., Cashman, J. F., Ginsburg, S. & W. Schiemann, Effects of Linking-Pin Quality on the Quality of Working Life of Lower Participants, Administrative Science

Quarterly, 1977, 22, pp.491-504.
11. Hall, J. W., A Comparison of Halpin and Croft's Organizational Climates and Likert and Likert's Organizational Systems, Administrative Science Quarterly, 1972, 17, pp.586-590.
12. Hambrick, D. C., Specialization of Environmental Scanning Activities among Upper Level Executives, Journal of Management Studies, 1981, 18, 3, pp.299-319.
13. 林伸二『管理者行動論』白桃書房、1999 年。
14. 林伸二『組織心理学』白桃書房、2000 年。
15. 林伸二「大学事務組織の改革」青山経営論集、第 35 巻第 4 号、2001 年 3 月、37-56 頁。
16. House, R. J., Filley, A. C. & D. N. Gujarati, Leadership Style, Hierarchical Influence, and the Satisfaction of Subordinate Role Expectations, Journal of Applied Psychology, 1971, 55, 5, pp.432-442.
17. Lightfield, E, T., Output and Recognition of Sociologists, American Sociologist, 1971, 6, pp.128-133.
18. Likert, R., New Patterns of Management, McGraw-Hill, 1961 (三隅二不二訳『経営の行動科学』ダイヤモンド社、1964 年)。
19. Louis, K. S. et al., Entrepreneurs in Academy : An Exploration of Behaviors among Life Seientists, Administrative Science Quarterly, 1989, 34, pp.110-131.
20. Milliken, F. J., Perceiving and Interpreting Environmental Change: An Examination of College Administrator's Interpretation of Changing Demographics, Academy of Management Journal, 1990, 33, 1, pp.42-63.
21. 文部省大学審議会答申『21 世紀の大学像と今後の改革方策について』(1998 年 10 月 26 日)。
22. Morrow, P. C., Explorations in Macro Communication Behavior : The Effefts of Organizational Feedback on Organizational Effectiveness [1], Journal of Management Studies, 1982, 19, 4, pp.437-446.
23. Peterson, K. D., Mechanisms of Administrative Control over Managers in Educational Organization, Administrative Science Quarterly. 1984, 29, pp.573-597.
24. Pfeffer, J. & G. R. Salancik, Administrator Effectiveness : The Effects of Advocacy and Information on Achieving Outcomes in an Organizational Context, Human Relations, 1977, 30, 7, pp.641-656.
25. Sharp, J. M., Shin, E. H. & L. E. Smith, A Network Analysis of Departmental Prestige Based on the Origins of Faculty Degrees, Behavioral Science, 1982, 27, pp.12-25.

結 び

　本書執筆の最大の動機は日本の大学の現状を一刻も早く改革しなければならないという思いであった。何も日本の大学が「世界に冠たる……」ということを望んでいるわけではない。しかし海外から優秀な学生が殺到するような、日本の大学であって欲しい。確かに日本の大学の中でも世界の一流レベルの教育・研究を展開している学部・学科・研究科もあるだろう。しかし現状を見ると、日本の大学の多くが教育・研究レベルの向上にあえぎつつ苦闘しているように思われる。この傾向は私立大学に多く見られるようだ。

　このような状況を見ると、文部科学省が現在強く推進する「個性が輝く大学」の実現にはほど遠いように思われる。日本の大学がなぜこのような状況に陥ってしまったのか。その原因は本書で明らかにした。とりわけ大きな直接の原因は次の5つだろう。

① 大学教育を受けるに値しない、学力の低い受験生（主に高校生）の輩出
② 大学教員の教育・研究面での質の低下
③ 大学教員の教育・研究活動を強く支援しようとしない官僚機構の大学事務組織
④ 学生が生きがいを見いだせない社会
⑤ 教育の大事さを真に理解できない、あるいは理解しようとしない社会

　本書ではとくに①‐③の改革に焦点を置いて、『大学改造』のための具体的な有効と考えられる（経験的かつ理論的に）方策も提示した。

　しかし大学を改造していく上で、喫緊の課題は、まず大学自体が自らをどの方向に、どの程度、どのようにして改革できるかだ。またこれをどのくらい真剣に考え、実質的な努力をすることができるかだ。まさに大学にアイデンティ

ティの確立が求められているのだ。

　これから少子化傾向がますます私立大学経営に難しさを知らしめるだろう。国公立大学の統廃合や私立大学の倒産などによって、大学そのものの数も減っていくだろう。また価値観の多様化や国による生活支援制度の充実などによって、学生の専門学校進学熱の高まりやフリーター化などが加速し、必然大学生の数も減少していくだろう。これからの日本の発展を約束する上で、大学や大学生の数の最適規模がどの程度かは分からない。しかし少なくとも、勉学意欲がそもそも欠如している学生までも大学に入学させるといった事態だけは避けなければならない。これは教育水準の低下を生み、教員の研究・教育の時間や意欲・努力もそぎ、まして国民の税金の無駄使いだけだ。このような事態の克服が大学や教育行政、高校生や大学生の親にまず求められるのではないだろうか。

　同時に，とりわけ大学経営陣に根本的な意識改革が求められる。上述のとおり、日本の大学は少子化の進行、国際競争力の喪失、急激な規制緩和といった未曾有の環境下にある。このような状況のもとで大学が生き残り発展を求めていこうとすれば、部分的な改善や改革ではもはや埒が明かない。これまで文部行政の庇護のもとにぬくぬくと生きてきた大学は根底から破壊し、新たに創造しなければならないだろう。そうすると決定的に重要な役割を果たすのが大学経営陣である。つまり大学経営陣には少なくともすぐれた先見力と決断力が強く求められるのである。

　2005年　早春

著者

■著者紹介

林　伸二（はやし　しんじ）
1946 年　佐賀県武雄市に生まれる
1969 年　名古屋市立大学経済学部卒業
1974 年　神戸大学大学院経営学研究科博士課程単位取得
　　　　 南山大学経営学部、小樽商科大学商学部を経て
現　 在　青山学院大学経営学部（教授）
1989 年　経営学博士（神戸大学）

専攻領域　組織心理学・組織変革論・人的資源管理論

主な著書　『仕事の価値－新しいモティベーション研究－』白桃書房、1985 年（第 17 回経営科学文献賞受賞）、『M&A－合併・買収と組織統合－』同文館、1989 年、『中小企業の M&A 戦略』（共著）同友館、1993 年、『日本企業の M&A 戦略』同文館、1993 年（1994 年度青山学院学術褒賞受賞）、『業績評価システム』同友館、1993 年、『現代経営管理論』（共編者）有斐閣、1994 年、『最新経営学辞典』（共著）中央経済社、1997 年、『組織が活力を取り戻す』同友館、1997 年、『管理者行動論－アメリカ企業の現実－』白桃書房、1999 年、『組織心理学』白桃書房、2004 年、『人材育成原理』白桃書房、2005 年、ほか。

大学改造

2005 年 4 月 10 日　初版第 1 刷発行

■著　者――林　伸二
■発行者――佐藤　守
■発行所――株式会社 大学教育出版
　　　　　 〒700-0953 岡山市西市 855-4
　　　　　 電話（086）244-1268　FAX（086）246-0294
■印刷所――互恵印刷㈱
■製本所――㈲笠松製本所
■装　丁――ティー・ボーンデザイン事務所

Ⓒ Shinji Hayashi 2005, Printed in Japan
検印省略　落丁・乱丁本はお取り替えいたします。
無断で本書の一部または全部の複写・複製を禁じます。
ISBN4－88730－612－1